FUIS, BAMBI, FUIS

KRIS RADISH

L'affaire Laurie Bembenek

FUIS, BAMBI, FUIS

Traduit de l'américain
par Jean-Pierre Pugi

Crimes & Enquêtes

Je dédie ce livre à Laurie, qui m'a accordé sa confiance pour relater son histoire.

Titre original :

Run, Bambi, Run
A Birch Lane Press Book
Published by Carol Publishing Group

Avant-propos

Où qu'elle soit commise, une injustice met la justice en péril dans le monde entier.

Martin LUTHER KING

J'ai hésité, quand Kris m'a demandé d'écrire une introduction à son livre. Mon moral laisse actuellement à désirer et le moment me semble mal choisi pour exprimer mes états d'âme. Mais je sais que cet abattement est passager car j'ai la chance d'avoir au Canada les meilleurs avocats qu'il soit possible de trouver (Frank Marrocco et son équipe) ainsi que de nombreux amis. Aux Etats-Unis, je bénéficie du soutien du détective privé Ira Robins et des avocats Mary Woeherer, Dave Dubinsky et Ron Lester qui ont réalisé pour moi de véritables miracles. Mais ces dix années de lutte incessante m'ont épuisée, mon avenir est incertain et, bien que j'aie appris à vivre au jour le jour, je me demande si je recouvrerai jamais la liberté. Je devrais pourtant m'être résignée, car telle est ma vie depuis 1981, l'année de mon arrestation pour un crime que je n'ai pas commis. J'ai vécu dès cet instant dans une prison américaine, et je me retrouve désormais dans une prison canadienne après m'être évadée et avoir bénéficié de trois mois de liberté.

Pendant cette courte période j'ai souffert de rester sans nouvelles de mes amis et de mes parents, mais j'ai eu en contrepartie la joie de ne plus être Laurie Bembenek. Mon entourage n'avait pas d'idées préconçues à mon égard et me jugeait en fonction de mes actes et de ma personnalité, sans voir en moi la « Bunny meurtrière » dont avaient tant parlé les médias. J'espère que le livre de Kris permettra à ceux qui le liront de découvrir sous les grands titres de la presse à sensation les souffrances des acteurs de ce drame. Je souhaite surtout que ce récit fasse prendre conscience aux lecteurs que nul n'est à l'abri d'une erreur judiciaire et contribue à la modification d'un système imparfait afin que de telles injustices ne puissent se reproduire.

Juin 1991

Lawrencia Ann BEMBENEK

1

Au cœur de la nuit

Le 27 mai 1981, peu après 15 heures, Christine Jean Schultz s'accroupit dans le jardin de sa maison de Milwaukee pour prendre un peu de terre dans le creux de sa paume. Elle essaya d'imaginer à quoi ressemblerait son potager à la fin de l'été. Elle ferma les yeux, vit des tomates bien mûres, des fleurs épanouies et elle-même assise dans le patio, l'esprit vide de tout souci.

Cettc pensée la ramena à l'instant présent et elle s'autorisa un petit sourire ironique. Des soucis, cette femme brune séduisante d'une trentaine d'années en avait à revendre depuis novembre 1980, le mois de son divorce.

Quand des amies lui avaient appris que son mari s'affichait avec d'autres femmes, elle n'en avait pas été véritablement surprise. Leur couple battait de l'aile depuis longtemps. Elfred O. Schultz Jr, un grand policier blond plus âgé qu'elle de deux ans, avait toujours eu beaucoup de succès et, lorsqu'elle l'interrogeait à ce sujet, il avouait bien volontiers que ce n'était pas pour lui déplaire.

Lorsqu'il s'était remarié avec une très belle jeune femme de vingt et un ans, Lawrencia Ann Bembenek,

Christine en avait été étonnée. Elle était certaine que son ex-mari ne tarderait guère à la tromper, elle aussi.

Bon nombre de ses amis, témoins des brutalités de Schultz à son égard, lui répétaient qu'elle pouvait s'estimer heureuse d'être débarrassée de cet homme. Ils étaient dans l'erreur.

Les fils Schultz – Sean et Shannon, âgés de onze et sept ans – étaient une cause constante de disputes. Elfred Schultz voulait tout savoir sur la vie de son ex-femme et prendre toutes les décisions concernant leurs enfants. Il régissait toujours leur existence et Christine se demandait parfois si elle serait jamais une femme libre.

Il venait la voir très souvent, malgré une décision de justice lui interdisant de telles visites, et elle avait fait changer les serrures et informé son avocat, Eugene Kershek, qu'elle craignait pour sa vie.

– Il m'a dit qu'il me ferait sauter la cervelle, lui avait-elle déclaré quelques semaines plus tôt.

Elle avait précisé qu'on la filait. Elle suspectait l'inspection des services de la police de Milwaukee de surveiller son ami actuel, un autre flic âgé quant à lui de quarante et un ans, mais elle n'avait aucune certitude et vivait dans l'angoisse.

Ce 27 mai, elle craignait que son ex-mari n'ait appris qu'elle était partie dans le nord de l'Etat avec leurs fils à l'occasion du Memorial Day. Il ne lui restait qu'à espérer qu'Elfred ne deviendrait pas violent quand les enfants lui parleraient de leur voyage.

Shannon rentra de l'école et lui cria :

– Sean est allé s'entraîner au base-ball, m'man !

Puis il alla en faire autant avec les gosses du voisinage.

Vers 18 heures, son ami Stewart George Honeck Jr vint l'aider à passer le coupe-bordures dans son jardin. Cet homme lui posait un autre problème. Deux fois divorcé, il avait autrefois vécu dans le même appartement que Schultz, habitait à présent non loin de chez elle et tenait absolument à l'épouser. Christine avait eu plusieurs liaisons depuis son divorce et la perspective de se remarier ne l'enthousiasmait guère. En outre, Honeck était un alcoolique... un fait qui ne cessait de lui rappeler son ex-mari.

Vers 19 h 30, Christine alla préparer le dîner. Elle servit des vodkas-citron. Ils les burent, se resservirent puis passèrent à table avec les enfants. Il était près de 21 heures. Ils parlèrent de choses et d'autres et burent un peu de vin. Les garçons souhaitèrent bonne nuit à Honeck et montèrent dans leur chambre située au premier étage, en face de celle de leur mère.

Shannon, qui occupait le plus élevé des lits superposés, demanda à Sean :

– Eh, grand frère, je peux dormir avec toi ?

Sean en avait l'habitude. Ce soir-là, Shannon prétextait avoir vu quelque chose bouger dans le placard. Sean laissa son frère se pelotonner contre lui. Shannon dormait déjà quand il entendit Honeck revenir après être allé voir son chien. Christine et son ami burent encore, puis Honeck s'apprêta à partir et elle lui demanda de verrouiller la porte derrière lui.

Ensuite, Christine rangea la cuisine et fit la vaisselle. Sean connaissait les habitudes de sa mère et ne fut pas surpris quand elle mit la télévision dans sa chambre. Sitôt après, elle vint lui souhaiter une bonne nuit et s'assit sur le lit pour bavarder un moment. Il la savait inquiète. Elle avait dû rencontrer son père ou lui parler au téléphone.

– M'man, on ne pourrait pas voir papa plus souvent ? lui demanda-t-il.

Il savait que cette question allait la bouleverser, mais son père lui manquait. Il était cependant conscient que ce dernier devait être en colère parce qu'ils étaient allés au bungalow sans l'en avertir. Il demanda à sa mère si elle comptait épouser Stu Honeck. Sans lui répondre, Christine se leva, l'embrassa et alla dans sa chambre.

Sean finit par s'endormir. En T-shirt jaune et culotte blanche, Christine se couvrit d'un drap et d'une couverture légère puis regarda la télévision dans l'espoir d'oublier Elfred Schultz, Stu Honeck et ses autres préoccupations.

Deux heures plus tard un profond silence régnait dans la maison du 1701 West Ramsey Street. Les portes étaient verrouillées. Tous dormaient et dans la chambre de Christine le halo papillotant du téléviseur troublait les ténèbres. De l'autre côté du couloir, seule une veilleuse projetait un pinceau de faible clarté dans la pièce réservée aux enfants.

Peu avant 2 heures du matin un individu – s'ils n'étaient pas plusieurs – se glissa dans la maison. Sean entendit un bruit. Puis il sentit quelque chose – une corde, une ficelle ou un câble – se resserrer autour de son cou et il vit une grosse main gantée descendre vers son visage et couvrir ses yeux et son nez. Pris de panique, il se débattit et hurla. Eveillé en sursaut, Shannon sauta du lit et se précipita au secours de son aîné. Il donna des coups de pied à l'inconnu... un homme corpulent aux cheveux auburn réunis en une queue-de-cheval et vêtu d'une veste de treillis verte. L'agresseur sortit de la chambre en courant, traversa le couloir et entra dans la chambre de Christine. Un instant – rien qu'un instant – les deux garçons restèrent figés sur place, muets de terreur. Puis Shannon entendit sa mère hurler :

– Mon Dieu ! Non, pas ça !

Presque simultanément, il se produisit un bruit sec qu'ils compareraient par la suite à celui d'un pétard.

Shannon courut vers la porte. Sean le suivait de près

et il vit un homme debout à côté du lit de leur mère. A l'instant où Shannon atteignait le couloir, l'individu à la queue-de-cheval se rua vers l'escalier. Il dévala les marches quatre à quatre, et les pans de sa veste de treillis verte se soulevaient à chaque bond. Lorsqu'il atteignit le rez-de-chaussée, Sean remarqua qu'il avait des chaussures noires. Les deux enfants se précipitèrent dans la chambre de leur mère où les attendait une scène qu'ils ne pourraient jamais oublier.

Christine Jean Schultz gisait sur le lit, le visage enfoui dans l'oreiller. Une cordelette entourait sa main gauche et un foulard avait été enroulé autour de sa tête. Ils s'approchèrent, terrifiés à la pensée que l'homme en vert était peut-être encore dans la maison.

Sean vit immédiatement le trou dans le dos de sa mère. Il se pencha vers elle pour lui demander s'il devait déchirer son T-shirt et essayer de la soigner. Bâillonnée, Christine hocha imperceptiblement la tête. Sean fit la lumière, déchira le vêtement et utilisa un gant de toilette pour éponger le sang. C'était insuffisant et il alla chercher de la gaze puis exerça une forte pression sur la blessure afin de ralentir l'hémorragie.

Shannon le regardait sans dire un mot. Il jeta une couverture bleue sur ses épaules et resta à côté de son frère pour assister avec lui à l'agonie de leur mère après qu'ils eurent été les deux seuls témoins de son assassinat.

2

Un soupir de soulagement

Stu Honeck avait regagné son domicile situé à seulement quelques pâtés de maisons de la demeure de Christine et s'était endormi. La sonnerie du téléphone le fit sursauter et un coup d'œil au cadran du réveil digital lui apprit qu'il était moins de 2 h 30. Il se demanda qui pouvait l'appeler à une heure pareille.

Il décrocha et entendit une petite voix chevrotante de terreur. La voix de Sean Schultz.

– Viens vite, Stu ! Quelqu'un a fourré un pétard dans le dos de maman et ça saigne drôlement.

Honeck s'assit dans son lit. Il demanda à Sean de lui passer sa mère mais l'enfant répondit :

– Elle ne peut pas parler, Stu. Elle gargouille.

Honeck s'était levé. Il dit à Sean de l'attendre et lui promit d'arriver tout de suite.

Il composa l'indicatif d'urgence de la police et annonça à ses collègues qu'on avait tiré sur Christine Schultz, avant de leur communiquer son adresse. Il enfila un pantalon et réveilla Kenneth E. Retkowski, un autre policier avec qui il partageait son logement. Les deux hommes prirent le pick-up d'Honeck et arrivèrent à destination moins de deux minutes plus tard.

Ce n'était pas une bonne année pour la police de Milwaukee. De nombreuses plaintes portées contre elle entachaient sa réputation.

Des flics étaient par exemple accusés d'avoir roué de coups un homme d'affaires qui urinait dans un caniveau. Pour leur défense, ils déclaraient que la victime s'était blessée en tombant sur une de leurs motos.

Un Noir suspecté de viol avait été tué pendant sa garde à vue, peu avant que le véritable coupable ne fût appréhendé.

Un détective désormais à la retraite déclarait que quelques années plus tôt des collègues avaient abattu dans le dos un certain Daniel Bell puis placé un couteau dans la main de cet homme pour faire croire à un cas de légitime défense.

Harold Breier, le chef de la police de Milwaukee, voulait que ses hommes – et les rares femmes qui faisaient partie de ses services – redoublent de prudence. Il avait déjà bien trop de soucis. Les femmes et les représentants de diverses minorités qu'il avait fait renvoyer contestaient publiquement ses méthodes. Cet homme était aux abois et prêt à tout pour redorer le blason des forces de l'ordre.

Quand Honeck coupa le contact, un véhicule de patrouille s'engageait déjà dans la rue. Honeck, Retkowski et les deux hommes en uniforme frappèrent à la porte. Sean et Shannon finirent par ouvrir, visiblement affolés.

Honeck monta aussitôt au premier et trouva Christine Jean Schultz dans sa chambre. Elle gisait sur le flanc droit, le visage tourné vers l'ouest, avec une blessure béante à l'épaule. Il s'avança vers le lit et retourna le corps. Les mains de la victime étaient liées devant elle et on l'avait bâillonnée. Après avoir constaté qu'elle ne respirait plus, Honeck ressortit de la pièce.

A son retour au rez-de-chaussée, les lieux grouillaient de policiers. Tous ses collègues semblaient s'être donné rendez-vous dans cette maison. D'autres étaient garés dans la rue.

Fred Schultz arriva à son tour. Il parla à ses fils, les étreignit rapidement puis téléphona à son frère John pour lui demander de passer les chercher. On lui demanda alors de participer à l'enquête et à 5 heures du matin une ambulance emporta le corps à la morgue.

Les sirènes et les feux clignotants avaient éveillé la plupart des voisins. Ils se penchaient à la fenêtre ou se tenaient sur le pas de leur porte. Tous se perdaient en conjectures. Ce quartier où ne vivaient que des familles et des retraités avait toujours été très paisible.

Mais ils n'auraient pas à attendre que le *Milwaukee Journal* soit lancé devant leur porte pour savoir ce qui s'était passé. Une femme venait d'être assassinée à côté de chez eux, dans leur rue. Tous étaient angoissés.

Ce n'était pas le premier meurtre commis à Milwaukee, mais de telles choses se produisaient d'ordinaire très loin de là, dans le centre, un ghetto où la plupart des habitants de ce quartier n'avaient jamais mis les pieds. Ils vivaient dans un autre milieu, un havre de paix où les enfants allaient à l'école de la paroisse et les adultes se souvenaient encore des phrases en polonais ou en allemand que leurs grands-parents leur avaient apprises longtemps auparavant.

Pour tous ces gens, Milwaukee était la ville idéale pour élever leur progéniture en lui inculquant le respect de la loi et des policiers.

Tous étaient d'ailleurs persuadés que les autorités ne tarderaient guère à arrêter le meurtrier de Christine

Schultz. Les journalistes parlaient d'un cambrioleur et les fils de la victime avaient fourni sa description précise. On recherchait un homme de race blanche vêtu d'une veste de treillis verte. On savait même qu'il avait des cheveux auburn réunis en une queue-de-cheval qui devait mesurer entre quinze et vingt centimètres.

Pendant que les parents surveillaient leurs bambins et installaient des verrous supplémentaires à leurs portes, des policiers sillonnaient le voisinage afin de poser des questions. Il était rassurant d'assister à un tel déploiement de forces dans le secteur.

Parce que la maison des Schultz était proche de la voie express, les enquêteurs pensaient que l'assassin avait pu l'emprunter pour fuir rapidement. Peu après que le crime eut été commis, ils avaient interpellé un certain Daniel Gilbert dont le véhicule était garé sur un pont surplombant la demeure. Les détectives suivaient des pistes intéressantes.

Une bonne douzaine de voisins avaient vu au cours des semaines précédentes un individu correspondant à la description du meurtrier : un homme avec une queue-de-cheval auburn qui faisait du jogging en survêtement vert. Ce n'était pas un habitant du quartier et certains l'avaient même aperçu avec un foulard bleu identique à celui utilisé pour bâillonner Christine Schultz. Un enfant affirmait qu'il le reconnaîtrait sans peine car il l'avait rencontré très souvent.

Puis deux infirmières d'une maison de retraite située à environ un kilomètre se présentèrent au poste de police pour faire une déposition. La nuit du meurtre, aux premières heures de la matinée, elles avaient vu quelqu'un allongé dans un parking, de l'autre côté de la rue. Après avoir téléphoné à la police, elles étaient sorties aux alentours de 2 h 50. Un inconnu aux cheveux auburn et vêtu d'un jogging vert émergeait des buissons. Il avait toussé. Le temps de regarder de l'autre côté de la rue, cet homme avait disparu. L'incident s'était produit le 28 mai, une demi-heure après que Christine Schultz eut cessé de vivre.

L'ex-mari de la victime fut rapidement biffé de la liste des suspects car le détective Elfred Schultz était de service la nuit du crime. L'ami actuel de Christine faisait lui aussi partie de la police. Les soupçons se portèrent sur un voisin, Ray Kujawa, qui déclarait qu'un inconnu avait pénétré dans son garage pour voler un jogging vert et un revolver calibre .38. Cet homme affirmait avoir passé la nuit chez un ami mais ses déclarations n'étaient guère convaincantes.

Les enquêteurs suivirent la plupart des pistes, sans pouvoir toutefois tout vérifier. Ce fut seulement trois semaines après le meurtre qu'ils commencèrent à s'intéresser à Lawrencia Ann Bembenek.

Nouvelle épouse d'Elfred Schultz et ex-flic elle-même, Bembenek était bien connue de leurs services. C'était une de ces fanatiques du M.L.F. qui croyaient en l'égalité des sexes et une des plus jolies femmes qui avaient jamais porté un uniforme : grande et élancée, avec des yeux bleu clair, de longs doigts fuselés et une abondante chevelure blonde. Breier l'avait licenciée pour des motifs restant à démontrer et il ne put s'empêcher de sourire quand il lut son nom sur la liste des suspects. Les femmes n'avaient pas leur place dans la police, et celle-ci méritait de recevoir une bonne leçon.

Après le 24 juin, tous les détectives oublièrent l'inconnu à la queue-de-cheval auburn et au jogging vert pour interroger les connaissances de Lawrencia Bembenek. Qu'elle eût tué Christine Schultz paraissait peu plausible, mais la victime était l'ex-épouse de son mari et des meurtres avaient été commis pour des raisons encore plus insignifiantes.

Quand Judy Zess, une fille qui avait vécu dans le même appartement qu'Elfred Schultz et Laurie Bembenek, déclara que cette dernière lui avait confié qu'elle envisageait de se débarrasser de Christine Schultz, les enquêteurs furent certains d'être sur la bonne voie. Détail intéressant, Zess avait également appartenu à la police de Milwaukee et connaissait bien le fonctionnement de ses services.

Peu après, on découvrit dans les canalisations de l'immeuble où vivaient Lawrencia Bembenek et Elfred Schultz une perruque auburn dont on avait voulu se débarrasser en la jetant dans les toilettes.

Pendant que des hommes parcouraient Milwaukee et Chicago à la recherche d'un fil d'étendage identique à celui utilisé pour lier les mains de la victime, les autres tentaient d'établir un lien entre Lawrencia Bembenek et le meurtre. La découverte de la perruque, la déposition de Zess et le fait qu'elle n'avait pas d'alibi leur servirent à échafauder un scénario dans lequel elle tenait le rôle de l'assassin.

Selon cette théorie, Lawrencia était jalouse de Christine. Bien que Fred eût divorcé, il rendait visite à son ex-épouse plusieurs fois par semaine. Christine était la mère de ses fils et son premier amour. Sa nouvelle épouse pouvait-elle être absolument certaine que tout était fini entre eux ?

Par ailleurs, Lawrencia en avait assez de se priver à cause de l'importante pension alimentaire que Fred devait verser à son ex-femme. Ancien mannequin, elle avait des goûts de luxe. Elle était en outre irritée par l'amour que Fred portait à ses fils. Elle le voulait, lui et son argent, rien que pour elle.

Elle était très grande, et sa taille correspondait à celle

du tueur décrit par Shannon et Sean Schultz. Elle était une adepte du jogging et entretenait sa forme physique au gymnase local. Elle pratiquait même l'haltérophilie. En cas de résistance de la part de Christine ou d'un de ses fils, les réduire à l'impuissance ne lui eût pas posé de problème.

Elle se souvenait certainement de tout ce qu'on lui avait enseigné à l'Ecolc de police et savait donc qu'elle devait enfiler des gants pour ne pas laisser d'empreintes et modifier son apparence pour qu'on ne la reconnaisse pas. En outre, elle serait en terrain familier. N'avait-elle pas accompagné Elfred lorsqu'il allait chercher ses fils ?

Le 27 mai, elle serait passée à l'acte.

Enfilant un jogging vert dont elle se débarrasserait ensuite, elle aurait chargé le revolver personnel de son mari, se serait affublée d'une perruque et aurait gagné à petites foulées la maison de Christine Schultz. Du fait de ses précédentes visites, elle n'ignorait pas que la façade arrière de la demeure était dissimulée aux regards et elle serait entrée par la porte de derrière, dont elle avait un double de la clé. Après êtrc montée dans la chambre de Christine Jean Schultz, Lawrencia Bembenek aurait assassiné sa rivale, glissé son arme dans sa culotte et regagné à pied son appartement.

Quand le district attorney E. Michael McCann entendit cette version des faits, il la trouva peu convaincante. Nul n'avait vu Lawrencia Bembenek dans les parages. Nul ne l'avait aperçue avec une arme, une perruque ou un jogging vert... qui devait d'ailleurs être une veste de treillis d'après les dépositions des enfants de la victime, les deux seuls témoins oculaires. Tout ceci n'était fondé que sur des présomptions et McCann s'avouait sceptique, mais son adjoint Robert Donohoo et les policiers lui affirmaient qu'ils tenaient la coupable.

Le 24 juin 1981 Lawrencia Ann Bembenek, alors âgée

de vingt et un ans, fut arrêtée pour le meurtre de Christine Schultz. Lorsqu'ils virent son portrait lors des informations télévisées, les trois quarts des habitants de Milwaukee ne purent en croire leurs yeux.

Ils apprirent que Lawrencia Bembenek avait été surnommée Bambi à l'Ecole de police, qu'elle avait exercé la profession de mannequin et travaillé quelques semaines comme serveuse au *Club Playboy* de Lake Geneva.

Partout on se posait la même question : Pourquoi une fille pareille aurait-elle tué une autre femme ?

La police avait-elle pu commettre une erreur ?

Des photos de Lawrencia Ann Bembenek furent publiées dans les journaux de tout le pays sous des manchettes telles que : EX-FLIC, LA BELLE LAWRENCIA TUE L'EX-FEMME DE SON MARI. Le public voulait tout savoir sur cette « Bunny meurtrière », mais la police de Milwaukee avait passé de nombreuses informations sous silence. Des faits que Lawrencia Ann Bembenek n'aurait pas l'opportunité de révéler.

3

Une enfance sans problèmes

Toute l'existence de Lawrencia Bembenek devint un vrai cauchemar le 24 juin 1981, le jour de son arrestation. Née le 15 août 1959, elle était la troisième fille de Joseph John et de Virginia Carol Bembenek.

Ses parents lui choisirent le prénom de Laurie Ann, qui fut latinisé en Lawrencia sur son acte de baptême. Pendant son enfance sa famille et ses amis l'appelleraient Laurie, mais devenue adulte elle utiliserait fréquemment son prénom officiel.

Comme la plupart de leurs voisins, les Bembenek menaient une vie semblable à celle de leurs ancêtres polonais. Ici, tous avaient de nombreux enfants, les pères étaient travailleurs et les mères restaient au foyer. Les rires résonnaient dans la maison des Bembenek encombrée de poupées Barbie.

Comme ses sœurs, Laurie reçut une éducation catholique et bénéficia de l'amour de ses parents.

Son père, Joseph Bembenek, travailla trois ans dans la police de Milwaukee. Ecœuré par la corruption de ses collègues, il démissionna et devint menuisier. Laurie l'accompagnait parfois sur des chantiers et ouvrait grandes ses oreilles lorsqu'il lui parlait de l'époque où il avait été un représentant de l'ordre.

Les Bembenek élevaient leurs filles dans le respect des valeurs traditionnelles mais gardaient un esprit ouvert. Si leur père travaillait et leur mère restait à la maison, ils leur faisaient clairement comprendre que vivre de cette manière n'était pas une obligation. Virginia et Joseph voulaient qu'elles aient confiance en elles et puissent façonner leur existence à leur guise.

Laurie fit ses études dans des institutions catholiques, et lorsqu'elle entra au lycée de Bay View elle avait perdu son allure dégingandée et remplacé ses lunettes par des verres de contact. Elle était devenue une belle jeune femme d'un mètre soixante-dix-sept aux yeux bleus et aux cheveux blonds qui attirait le regard des hommes.

Elle sortait avec des garçons mais avait bien d'autres sujets d'intérêt. Elle faisait partie de l'équipe d'athlétisme sur piste et jouait de la flûte dans la fanfare. Le nombre réduit d'activités proposées aux filles fut à l'origine des pensées féministes qui modèleraient sa personnalité.

– Maman, pourquoi sommes-nous obligées d'étudier l'économie quand les garçons font des travaux pratiques ? demanda-t-elle à sa mère. C'est pas normal.

Laurie découvrirait bientôt d'autres inégalités. Elle rêvait de devenir zoologiste ou vétérinaire, mais son éducation dans des institutions catholiques l'avait privée des connaissances indispensables pour se lancer dans cette voie.

– Les sœurs enseignaient les maths et les sciences aux garçons et l'orthographe aux filles. Nous pouvions devenir pom-pom girls et jouer au volley, mais tout le reste nous était interdit.

Laurie se révoltait contre ces stéréotypes. Quand les filles avaient été autorisées à entrer dans l'équipe d'athlétisme sur piste, elle s'était inscrite dans le but de surmonter l'impression de « cloisonnement » qu'elle devait à son éducation.

Elle voulut interrompre ses études, mais un conseiller pédagogique l'en dissuada et elle alla travailler à mi-temps dans un grand magasin de Milwaukee afin de pouvoir assister aux cours le reste de la journée. Elle avait du succès auprès des garçons et se montrait difficile quant au choix de ses petits amis.

Elle n'avait pas encore décidé de sa carrière lorsqu'elle se présenta à un examen d'entrée dans une école de commerce. Elle fut surprise d'être acceptée et étudia deux ans pour obtenir un diplôme tout en exerçant des métiers aussi divers que ceux de serveuse et d'employée de bureau.

On lui disait depuis des années que sa silhouette constituait pour elle un atout, et celle qu'on avait surnommée « planche à pain » au collège décida de devenir mannequin. Trois agences de Milwaukee lui signèrent des contrats. C'était bien payé – trente-cinq dollars de l'heure – et se livrer à ces activités n'empiétait pas sur ses études. Mais cette profession était moins prestigieuse qu'elle ne l'avait supposé, et devoir constamment transporter des sacs de vêtements pesant une vingtaine de kilos ne correspondait pas à sa définition de l'emploi idéal.

Ses convictions féministes étaient embryonnaires, mais elle n'accepta jamais de poser nue ou en sous-vêtements.

Quand Laurie fut engagée en tant qu'étalagiste au Boston Store, un grand magasin de Milwaukee, elle comprit que tous ces métiers n'étaient pas faits pour elle. Après avoir pris un second emploi dans un gymnase elle décida de se chercher une occupation valable. Elle ne souhaitait pas passer le reste de ses jours à effectuer deux métiers mal payés. Ce fut alors que Laurie Bembenek décida d'entrer dans les forces de l'ordre.

Pendant que ses amies se mariaient, Laurie préparait son admission à l'Ecole de police en entretenant sa forme physique par des exercices de musculation et du jogging. Elle militait au sein de diverses associations féministes et avait une conscience aiguë des problèmes qui se posaient à ses semblables. Elle voulait contribuer à prévenir les agressions sexuelles, réconforter les victimes, devenir un exemple pour toute la gent féminine.

Cela se passait en 1979. Laurie Bembenek avait alors vingt ans et était idéaliste.

4

Les coulisses de la police

Dès son premier contact avec des policiers, Laurie Bembenek fut en butte à des plaisanteries et des brimades sexistes. En T-shirt et blue-jean elle se présenta à une convocation au siège de la police. C'était en août 1979 et elle venait de fêter son vingtième anniversaire.

– Ne me dites pas que vous venez à un entretien d'embauche ? lui demanda l'homme auquel elle s'adressa. Vous n'allez pas me faire croire qu'une jolie fille comme vous souhaite devenir un sale flic ?

Un de ses collègues ricana et cria :

– Eh, faudra l'affecter à mon équipe ! J'ai des tas de trucs à lui apprendre.

Ces hommes riaient toujours quand elle entra dans le bureau du chef de la police de Milwaukee, Harold Breier, qui s'empressa de lui dire ce qu'il pensait des femmes et des représentants des minorités dans ses services. Ce métier n'était pas fait pour elles, pas plus que pour les Noirs et les Hispaniques.

Laurie essaya d'effacer les propos de Breier de son esprit et elle fut transportée de joie quand on l'informa qu'elle était autorisée à se présenter à l'examen d'entrée de l'académie. Elle passa les épreuves d'aptitude physique haut la main puis se présenta à l'oral devant la commission d'admission. Elle obtint des notes élevées dans toutes les matières et fut convoquée pour le 10 mars 1980 à la Milwaukee Police Academy.

Ce qui déplut fortement à son petit ami, qui la mit en demeure de choisir entre lui et sa nouvelle carrière. Il renonça à un voyage qu'ils avaient décidé de faire en Floride et Laurie décida de partir seule. Elle savait qu'il lui serait ensuite impossible de s'absenter pendant au moins un an.

Ce fut alors qu'elle rencontra Judy Zess, une autre nouvelle recrue de l'Ecole de police qu'elle avait connue lors des tests d'aptitude physique. Zess lui proposa de l'accompagner et leur séjour en Floride se déroula sans incident, si l'on excepte un fait étrange.

Un New-Yorkais que Laurie avait vu en compagnie de Zess aux abords de la piscine vint lui parler la veille de leur retour.

– Cette fille est bizarre, déclara-t-il en se référant à Judy. On pourrait presque croire qu'elle est amoureuse de vous.

Surprise, Laurie se contenta d'en rire. Elle ne répéta pas les propos de cet homme à son amie, mais ils étaient si étonnants qu'ils resteraient gravés dans sa mémoire.

Les cinq mois suivants furent moins agréables que ces vacances balnéaires. Laurie avait dû se couper les cheveux pour dégager ses oreilles et il lui était désormais interdit de se maquiller et de se mettre du vernis à ongles. Chaque soir, elle était mentalement et physiquement épuisée. Un policier qui avait des difficultés à prononcer son nom décida de l'appeler Bambi. Elle trouva ce surnom approprié car elle se comparait à une biche égarée dans une harde de loups.

Les instructeurs étaient très durs avec les femmes, car lorsqu'elles se retrouveraient dans les rues elles devraient garder leur calme en toutes circonstances pour pouvoir survivre.

Lors d'une simulation, l'un d'eux s'arrêta devant une femme et lui gueula :

– Tiens, qu'est-ce que c'est que ça ? Ils prennent des pouffiasses, chez les flics ?

Elle se tassa sur son siège. L'homme désigna sa matraque et ajouta :

– Eh, pourquoi est-ce que tu te trimbales avec un godemiché ? T'es trop tarte pour te trouver un mec ?

Bembenek rit avec les autres, jusqu'au moment où l'instructeur arriva à sa hauteur.

– Bembenek ! lui hurla-t-il au visage. Alors, ta mère fait toujours le tapin ?

– Seulement le week-end, répondit-elle avec un large sourire.

L'instructeur fut visiblement impressionné par sa maîtrise de soi. Le lendemain, l'autre femme était absente. Elle ne reviendrait pas.

Après un mois de formation Laurie obtint des notes plus qu'honorables, surtout dans les disciplines sportives. Ce n'était pas en vain qu'elle avait consacré tant d'heures à faire du jogging et de la musculation. Quant aux plaisanteries douteuses, elle n'en faisait plus cas.

Mais elle conservait ses convictions féministes. Elle avait décidé longtemps auparavant de ne jamais avoir d'enfants et de conserver son nom de jeune fille si elle se mariait un jour. Pendant qu'elle suivait des cours portant sur le viol et le comportement à adopter envers les victimes, elle n'oubliait pas ses motivations.

Elle avait participé à une manifestation contre les prises de position de Breier qui refusait de créer une section spécialisée dans les agressions sexuelles. Il confiait en effet ces affaires à la brigade des mœurs, presque entièrement composée d'hommes indifférents à ces problèmes.

Bambi ne dissimulait pas ses convictions. Elle exprimait son point de vue chaque fois que les instructeurs abordaient le thème des agressions sexuelles et tous prenaient un malin plaisir à l'informer quand un Etat avait refusé de ratifier l'amendement portant sur l'égalité des droits.

Mais Laurie était bien décidée à aller jusqu'au bout de sa formation. Et elle fut sidérée quand après quelques semaines le sergent Orval Zellmer la convoqua dans son bureau pour lui annoncer qu'elle faisait l'objet d'une enquête de l'inspection des services.

Zellmer et un autre sergent, un nommé Figer, l'interrogèrent pendant près d'une heure au sujet d'une soirée organisée par une association de policiers une semaine plus tôt. Laurie avait été effectivement présente, mais elle fut choquée d'apprendre qu'un informateur anonyme déclarait l'avoir vue fumer de la marijuana, et à moitié nue de surcroît. C'était si ridicule qu'elle ne put s'empêcher d'en rire.

Mais ce fut bref. Laurie Bembenek commençait à connaître les méthodes de ses collègues, et la façon dont ils traitaient les femmes la terrorisait. Elle savait désormais pourquoi son père avait changé de métier.

Quinze jours plus tard, elle accompagna Judy Zess et trois de leurs connaissances à un concert. Pendant qu'elle était aux toilettes deux détectives arrêtèrent Zess et un de ses amis pour détention de marijuana. Le lendemain, Laurie fut à nouveau convoquée par Zellmer et son coéquipier. Cette fois, l'interrogatoire dura des heures. Ils voulaient tout savoir sur sa vie. Où elle allait. Ce qu'elle faisait. Qui elle rencontrait. Laurie trouvait qu'ils exagéraient un peu, étant donné qu'ils pouvaient seulement lui reprocher d'avoir utilisé les toilettes. Lorsqu'ils la laissèrent partir, elle était épuisée.

Le lundi suivant elle fut soumise à un nouvel interrogatoire et menacée de licenciement. Quand elle s'adressa au syndicat des policiers, elle apprit que des témoins prétendaient l'avoir vue danser à moitié nue, avec son insigne épinglé à ses sous-vêtements, lors de la première soirée. Peu après, Judy Zess fut expulsée de l'académie parce qu'on avait trouvé le mégot d'un joint de marijuana dans une tasse en polystyrène posée sous sa chaise.

On continuait de harceler Laurie pour qu'elle avoue avoir fumé de la drogue lors du concert et remette sa démission. Elle ne se laissa pas intimider.

La seule explication à tant d'acharnement devait être son sexe. Il n'y avait aucune femme dans les services administratifs, aucune femme sergent ou détective et, à en juger par les événements actuels il n'y aurait pas beaucoup de femmes simples officiers de police.

Elle refusa de céder aux pressions et tout parut rentrer dans l'ordre. En juillet, elle reçut son affectation pour terminer sa formation sur le terrain. On l'envoyait dans le cinquième district qui englobait un quartier noir et une partie de l'East Side, un secteur plus sélect. Son instructeur était un gros Italien, Rosario Collura, et elle ferait équipe avec un certain Michael Jourdan. Laurie Bembenek allait avoir son baptême du feu.

L'agent Bembenek devint une citoyenne de dernière catégorie sitôt qu'elle se présenta à son poste. Collura la tenait pour responsable de toutes les erreurs. Il la chargeait de rédiger tous les formulaires. Elle était devenue son esclave.

La troisième nuit, lors de l'inspection, le sergent leur ordonna de dégainer et de décharger leurs armes. Bembenek mit une seconde de plus que les vétérans et le barillet de son revolver fut le dernier à cliqueter.

– C'est toi, Jourdan ? demanda le sergent.

– Non, c'est la fendue, répondit Collura en riant.

Bembenek ne broncha pas. Elle resta également impassible quand cet homme poursuivit ses agressions verbales sexistes à son encontre. Il se moquait constamment de l'égalité des sexes et la chargeait d'effectuer toutes les corvées qui se présentaient.

– Si elle veut faire un métier d'homme, elle n'a qu'à prouver qu'elle en est capable, commenta-t-il en lui ordonnant de changer une roue crevée.

Quand Laurie en discuta avec d'autres nouvelles recrues, elle ne fut guère surprise d'apprendre qu'on les traitait différemment. Ce fut seulement à la fin de ces trois semaines de formation sur le terrain qu'elle apprit pourquoi Collura avait été si dur avec elle.

– Je risque ma place en te le disant, Bembenek, lui déclara-t-il. Mais tu es une brave fille et je te dois bien ça.

– Quoi ? demanda-t-elle, sidérée par sa gentillesse inattendue.

– Ne va surtout pas le répéter, mais on m'a donné l'ordre de t'en faire baver. Les galonnés espéraient que tu en aurais ras le bol et que tu finirais par remettre ta démission.

Elle ne trouva rien à lui répondre.

– Tout ce que je peux dire, c'est que tu n'as pas eu la vie belle pendant ces dernières semaines. Bonne chance, petite.

Laurie ne reverrait jamais Collura. Cinq ans plus tard

cet homme serait tué dans l'exercice de ses fonctions. Elle se souviendrait de lui avec des sentiments mitigés. Lawrencia Bembenek venait de découvrir que les flics de Milwaukee ne correspondaient pas à l'image qu'ils donnaient d'eux.

5

Le début de la fin

Laurie termina sa formation le 25 juillet 1980. Elle connaissait désormais le fonctionnement d'un des services de police les plus importants des Etats-Unis. Environ mille huit cents hommes devaient assurer la protection des huit cent cinquante mille habitants de Milwaukee et elle avait découvert leurs points faibles. Ils n'hésitaient pas à boire pendant le service et à intimider les suspects, ils traitaient les femmes comme du bétail et n'avaient pas d'autre souci que de toucher leur paie.

C'était bien différent de ce qu'elle avait pensé, mais Lawrencia Ann Bembenek était devenue l'officier de police Bembenek.

Elle fut affectée au deuxième district, dans la partie sud de la ville. Elle souhaitait à présent tirer un trait sur le passé et démontrer de quoi une femme était capable.

Ce qu'elle vit dans le deuxième district l'écœura. Lorsqu'elle parlerait à des amis de ses collègues, elle décrirait la majeure partie d'entre eux comme des êtres brutaux et paresseux, apathiques et corrompus. Ce secteur était relativement tranquille et ils avaient des façons bien à eux de tuer le temps.

Elle fut témoin de centaines d'infractions aux règlements. Des hommes en patrouille allaient se garer dans le cimetière pour dormir ou pour boire. Dans les bars, ils ne réglaient jamais leurs consommations. Certains arrondissaient leurs fins de mois en vendant des films porno et d'autres allaient retrouver leurs petites amies pendant que leurs épouses les attendaient à la maison. Lorsqu'ils procédaient à l'interrogatoire d'un suspect, quelques-uns d'entre eux allaient même jusqu'à le passer à tabac.

Ils consommaient et vendaient de la drogue, faisaient payer en nature leur complaisance envers les prostituées, récompensaient leurs informateurs en leur fournissant des stupéfiants. Elle vit des collègues laisser repartir des conducteurs ivres qui avaient provoqué un accident sans les soumettre à l'alcootest simplement pour ne pas avoir à rédiger un rapport.

Elle ne pouvait le dire à personne. La loi du silence – protéger à tout prix ses collègues – recouvrait tout comme un linceul. Les flics du cinquième district ne l'avaient pas ménagée, mais au moins n'étaient-ils pas corrompus et fainéants à ce point.

Il lui arrivait malgré tout d'apprécier ce métier. Les nuits où elle effectuait seule ses rondes. Quand elle n'était pas avec un collègue qui enfreignait les règlements et lui ordonnait de se taire.

En août, elle prit la décision de chercher un logement. Elle venait d'avoir vingt ans et espérait se faire de nouvelles connaissances si elle ne vivait plus chez ses parents. Le 25 août, quand elle téléphona au poste pour s'informer de son emploi du temps, elle ignorait que sa vie allait brusquement changer.

Le capitaine lui apprit que Breier venait de la licencier. Laurie ne s'était doutée de rien. Elle avait joué le jeu. Elle avait respecté la loi du silence.

Deux sergents passèrent prendre son insigne, son arme et ses uniformes. Elle n'arrivait pas à le croire. Elle ne comprenait pas. Quand son père rentra du travail, elle lui annonça la nouvelle puis se jeta dans ses bras et éclata en sanglots.

Quatre jours plus tard un article du *Milwaukee Journal* l'aida à comprendre ce qui s'était passé.

BREIER LICENCIE TROIS FEMMES

La semaine dernière, le chef de la police de Milwaukee, Harold A. Breier, a renvoyé trois officiers de police de sexe féminin : Bonnie Avant, Patricia Lipsey et Lawrencia Bembenek.

Raison invoquée pour Avant et Lipsey : « pour le bien du service ». Bembenek a été accusée de déclarations et de rapports mensongers, mais aucun détail n'a été fourni.

Avant et Lipsey sont noires.

Lipsey a été renvoyée le 21 août, Bembenek le 25 et Avant le 26.

Toutes ces femmes veulent faire appel de cette décision.

Un autre officier de police, Kathleen M. Rodriguez, a fait l'objet d'une mesure de suspension de trois jours pour négligences. Elle n'a pas l'intention de contester cette sanction.

Une de ces femmes affirme ne pas avoir été informée de la raison de son renvoi et parle de discrimination sexiste. Une autre a simplement reçu un mot lui annonçant son licenciement.

« Ils ont lu la liste (des licenciées) à la fin de l'appel afin que tous soient au courant, nous a déclaré la

troisième. Ils virent toutes les femmes du service. Les femmes et les Noirs. »

Interrogé à ce sujet, Tom Barth, le président du syndicat des policiers, a répondu qu'il se tenait prêt à ouvrir une enquête sur simple demande des intéressées.

6

Dernières chances

Laurie Bembenek ne conserverait des mois suivants que des souvenirs confus. Elle se comparerait à une machine automatique. Elle survivrait, sans vivre pour autant.

Son licenciement l'avait brisée.

Elle contacta aussitôt son syndicat pour réclamer sa réintégration. Elle voulait prendre connaissance du dossier et des raisons de son renvoi.

Quand Breier accepta de communiquer toutes les pièces, Laurie découvrit que Judy Zess l'avait accusée d'avoir fumé de la marijuana le soir du concert. Sidérée, elle décida d'aller la voir immédiatement.

Judy lui affirma qu'elle avait signé cette déposition sous la contrainte, après des heures d'interrogatoire.

– J'étais ivre, Laurie, et ils m'ont menacée d'en informer le chef. Tu dois me croire ! Pourquoi aurais-je fait appel de cette décision, autrement ? C'était un interrogatoire du cinquième degré. Je ne savais plus où j'en étais. Quand ils m'ont embarquée, je suis tombée et j'ai même filé mes bas. Ils m'ont dicté ce que je devais écrire. Ils n'ont pas respecté mes droits. J'ai réclamé un avocat mais ils ont refusé en disant que c'était une affaire intérieure. Tu dois me croire.

Judy s'engagea à lui remettre une attestation sur l'honneur par laquelle elle reconnaîtrait avoir porté contre elle des accusations infondées. Laurie lui pardonna et Zess lui proposa de s'installer chez elle. Laurie finit par accepter. Cela se passait en septembre 1980.

Laurie avait désormais de sérieuses difficultés financières. Elle faisait du baby-sitting pour Margie Lipschultz, une autre femme flic, mais c'était insuffisant pour boucler les fins de mois. Et quand Judy suggéra qu'elles aillent déposer leur candidature au *Club Playboy* de Lake Geneva Laurie estima que n'importe quel emploi serait le bienvenu. Elle venait en effet d'apprendre que l'Agence pour l'emploi contestait ses droits à une allocation et risquait de lui réclamer le remboursement des sommes déjà perçues.

Laurie passa les semaines suivantes à attendre. Elle sortait à l'occasion avec un ami de Margie qui vivait à Chicago et essayait en vain de comprendre ce qui lui était arrivé.

Mi-octobre, sa situation empira encore. Le syndicat des policiers classa son dossier et elle fut convoquée par une commission de l'Agence pour l'emploi qui devait statuer sur son cas. Elle crut devenir folle. Elle n'avait encore jamais entendu débiter tant de mensonges. Un policier déclara qu'elle avait fait l'objet d'une arrestation le soir du concert.

– Comment peut-il dire une chose pareille ? murmura Laurie à son avocat. C'est complètement faux !

– Ne vous tracassez pas, Lawrencia, je vais arranger ça, répondit Kenneth Murray.

Un homme qui devait s'avérer aussi inefficace que tous ses confrères auxquels Laurie ferait bientôt appel. Elle fut condamnée à rembourser près de deux mille cinq cents dollars. Désespérée, elle prit alors une initiative qui la marquerait à jamais. Elle suivit la suggestion de Judy et présenta sa candidature comme serveuse au *Club Playboy*. Elle avait une certaine expérience, Lake Geneva n'était guère éloigné et les clients laissaient des pourboires généreux. Elle pourrait gagner cinquante dollars simplement en apportant une tasse de café.

Judy Zess avait entre-temps trouvé un autre moyen de se procurer de l'argent. Depuis sa suspension elle avait vivoté et les factures s'empilaient.

– J'ai téléphoné à tous les types avec qui j'ai couché pour leur annoncer que j'étais enceinte et que je devais me faire avorter, dit-elle à Laurie. A raison de deux cents billets par tête, j'ai déjà récolté huit cents dollars.

Laurie en fut choquée. Puis Judy lui apprit une chose qui la choqua plus encore. Les accusations de détention de drogue portées contre elle avaient été retirées.

Si Judy Zess avait été déclarée innocente il en découlait que Lawrencia Bembenek l'était également, mais cette dernière avait été trop déçue pour souhaiter faire de nouveau partie des forces de l'ordre.

Elle travaillait à mi-temps dans un gymnase local et envisageait d'entrer dans l'armée de l'air. Elle avait vingt et un ans et elle était consciente que toutes ses décisions antérieures avaient été catastrophiques. Elle avait besoin d'aide pour remettre un peu d'ordre dans son existence.

Elle la trouva la troisième semaine de novembre en la personne d'Elfred O. Schultz Jr, un autre policier.

7

Parade d'amour

A l'époque où Laurie fit sa connaissance, Elfred Schultz (Fred pour les intimes) avait une liaison avec son amie Margie Lipschultz. Les règlements interdisaient à deux policiers d'avoir des relations intimes, mais nul n'en faisait cas.

Laurie s'étonna qu'une femme au demeurant pleine de bon sens pût s'amouracher d'un pareil individu. Le soir où elle le rencontra chez Margie, son égocentrisme et sa vantardise l'exaspérèrent.

De même que ses tentatives pour la séduire. Sitôt que son amie sortait de la pièce, il venait s'asseoir près de Laurie. Il lui déclara qu'il avait immédiatement eu le coup de foudre pour elle et qu'il n'avait jamais connu une femme aussi belle et spirituelle.

Il lui apprit qu'il était divorcé et avait eu deux fils avant de se soumettre à une vasectomie. Il avait tant de maîtresses qu'il confondait leurs prénoms. Il déclara qu'il avait épousé son ex-femme, Christine, uniquement parce qu'elle était enceinte.

Et il eut l'audace de lui fixer un rendez-vous devant Margie.

– Economisez votre souffle, Schultz, rétorqua Laurie, vous en aurez besoin pour votre poupée gonflable.

Elle espérait qu'ils ne se reverraient jamais, mais Fred avait l'espoir inverse alors qu'il la regardait monter dans sa Camaro orange.

La semaine suivante, lasse de cette vie et désireuse d'oublier des souvenirs pénibles, Laurie décida de s'enrôler dans l'U.S. Air Force. On l'inscrivit pour un stage de formation qui lui permettrait d'entrer dans les services de lutte contre l'incendie sur un terrain d'aviation.

Elle rencontra alors un homme qui avait suivi avec elle les cours de l'Ecole de police. Ils allèrent prendre un verre dans un bar et il lui parla d'une jeune femme blonde qu'on avait vue fumer de la marijuana et s'exhiber à moitié nue à la soirée où Laurie s'était rendue. Il admit que tous avaient eu peur de dire la vérité. Dégoûtée, Laurie posa son verre et sortit de l'établissement.

Elle alla dans un club de l'East Side et vit Margie et deux de ses amis au comptoir. Ils regardaient des photos d'hommes et de femmes qui dansaient nus sur les tables d'un parc.

– Où a-t-on pris ces clichés et qui sont ces gens ? demanda Laurie.

– Ne me dites pas que vous n'avez jamais entendu parler des pique-niques du *Tracks* ? fit un des hommes. Ils ont lieu chaque année et dégénèrent à chaque fois.

– Je peux le constater. Comment se fait-il que la police n'intervienne pas ? Je n'arrive pas à croire que de telles choses puissent avoir lieu dans un parc municipal, sous les yeux de tant de personnes.

– La moitié des participants sont des flics, expliqua l'autre. Vous connaissez Fritz, je crois ?

Laurie se rappelait qu'on surnommait ainsi Fred

Schultz en raison de ses origines allemandes. Elle vit une photo où il posait nu devant une foule importante.

Elle apprit que le *Tracks* organisait de telles réunions annuelles depuis longtemps. Parce que cette taverne était un lieu de rendez-vous pour tous les policiers de Milwaukee, ces réjouissances recevaient leur bénédiction. Tout commençait par des tournées de bière gratuites et, l'alcool aidant, cela tournait rapidement à l'orgie.

Laurie se félicita de ne pas avoir précisé qu'elle avait fait partie de la police.

La première semaine de décembre, elle décida de s'adresser à un représentant de la Commission d'égalité des droits à l'emploi. Convaincue que son licenciement était un parfait exemple de discrimination, Laurie pensait pouvoir démontrer que les policiers étaient traités différemment en fonction de leur sexe. Les photos des pique-niques du *Tracks* en apportaient la preuve. Breier l'avait renvoyée à cause de simples rumeurs alors que certains de ses hommes s'exhibaient nus en public ! Son interlocuteur lui déclara qu'elle avait de fortes chances d'obtenir gain de cause et l'envoya voir James Morrison, un state attorney du secteur est du Wisconsin.

Sa rencontre avec ce grand Noir posé fut pour elle le premier événement positif depuis des mois. Morrison lui apprit qu'il constituait un dossier sur les services de police de Milwaukee car Breier respectait le quota d'embauche de représentants des minorités et de femmes afin d'encaisser les subventions fédérales puis s'empressait de les licencier sans le signaler aux administrations concernées.

Morrison n'oublierait jamais cette entrevue avec Laurie Bembenek. Il avait exercé en tant que D.A. adjoint et avait appris dans l'exercice de ces fonctions à reconnaître les gens honnêtes. Laurie Bembenek lui paraissait sincère et il avait entendu assez de témoignages pour savoir quelles étaient les méthodes du M.P.D. (Milwaukee Police Department). Il estimait que Laurie avait les qualités d'un bon policier, de la détermination et un sens profond de la justice. Peut-être pourraient-ils s'aider mutuellement.

Encouragée, Laurie emprunta les photos du pique-nique et alla voir le sergent Orval Zellmer, qui manqua s'étrangler en voyant ces clichés.

– On m'a virée à cause d'une rumeur infondée, lui dit-elle. Ces flics ont commis des infractions bien plus graves que celles dont on m'a accusée et ils n'ont même pas reçu un blâme.

Zellmer ne disait rien. Il se contentait de regarder les épreuves.

– C'est injuste, ajouta Laurie. Comment peuvent-ils se livrer à de telles orgies dans un parc municipal ? Où étaient les patrouilles ?

Zellmer semblait souhaiter se débarrasser d'elle le plus rapidement possible. Il avait reconnu des collègues, sur ces clichés, mais il ne voulait pas qu'elle pût s'en rendre compte. Il conserva les photos et affirma qu'il ferait une enquête.

Pendant que Laurie tentait de faire valoir ses droits, son amie Margie Lipschultz se plaignait que Fred Schultz avait de nombreuses maîtresses.

Margie n'était pas un exemple de fidélité et quand Laurie lui en fit la remarque elle rétorqua que Stu Honeck, le flic qui partageait son logement avec Schultz, lui avait affirmé qu'elle n'aurait pu tomber plus mal.

– Allons, tu ne vas tout de même pas croire tout ce

qu'on te raconte, lui reprocha Laurie. Tu sais quel crédit il faut accorder aux rumeurs.

Surprise d'avoir pris la défense de Fred, elle dut admettre que cet homme lui plaisait bien plus qu'elle ne l'eût avoué.

Elle en obtint confirmation la semaine suivante. Elle rencontra Schultz dans un restaurant et accepta d'aller faire du jogging avec lui. Fred avait du charme. C'était un homme blond plus âgé qu'elle, musclé et aux yeux bleus magnifiques. De plus il était détective et la police exerçait toujours sur elle une profonde fascination.

Ils longèrent à petites foulées la berge gelée du lac Michigan. Contrairement à la fois précédente, Fred se conduisit en parfait gentleman. Il déclara simplement qu'il en avait assez de Margie parce qu'elle buvait et était trop instable. A la fin du parcours, ils montèrent dans le pick-up de Fred.

– Où va-t-on ? lui demanda-t-il.

– Je voudrais me doucher. On pourrait faire un saut chez mes parents et boire un café. J'en profiterais pour me changer.

– Entendu, et je te propose d'aller ensuite prendre un verre. Je connais une taverne où ils servent une bière étrangère fantastique. Tu aimes la bière ?

– Tu me le demandes ? C'est ma seule faiblesse.

– Vraiment ? Et les hommes ?

– Oh, je préfère les animaux de compagnie !

Fred la regarda de travers et ils éclatèrent de rire.

Après quelques heures passées en compagnie de cet homme, Laurie comprit qu'elle en tombait amoureuse. Il lui demanda de sortir avec lui le lendemain et elle accepta. Ils allèrent à une soirée mondaine où toutes les personnalités locales étaient présentes. Etre admise dans ce milieu flattait Lawrencia Bembenek. Pour couronner le tout, Fred lui avait apporté une douzaine de roses rouges lorsqu'il était passé la chercher. Elle le trouvait merveilleux.

Ils allèrent ensuite danser dans un club du centre de la ville. Ils semblaient faits l'un pour l'autre, et elle avait l'impression de le connaître depuis toujours. Avant lui, aucun homme n'avait eu sur elle un tel effet.

Il était si séduisant qu'elle en avait le vertige. Sur la piste de danse, elle ne voyait que lui. Et quand il décida finalement de l'embrasser elle se sentit fondre entre ses bras puissants et protecteurs.

8

Fautes et sacrements

A partir de cet instant, Laurie refusa de sortir avec d'autres hommes. Elle n'avait plus de pensées que pour Fred.

Peu avant Noël il lui téléphona pour lui proposer de venir le retrouver près du lac, là où il lui avait fixé leur premier rendez-vous. Alors qu'elle l'attendait dans sa voiture, elle se demandait ce qu'il avait de si urgent à lui annoncer.

Quand il gara son pick-up puis vint s'asseoir près d'elle, son expression était empreinte de gravité.

– Que se passe-t-il ? Tu as quelque chose d'important à me dire ? lui demanda-t-elle.

– Tu es... différente des autres, déclara-t-il lentement. Je voudrais que nos rapports soient durables.

– Ecoute, Fred... toi et Margie...

– Je me fiche de Margie, l'interrompit-il. Et tu as tort de t'en préoccuper. Si tu savais ce qu'elle raconte sur toi.

– Je sais que ce n'est pas une véritable amie. Elle dit n'importe quoi, quand elle a bu.

Ils allèrent se promener le long du lac sur lequel flottaient de gros blocs de glace. Le ciel était d'un bleu soutenu, la neige d'une blancheur immaculée.

– Tu sais ce qu'elle m'a dit ? Que tu frappais tes gosses avec un marteau.

– Quoi ? C'est ridicule ! s'emporta Fred. Qui a bien pu lui débiter des conneries pareilles ?

– Tu vis bien chez un dénommé Stu ?

– Ce salopard semble s'être fixé pour but de gâcher mon existence. Il se paie mon ex-femme, bon Dieu !

Fred précisa qu'il se cherchait un autre logement mais qu'il manquait d'argent. Honeck ne lui réclamait pas un loyer, seulement d'effectuer quelques menus travaux en échange de son hospitalité. Un autre flic divorcé vivait également avec eux.

– Pour en revenir au couple que nous pourrions former, tu oublies que j'entrerai dans l'U.S. Air Force en février, lui rappela Laurie. Nous n'avons que deux mois devant nous. Et il y a Margie.

– Tu n'as pas compris ce qu'elle cherche ? Elle casse du sucre sur notre dos pour nous diviser.

Laurie écrivit à Margie pour lui annoncer qu'elle ne souhaitait pas la revoir. Elle passait désormais toutes ses soirées en compagnie de Fred, qu'elle trouvait de plus en plus fascinant et spirituel. Ils avaient en outre de nombreux points communs : Fred ne voulait plus avoir d'enfants et désirait vivre avec une femme indépendante et ambitieuse. Et, surtout, il exerçait la profession de détective. Laurie commençait à croire qu'elle avait finalement rencontré l'homme de sa vie et que leur différence d'âge de dix ans était sans importance.

Quelques jours avant Noël il l'emmena voir ses parents à Pewaukee, une petite ville sur un grand lac à environ quarante kilomètres de Milwaukee. Son père et sa mère étaient absents mais Fred avait une clé de la maison. Il fit du feu dans la cheminée et servit du vin.

Il était assis à côté d'elle, si près qu'elle sentait le souffle de son haleine caresser son visage.

– Je crois que tu m'aimes autant que je t'aime.

C'était la première fois qu'il lui parlait d'amour.

– Oui, je t'aime. Je regrette seulement de ne pas t'avoir rencontré avant de décider de partir dans l'Air Force.

– Tu n'iras nulle part.

– Il est trop tard.

– Nous nous entendons si bien, nous aimons les mêmes choses, nous avons le même point de vue sur la plupart des sujets. Depuis que je te connais ma vie est si merveilleuse que je...

– Nous devrions rentrer.

Ils fermèrent la maison et regagnèrent le pick-up. Laurie s'y installa et Fred vint de son côté pour poser sa main à plat sur la glace latérale. Elle en fit autant et lorsqu'elle leva les yeux vers ceux de Fred elle y vit des larmes. Elle sentit sa gorge se serrer. Juste après avoir rencontré l'homme de ses rêves la vie allait les séparer.

Mais jusqu'au jour de son incarcération ils ne se quitteraient plus.

Pour Noël, sa mère lui offrit un petit cheval à bascule en bois rouge et blanc. Elle tenait une promesse qu'elle lui avait faite dix-sept ans plus tôt.

Cette période de bonheur fut de courte durée. Un policier de ses amis téléphona à Laurie pour lui conseiller d'être prudente. Ses accusations contre le M.P.D. irritaient bon nombre de ses collègues. Certains avaient même proféré des menaces à son encontre.

– Ils sont sacrément en rogne. Le sergent Zellich nous a annoncé qu'à cause de toi nous devrions à l'avenir respecter les règlements et signaler notre position.

Les flics en patrouille étaient censés le faire toutes les heures, ce qui permettait de s'assurer qu'ils n'avaient pas eu d'ennuis. Ceux du deuxième district s'en étaient toujours dispensés, jusqu'à ce que Lawrencia Bembenek les dénonce.

Peu après, le téléphone sonna à nouveau.

– Bembenek, ta mère est morte, dit un homme.

Puis elle trouva un rat mort sous un essuie-glace de sa Camaro. Il y eut d'autres coups de fil anonymes et on dégonfla les pneus de sa voiture. Mais quand elle contacta l'inspection des services, elle s'entendit répondre :

– Désolé, mais nous n'y pouvons rien.

Fred lui téléphonait plusieurs fois par jour et lui envoyait constamment des cartes postales et des fleurs. Elle fit la connaissance de ses fils. Laurie et Christine ne s'adressaient pas la parole lorsqu'elle allait avec Fred chercher Shannon et Sean, mais elles se saluaient de la main.

La dernière semaine de janvier, Laurie commença ses préparatifs pour aller effectuer ce stage de formation. Elle se demandait cependant si elle avait fait le bon choix et si elle retrouverait un jour un homme aussi valable que Fred Schultz. Elle craignait de commettre une nouvelle erreur, comme lorsqu'elle avait quitté son ami afin d'entrer à l'Ecole de police.

Quand un recruteur de l'U.S. Air Force lui téléphona pour lui annoncer qu'elle ne pourrait pas suivre ce stage avant la fin du procès qu'elle avait intenté contre le M.P.D., elle en fut sidérée.

– Nous ne pouvons recruter quelqu'un qui a un litige en suspens, que ce soit un procès criminel ou civil, un simple divorce ou une demande de garde d'enfants.

– Je ne pourrai donc pas suivre cet entraînement le mois prochain ?

– Sauf si vous avez obtenu gain de cause ou été déboutée d'ici là.

Laurie raccrocha et appela Fred. Elle le retrouva pour le déjeuner et lui apprit la nouvelle.

– Formidable, dit-il en souriant. Ta déception me peine, mais tu devras rester ici et c'est pour moi la seule chose qui compte.

– Je pourrais retirer ma plainte, mais je refuse de céder. Enfin, ce serait peut-être la meilleure solution. Je ne sais pas.

Elle était partagée entre son amour pour Fred et son avenir professionnel. Elle bénéficiait en outre du soutien de diverses associations féministes qu'elle ne voulait pas décevoir.

Ils restèrent dans ce restaurant pendant trois heures. Le vin lui montait à la tête. Elle aimait bavarder avec Fred. Quand il était près d'elle le reste n'avait plus d'importance.

– Est-ce que ça t'ennuie, que je sois divorcé ? lui demanda-t-il.

– Non. Le passé est le passé. Tu es désormais un homme libre.

– Et l'U.S. Air Force ?

– Tous mes amis me disent que j'ai été folle de présenter ma candidature. Je m'interroge. L'engagement est long, quatre ans. Même mon père me déconseille de partir. Il affirme que je n'aimerai pas l'ambiance de l'armée.

Elle ajouta qu'elle avait en outre consacré trop de temps et d'énergie à l'action intentée contre le M.P.D. pour renoncer à ce stade.

– Alors ?

– Alors, je ne partirai pas le mois prochain. Je dois me trouver une autre carrière. Il faut que je travaille.

Il lui resservit du vin et se pencha sur la table.

– Laurie, tu sais que nous sommes semblables, toi et moi. Quand me demanderas-tu en mariage ?

– Quand les poules auront des dents, fit-elle en riant.

– En ce cas, je me vois forcé de prendre les devants. Veux-tu m'épouser ?

Elle ne s'était pas attendue à cela. Elle avait décidé longtemps auparavant de ne pas envisager le mariage avant d'avoir au moins la trentaine, mais elle craignait à présent de le perdre.

– J'en serais ravie, lui dit-elle.

Ensuite, tout se passa très rapidement. Ils décidèrent de se marier dans la plus stricte intimité et de n'en parler à personne. Le lendemain matin – le 30 janvier 1981 –, ils partirent pour Waukegan, une petite ville de l'Illinois. Fred connaissait un juge de cet Etat qui avait accepté de les marier.

Ils échangèrent des alliances en or très simples. Fred avait promis de lui en acheter une avec un diamant sitôt qu'il en aurait les moyens. Ils s'embrassèrent, le juge les félicita et Laurie signa l'acte de mariage sous le nom de Lawrencia Ann Bembenek. Elle avait déjà informé Fred qu'elle conserverait son nom de jeune fille.

Sur le chemin du retour, ils s'arrêtèrent dans un petit parc pour prendre quelques photos. Laurie n'arrivait pas à croire qu'elle était mariée. Ce jour aurait dû être le plus beau de sa vie mais elle était un peu déçue, sans trop savoir pour quelle raison. Elle ne cessait de regarder son alliance et de se répéter : « Je suis une femme mariée. » Alors qu'ils retournaient vers le nord, elle devait constamment le regarder pour se convaincre qu'elle ne rêvait pas. Elle ne pouvait croire que ce flic séduisant était devenu son mari.

9

Le piège se resserre

Judy Zess vivait dans un ensemble immobilier proche des berges du lac Michigan, à seulement quelques minutes du centre de Milwaukee. Lawrencia Ann Bembenek et Elfred Schultz emménagèrent chez elle, mais les Bay View Terrace Condos de South Shore Drive n'étaient pas l'idéal pour une lune de miel.

C'était Fred qui avait décidé de s'installer chez Judy. Il ne voulait pas rester chez Honeck. Les deux hommes s'étaient battus peu auparavant et Honeck l'avait chassé de chez lui. Judy cherchait des colocataires pour réduire ses frais de logement et lui avait proposé cette solution.

Fred voulait partir en voyage de noces et il retint un séjour d'une semaine aux Antilles. Ils partiraient sitôt après avoir informé leurs parents de leur mariage, et ils les réunirent dans un restaurant local.

Quand Virginia Bembenek apprit que sa fille s'était mariée, elle crut tout d'abord à une plaisanterie. Se passer la corde au cou était bien la dernière chose qui figurait sur la liste des priorités de Laurie. Elle fut en outre choquée de ne pas avoir été invitée et déçue qu'il n'y ait pas eu de cérémonie religieuse. Les parents de Fred semblèrent quant à eux se réjouir de cette nouvelle.

– Nous nous sommes mariés légalement, rétorqua Laurie à sa mère. Il ne manquait qu'une réception, et nous ferons un petit quelque chose au printemps.

– Vous ferez un petit quelque chose au printemps ? répéta Virginia. C'est la raison de votre mariage précipité ?

Laurie ne put s'empêcher de rire.

– Tu fais fausse route, maman. Si j'ai épousé Fred, c'est justement parce que sa vasectomie me protège de la maternité.

– Je présume que tu as conservé ton nom de jeune fille. Tu ne cesses d'en parler depuis des années.

– Tu connais mes convictions féministes.

– Fred, j'espère que vous êtes conscient d'avoir épousé une femme très indépendante.

Il déclara que c'était une des raisons pour lesquelles il l'aimait.

Avant de partir en voyage de noces, Fred téléphona à son ex-femme pour l'informer de son remariage. Laurie était près de lui, et il lui passa le combiné.

Prise de court, elle dit à Christine :

– Fred m'a appris que vous collectionniez les papillons.

– Je les épingle sur du velours pour les suspendre aux murs.

– Si j'en trouve, je vous en rapporterai.

– J'en serais très touchée. Pourriez-vous me passer Fred ?

Quand elle lui reprocha de l'avoir placée dans l'embarras, il lui rétorqua qu'elle devrait s'y habituer car elle et Christine se verraient souvent à cause des enfants.

– C'est pour moi une nouveauté, alors laisse-moi un temps d'adaptation, d'accord ?

– Tu sais ce que je regrette ? C'est de ne pas t'avoir rencontrée dix ans plus tôt.

– Je n'avais que onze ans, à l'époque.

Elle oublia vite l'incident. Leur séjour à la Jamaïque fut merveilleux. L'hôtel était situé au bord de la plage et ils consacraient leurs après-midi à faire de la voile autour des anses coralliennes cernées de palmiers et à se promener sur le sable blanc en se tenant par la main. Ils parlaient pendant des heures d'un avenir radieux. C'eût été une semaine de bonheur absolu s'il ne s'était produit un petit incident.

Fred oublia son Nikon dans la salle à manger. Quand il revint le chercher, l'appareil photo et toutes leurs pellicules avaient disparu. Fred s'emporta contre tout le monde. Laurie ne l'avait jamais vu à ce point en colère.

Il finit par se calmer et tout redevint normal. Les Caraïbes étaient un paradis pour les amoureux.

Les ennuis recommencèrent dès leur retour au Wisconsin. Judy Zess et un ami vinrent les chercher à l'aéroport. Après les avoir embrassés Judy leur annonça qu'ils devaient se chercher un nouveau logement. Pendant leur absence elle avait reçu des invités assez bruyants et les propriétaires, qui occupaient l'appartement du dessous, voulaient les expulser à cause du vacarme.

– Oh, nous venions juste d'emménager ! Tu veux dire que nous devrons remettre ça ?

– Ne vous plaignez pas, grommela Judy. Toutes vos affaires sont encore dans des cartons.

Fred décida d'attendre la lettre d'expulsion. Ils ne la recevraient pas avant quelques semaines, ce qui leur laisserait le temps de trouver un appartement.

Fred assurait une permanence de minuit à 9 heures du matin et les deux femmes passaient ensemble la plupart des soirées. Fred téléphonait souvent pour savoir où allait son épouse, avec qui et pourquoi.

Ils vivaient dans un quartier agréable, à proximité d'un grand parc aux nombreuses allées fréquentées par des adeptes du jogging. Les fils de Fred venaient souvent chez eux. Laurie s'habituait à ces enfants et avait eu quelques conversations avec leur mère.

Un vendredi soir, alors qu'ils étaient attablés devant une bouteille de tequila, Fred lui parla de son ex-femme. Il n'avait jamais été à ce point agressif à son égard. Il affirma qu'il s'était senti obligé de l'épouser le jour où elle lui avait déclaré qu'elle était enceinte.

Il l'accusait de l'échec de leur union. C'était une fainéante, une mauvaise mère, une maîtresse de maison lamentable. Laurie était certaine que Christine lui eût fourni une version des faits très différente. Que son ex-femme fût devenue l'amie de Stu Honeck l'exaspérait.

– Quand je pense qu'ils s'envoient en l'air dans *ma* maison, ça me met hors de moi, reconnut-il.

Quelques semaines plus tard, Fred rentra chez eux profondément abattu. On venait de l'informer qu'il devrait continuer de régler chaque mois trois cent quatre-vingt-trois dollars pour la maison plus trois cent soixante-trois dollars de pension alimentaire. Il était écœuré et bouillait de rage.

– Elle a tout et c'est moi qui paie. C'est vraiment dégueulasse.

Fred et Laurie menaient désormais une vie de couple marié. Judy Zess sortait depuis quelque temps avec un voisin de leur immeuble, Thomas Gaertner. Quand Laurie lui demanda quel métier exerçait ce fanatique de body-building, Judy se contenta de lui répondre qu'il avait fait un héritage important.

Quand ils reçurent la lettre d'expulsion, ils avaient trouvé un nouvel appartement au 4612 de la 20e Rue Sud, à moins de trois kilomètres de la maison où vivaient Christine Schultz et ses fils.

La procédure que Laurie avait engagée contre l'administration suivait son cours, et elle transmit à la Commission d'égalité des droits une attestation sur l'honneur de Judy Zess. Son amie déclarait que c'était sous la contrainte qu'elle avait signé sa déposition du 2 mai 1980 par laquelle elle accusait Lawrencia Bembenek d'avoir fumé de la marijuana. Elle confirmait que Laurie n'avait pas menti quant à ses activités le soir du concert et précisait que sa propre inculpation de détention de drogue avait fait l'objet d'un non-lieu. Elle ajoutait qu'elle et Lawrencia avaient été en butte à de nombreuses discriminations sexistes au sein de la police.

Laurie avait d'autres éléments à présenter à la commission. Pendant l'année qui avait suivi son admission à l'Ecole de police, huit Noirs (cinq hommes et trois femmes) et cinq Blancs (quatre femmes et un homme obèse) avaient été eux aussi licenciés.

Mais si elle avait tout lieu de se réjouir de la tournure que prenait cette procédure, ses rapports avec son mari devenaient à l'occasion houleux. Fred parlait fréquemment de son ex-femme et Laurie découvrit son ancienne alliance dans la poche d'un de ses pantalons. Quand elle la lui montra, il se mit en colère. De son côté, elle en avait assez de l'entendre parler sans cesse de Christine, comme s'il vivait toujours avec elle.

– Je suis certaine qu'elle te tient, et qu'elle te tient bien, parce qu'elle n'a qu'à lever le petit doigt pour que tu bondisses, lui dit-elle.

– Que veux-tu que je fasse ? Les lois sur le divorce sont ainsi faites, dans cet Etat.

Mais Laurie savait parfaitement qu'il aurait pu obtenir bien plus qu'une commode et ses effets personnels lors du partage des biens.

– Que sait-elle sur toi ? lui demanda-t-elle.

– Tu ne peux pas imaginer, Laurie. Elle me tient par les couilles. Elle aurait pu me faire virer.

Il s'abstint cependant d'entrer dans les détails et Christine Schultz n'aurait sous peu plus la moindre possibilité de le faire à sa place.

10

Aux portes de la folie

En avril, Fred Schultz et Lawrencia Bembenek décidèrent d'essayer d'oublier leurs soucis en allant passer une semaine en Floride. Dès leur retour dans le Wisconsin, Laurie reçut une convocation de la Commission d'égalité des droits.

Scott Ritter, l'avocat qui représentait la municipalité, était présent en compagnie d'un lieutenant et du commandant du poste du deuxième district. Laurie devrait exposer oralement ses doléances afin que Ritter pût éventuellement les contester.

Elle soutint qu'elle avait été renvoyée pour des motifs uniquement sexistes et qu'elle avait dit la stricte vérité dans sa déposition concernant le concert auquel elle avait assisté avec Judy. Elle présenta l'attestation de cette dernière et répéta qu'elle n'avait fait l'objet d'aucune arrestation.

Ritter rétorqua que plusieurs témoins avaient assisté à son interpellation, mais que, comme le D.A. n'avait pas porté plainte contre elle, aucun rapport n'avait été rédigé. Ce fut seulement après avoir consulté ses dossiers qu'il admit qu'elle disait vrai au sujet de cette prétendue arrestation, mais il continua de soutenir que l'accusation de discrimination portée contre les services publics était infondée.

– Ne pensez-vous pas que *fendue* ne peut s'appliquer qu'à une femme ? s'enquit Laurie. C'était une insulte gratuite et délibérée.

– Vous ne pouvez démontrer quelles étaient les intentions de cet homme, dit Ritter.

– Je le sais parce qu'il m'a finalement avoué que ses supérieurs lui avaient donné l'ordre de me mener la vie dure.

Ritter fit remarquer que cela s'était passé au dernier stade de sa formation et que rudoyer une jeune recrue faisait partie du programme. Un policier devait apprendre à garder son sang-froid en toutes circonstances.

L'audience dura des heures et Laurie ne tarda guère à comprendre que sa cause était perdue. On lui demanda de citer le cas d'un homme qui avait eu les mêmes problèmes qu'elle sans avoir pour autant été sanctionné par ses supérieurs.

C'était irréalisable, étant donné qu'elle n'avait pas accès aux fichiers du personnel. En outre, il était improbable que les mêmes accusations aient été un jour portées contre un policier de sexe masculin.

– Je ne le pourrai jamais, protesta-t-elle. Ce sont nos supérieurs qui décrètent si une déposition est ou non digne de foi. Ce système est injuste. Une Portoricaine du deuxième district a été sanctionnée parce qu'elle s'était endormie à son poste, alors que ça arrive constamment à la plupart des types. Ce que vous me demandez, c'est non seulement d'apporter la preuve qu'un policier a menti dans un rapport mais que ses supérieurs en étaient informés et n'ont rien fait. C'est irréalisable.

On l'informa que la Commission d'égalité des droits déterminerait sous peu si sa plainte était fondée. En cas de réponse affirmative le ministère de la Justice se chargerait de poursuivre la procédure. Dans le cas contraire, Laurie pourrait intenter une action à ses frais. Bien décidée à aller jusqu'au bout, Laurie décida de ne pas regarder à la dépense pour que les femmes soient finalement traitées comme les égales des hommes au sein du M.P.D.

Judy confia à Laurie que ses rapports avec son M. Muscles devenaient très sérieux, et si elle resta discrète à son sujet elle laissa malgré tout entendre qu'elle comptait s'installer chez lui.

Tom Gaertner ne travaillait pas et Laurie avait du mal à croire qu'il pouvait vivre grâce à un héritage. Elle découvrit la vérité à son sujet un après-midi où elle alla chez lui en compagnie de Judy qui souhaitait récupérer quelques vêtements. Le réfrigérateur était bourré de gros sacs de marijuana.

Seigneur, dans quoi Judy s'est-elle fourrée ? se demanda Laurie en refermant la porte sans bruit.

Laurie Bembenek et Judy Zess suivaient toutes les deux une pente fatale mais, contrairement à Laurie, Judy s'engageait dans cette voie en toute connaissance de cause. Quand elle découvrit la drogue, Laurie crut comprendre pourquoi Tom exprimait constamment sa haine des flics. Mais elle faisait fausse route. Ce fut un coup de téléphone de Judy qui lui en révéla quelque temps plus tard la véritable raison.

– Pourquoi ne m'as-tu jamais dit que Fred avait tué le copain de Tom ? hurla Judy sitôt après que Laurie eut décroché.

– De quoi parles-tu ?

– Il y a des années, Fred a descendu un autre flic. C'était le meilleur ami de Tom.

Depuis, Gaertner haïssait la police. D'après lui, Fred avait tiré sans raison.

Quand Fred rentra à la maison Laurie lui confia ce qu'elle venait d'apprendre. Il lui fournit une version des faits très différente.

– Il est exact que j'ai descendu par erreur un collègue de Glendale. C'était en 1975 et il s'appelait G. Robert Sasson. Je n'ai été informé que plus tard qu'il s'agissait d'un pourri qui fourguait de la came. J'étais en patrouille avec une jeune recrue quand nous avons reçu un appel du central. Un collègue avait besoin d'aide à une adresse non précisée de Silver Spring Road. Nous sommes restés à l'écoute et quand on nous a indiqué que l'incident avait lieu dans une taverne, le *Northway Tap*, nous sommes immédiatement allés sur place. A notre arrivée une femme nous a fait de grands gestes et nous a crié d'entrer par-derrière, parce que la porte principale était fermée. C'était l'épouse de Sasson, une prénommée Camille.

» Une fois à l'intérieur, j'ai vu derrière une séparation en verre dépoli un type en tenue de base-ball agenouillé près d'un Noir allongé sur le sol. Quand nous nous sommes approchés, ce mec s'est relevé et a collé son semi-automatique sur la poitrine du bleu qui m'accompagnait.

Tout s'était ensuite passé très vite. Fred avait dégainé et tiré, quatre fois. Camille Sasson avait hurlé :

– C'est mon mari. C'est un flic !

Laurie ne savait rien de tout cela. Fred lui affirma qu'il n'avait fait l'objet d'aucune sanction, bien que l'incident se soit produit hors de son secteur.

– Le type qui était allé avertir la police avait composé l'indicatif du poste de Milwaukee par erreur, expliqua Schultz. Tout s'est arrangé parce que Sasson était un dingue qui s'était déjà fait remarquer à plusieurs reprises. Un maniaque de la détente déjà impliqué dans plusieurs affaires du même genre. Il buvait et s'attirait toujours des tas d'ennuis.

Schultz s'en était bien tiré mais Tom Gaertner n'avait pas renoncé à venger la mort de son ami.

Un peu plus tard, Laurie rencontra la mère de Judy et lui révéla que cette dernière souhaitait s'installer chez Gaertner. Lorsqu'elle l'apprit, son amie vint la voir et les deux femmes eurent une violente dispute.

Laurie lui laissa un message :

Judy,

Je tiens tout d'abord à préciser que ton comportement me dépasse. A notre retour de Floride nous découvrons que tu as déménagé la moitié de tes affaires et ensuite nous restons sans nouvelles de toi pendant deux semaines. Nous ne savions même pas si tu avais l'intention de régler ta moitié du loyer, alors que nous avions pris cet appartement parce que tu n'avais nulle part où aller. Fred, lui, se serait contenté d'un logement avec une seule chambre, mais j'ai été assez idiote pour lui répondre que nous ne pouvions pas te laisser tomber. Ça me rappelle quand nous sommes rentrés de notre voyage de noces et que tu nous a annoncé que le proprio voulait nous expulser. Tu sembles oublier que nous avons un bail d'un an... que tu as signé avant de t'éclipser à Delafield en nous laissant le soin de tout déménager.

Si j'ai fait des confidences à ta mère, c'est parce que je m'inquiète pour toi. Tu es trop impulsive et tu te précipites au-devant des ennuis sans réfléchir. Je n'ai pas dit du mal de Tom, mais il est évident qu'un type qui proclame à tout bout de champ sa haine des flics ne doit pas être très respectueux de l'ordre et de la morale. Je ne parle même pas de la marijuana. Je me fiche de ce qui est illégal tant qu'il n'y a pas de victimes, mais les choses sont différentes si mon amie risque d'y laisser des plumes. Tu peux en rire, mais je tenais à te le dire. Au fait, si j'ai attendu si longtemps avant d'accepter de m'installer avec toi c'était parce que je redoutais un truc de ce genre. Jan Bauman m'avait mise en garde. Merci pour le papier d'alu et le sucre. Tu trouveras ci-joint l'argent pour l'huile solaire que Freddy avait oublié de te rembourser.

Laurie

P.-S. *Ce qui s'est passé entre le copain de Tom (Tiens, je croyais qu'il ne pouvait pas sentir les flics ?) et Freddy ne nous concerne pas. S'il a réussi à te convaincre du contraire, c'est que tu te laisses trop facilement influencer.*

Quand Gaertner lut ce message, il se mit en colère et alla voir Laurie.

– Je me fiche de vos problèmes financiers et de ce que tu as pu raconter à la mère de Judy, mais je ne suis pas près d'oublier que ton mari est le salopard qui a tué mon meilleur ami. Une ordure qui a voulu tirer plus vite que son ombre !

Laurie en avait assez. Elle ordonna à Judy d'emporter le restant de ses affaires. Ce serait volontiers qu'elle paierait la totalité du loyer si cela lui permettait de se débarrasser de cette femme. Mais Fred et elle la revirent une semaine plus tard, quand Gaertner fut arrêté par le F.B.I. pour trafic de cocaïne.

Judy était en larmes, lorsqu'elle vint chercher ce qu'elle avait laissé chez eux. Elle comptait retourner dans l'immeuble proche du lac Michigan où elle avait vécu avec Laurie et Schultz auparavant et rester chez Gaertner en attendant.

Pendant que Laurie l'aidait à emballer ses biens, Fred téléphona à Christine. Il venait d'apprendre que son ex-femme était partie avec les enfants dans le nord de l'Etat sans l'en informer, alors qu'il exigeait d'être tenu au courant de tous leurs déplacements. Laurie l'entendit crier derrière la porte :

– Dix années d'enfer et je continue à casquer ! Ne me débite pas de conneries, Chris. Je connais le montant de tes revenus. Je compte d'ailleurs demander une révision de ta pension alimentaire. On se reverra au tribunal.

Fred riait, quand il revint. Il annonça à Laurie que quelqu'un avait averti l'inspection des services qu'Honeck couchait avec Chris. Un ancien règlement interdisait aux policiers de Milwaukee d'avoir des relations sexuelles hors des liens du mariage. Fred précisa qu'ils étaient convaincus que c'était Laurie qui les avait dénoncés.

– Moi ? fit-elle, sidérée.

– Tu ne trouves pas ça drôle ? Je suis bien placé pour savoir que tu n'y es pour rien, puisque c'est moi qui les ai balancés.

Le lendemain le répondeur enregistra un appel d'Honeck.

– Va te faire foutre, salope !

Laurie fut surtout choquée par le fait que Fred avait communiqué leur nouveau numéro de téléphone à son ex-femme, alors qu'ils s'étaient fait inscrire sur la liste rouge. Bien qu'ils aient divorcé, il subsistait entre Fred et Christine des liens apparemment indissolubles.

Mais cela se passait le 26 mai 1981 et rien n'interdisait à Laurie d'espérer que tout finirait par s'arranger.

vers avec Lange et Schultz [illegible] [illegible]
[illegible] en [illegible].

Tandis que [illegible] [illegible] [illegible] sa [illegible], [illegible] [illegible]. Il [illegible] l'apprenait [illegible] [illegible] [illegible] [illegible] dans [illegible] de l'[illegible] sans [illegible] sans qu'il exigeât d'[illegible] [illegible] [illegible] [illegible] [illegible] [illegible] [illegible].

[illegible] [illegible] [illegible] [illegible] [illegible] [illegible] [illegible] [illegible] [illegible] [illegible] [illegible] [illegible] [illegible] [illegible] de la [illegible]. On se [illegible] [illegible].

[illegible] qui [illegible] [illegible].

[illegible] [illegible] [illegible].

[illegible] [illegible] [illegible] [illegible] [illegible] [illegible] [illegible] [illegible] [illegible] [illegible] [illegible].

[illegible] [illegible] [illegible] [illegible] [illegible].

[illegible] [illegible] [illegible].

[illegible] [illegible].

11

Le cauchemar

Le matin du 27 mai 1981, une élévation notable de la température annonçait l'approche de l'été. Quand Laurie quitta son domicile, ses voisins sortaient des pots de fleurs et lavaient au jet les trottoirs. Le vent charriait une agréable odeur d'herbe coupée et la chaleur permettait de se mettre en short et en T-shirt. Elle avait été convoquée par deux sociétés de gardiennage qui cherchaient du personnel et, alors qu'elle allait à ces entretiens d'embauche en regardant la ville sortir de sa léthargie hivernale, elle eut l'impression que le monde était à la fois insouciant et vulnérable.

Elle ignorait ce que ferait Fred, ce jour-là. Elle s'inquiétait pour lui car il dormait très peu. Lorsqu'elle revint chez eux vers 17 heures il se plaignit d'avoir eu un sommeil agité tout l'après-midi. Ils prirent un repas rapide puis les parents de Laurie lui apportèrent des cartons pour préparer le déménagement. Fred avait loué un minuscule appartement non loin de la maison des Bembenek, au sud de la ville. Ils pensaient qu'ils n'entendraient plus jamais parler de Judy Zess.

Fred retourna se coucher. Virginia décida de rester pour aider sa fille et Joseph les laissa.

Laurie appréciait énormément sa mère. Il existait entre elles des liens plus proches de l'amitié que des rapports habituels entre parents et enfants. Laurie savait qu'elle pourrait toujours compter sur elle.

Joe Bembenek revint chercher sa femme vers 23 heures. Entre-temps tout ce que contenait l'appartement avait été emballé, à l'exception de quelques articles vestimentaires. Fred se leva après le départ de ses beaux-parents et voulut immédiatement savoir si Laurie comptait toujours aller dans un bar, le *Tropicana,* en compagnie d'une de ses amies.

– Non, Marylisa a dû oublier. J'ai tenté de la joindre mais la fille qui partage sa chambre m'a répondu qu'elle était allée directement chez son ami en sortant du travail, et je ne connais pas le numéro de téléphone de ce type.

Elle précisa qu'elle était en fait contente de devoir rester à la maison car les entretiens d'embauche et les préparatifs du déménagement l'avaient épuisée.

Fred la laissa vers 23 h 30 et lui annonça qu'il passerait peut-être boire un café au cours de la nuit. Si tout était calme. Quand Fred et son coéquipier étaient dans les parages ils n'hésitaient pas à s'arrêter s'ils voyaient de la lumière. Laurie gardait souvent du café au chaud, en prévision de leur visite.

Fred lui téléphona trois fois en moins d'une heure et demie. Il en avait l'habitude, mais cette nuit-là il semblait vouloir battre un record. Il déclarait avoir peur que Zess et Gaertner ne décident de s'en prendre à elle pendant son absence. Laurie le soupçonnait d'être tout simplement jaloux et d'avoir saisi ce prétexte pour se tenir informé de tous ses faits et gestes.

Une semaine plus tôt les Contributions directes lui avaient adressé un chèque de rétrocession d'impôts et elle était sortie avec Judy pour acheter à Fred une bague ornée d'un diamant. Quand elle était rentrée à la maison, il s'était emporté contre elle parce qu'elle était en retard. Et quand elle lui avait lancé le bijou avec dégoût il s'était contenté de rester figé sur place, bouche bée.

Peu après minuit et le troisième coup de téléphone de Fred, elle s'endormit en lisant un livre.

A trois kilomètres de là Christine Schultz dormait elle aussi. Le petit téléviseur projetait des lueurs fantasmagoriques sur les parois de sa chambre. De l'autre côté du couloir ses fils se serraient l'un contre l'autre dans le lit du bas.

Quant à Elfred Schultz, il était dans un bar du centre, le *George's Pub and Grub*, en compagnie de son coéquipier Michael Durfee et du propriétaire de l'établissement, un nommé George Marks. Schultz et Durfee n'auraient pas dû boire pendant le service, mais peu de policiers respectaient cette interdiction.

Ils décidèrent ensuite d'aller à la *Tompter's Inn*. Ce bar se situait à environ trois kilomètres et les trois hommes s'y rendirent à bord de la voiture banalisée.

A 2 heures du matin le silence qui régnait dans la maison de Christine Schultz fut rompu par une détonation. Il y eut ensuite des bruits de pas précipités, puis deux petites voix qui appelaient à l'aide, enfin les hurlements des sirènes, l'éclat aveuglant des projecteurs, la folie et la confusion de la tragédie. Christine Jean Schultz avait cessé de vivre.

Le 28 mai 1981, à 2 h 42, la sonnerie du téléphone interrompit les rêves de Laurie Bembenek. Elle tendit machinalement la main vers le combiné et crut qu'elle faisait un nouveau songe quand elle entendit son mari lui hurler :

– Laurie, réveille-toi ! Réveille-toi, bon sang !

– Qu'est-ce qui se passe ?

– Laurie. On a tiré sur Chris. Elle est morte. Je dois aller là-bas pour m'assurer que les gosses sont indemnes. Et toi, ça va ?

– Bien sûr, fit-elle.

Avant de raccrocher et de se rendormir aussitôt.

Ce fut seulement une heure plus tard, quand Fred la rappela, que Laurie comprit qu'elle n'avait pas fait un cauchemar. Elle enfila une robe de chambre et descendit préparer du café. Elle chercha en vain la cafetière, comprit qu'elle devait déjà se trouver à l'intérieur d'un carton et s'assit pour attendre l'arrivée de son mari.

Elle téléphona à sa mère, à Judy Zess, à son amie Joanne. Elle était angoissée.

– Mon Dieu, que vais-je faire de ces deux gosses ?

Elle prit une bouteille de whisky qui dépassait d'un carton et but une gorgée d'alcool.

A 4 heures deux détectives se présentèrent chez elle. Ils voulaient l'interroger sur Honeck et Fred Schultz, et savoir si elle avait une arme et un jogging vert. Laurie répondit à leurs questions, qui furent d'ailleurs peu nombreuses. L'enquête sur l'ex-mari de la victime prit fin sitôt après avoir débuté.

Fred arriva une heure plus tard en compagnie de son coéquipier, Michael Durfee. Dès qu'elle leur ouvrit la porte, les deux hommes se précipitèrent dans la chambre. Quand Laurie alla les rejoindre, Durfee tenait le revolver personnel de Fred – un calibre .38 – et faisait tomber les munitions dans sa paume. Il renifla le canon.

– C'est bon, il y a un sacré bout de temps que cette arme n'a pas été utilisée, commenta-t-il. Tu pourrais tout de même la nettoyer de temps en temps.

– J'essaierai d'y penser. Nous allons pouvoir faire un rapport, ce qui évitera un tas de complications.

– Quoi qu'il en soit, ils pensent que l'assassin a utilisé un .45, dit Durfee.

Laurie prit des vêtements et alla se changer dans la salle de bains. Le calme de Fred la déconcertait et les questions se bousculaient dans son esprit. Pourquoi s'était-il empressé de montrer son arme à un collègue ? Comment pouvait-il être détendu à ce point ?

Puis Fred lui demanda de l'accompagner au siège de la police. Il déclara qu'il devait aller identifier le cadavre, ce qui la surprit. Ne lui avait-il pas dit quelques instants plus tôt que Stu Honeck était arrivé le premier sur les lieux du crime ? Cet homme avait déjà dû reconnaître le corps, mais elle partit avec Fred et son coéquipier sans faire de commentaire.

Durfee resta à l'extérieur de la morgue et Laurie demeura en retrait jusqu'au moment où Fred lui fit signe de venir près de lui. C'était la première fois qu'elle voyait un mort de si près et elle avait à nouveau l'impression de faire un songe. Christine était vêtue d'une culotte et d'un T-shirt avec le logo Adidas sur le devant. Des bouts de ficelle plastifiée pendaient de ses poignets et elle avait un foulard bleu autour du cou. Après avoir expliqué que ce bout de tissu avait été utilisé comme bâillon, Fred retourna le corps afin d'examiner la blessure.

Laurie recula. Le trou lui paraissait énorme. Elle se demanda si Christine n'avait pas été violée mais n'en parla pas à son mari. Elle s'interrogeait sur la raison pour laquelle Fred lui avait demandé de l'accompagner quand il lui fit signe de se rapprocher.

– Regarde un peu ça, dit-il en désignant le pourtour de la blessure. C'est ce qu'on appelle une expansion radiale. Tu vois cette empreinte laissée sur la peau ? Elle indique que le canon était collé à l'épiderme.

Quand ils ressortirent, Laurie avait la nausée.

Elle alla attendre dans un petit bureau en compagnie de Durfee pendant que Fred s'entretenait avec le coroner. Elle put entendre des bribes de leur conversation :

– Comment décririez-vous votre ex-femme, sur le plan physique ?

– Athlétique. Oui, très. Elle faisait partie de l'équipe de natation, au lycée.

Très athlétique ? se demanda Laurie. Tu m'as dit un jour qu'elle refusait de t'accompagner quand tu allais faire du jogging ? Fred lui avait fréquemment déclaré que son ex-femme était paresseuse, empâtée et apathique. Après s'être ainsi contredit, il ajouta :

– Il lui arrivait souvent de se promener en petite tenue, dans la maison.

Puis il vint rejoindre Laurie et lui demanda d'aller l'attendre à la cafétéria. Un inspecteur voulait lui parler. Quand Fred ouvrit son attaché-case pour y ranger son agenda, elle remarqua qu'il contenait son revolver personnel, ou tout au moins une arme identique à celle que Durfee venait de contrôler.

Pendant son absence, Laurie se perdit en conjectures. Pourquoi un inspecteur avait-il convoqué son mari ? Qui avait pu tuer Christine Schultz ? Quel pouvait être le mobile de ce crime ? Que deviendraient Sean et Shannon, où iraient-ils habiter ? Quelles seraient les conséquences de ce drame sur sa propre existence ?

12

En quête de la vérité

Ils allèrent chercher Sean et Shannon le lendemain. Les enfants étaient conscients que leur mère était morte et qu'ils avaient vu son assassin, mais ils ne subiraient que plus tard le contrecoup de ce choc.

Laurie et Fred les ramenèrent chez eux. Ils étaient occupés à leur improviser des lits quand Shannon et Sean mirent la télévision. Aux informations, un journaliste annonça que la police recherchait un homme de grande taille aux cheveux auburn réunis en une queue-de-cheval et vêtu d'un jogging vert. L'assassin de leur mère.

– C'était pas un jogging vert ! protesta Sean. J'ai bien vu qu'il portait une veste de treillis sans camouflage.

– Les journalistes reçoivent parfois des informations erronées, expliqua Fred.

On demandait aux gens qui avaient vu un tel individu dans les parages de contacter la police, qui devait déjà répondre à des douzaines d'appels. Quelqu'un affirmait qu'un postier correspondait à la description du tueur.

Mais les enfants ne comprenaient pas par quel miracle sa tenue s'était brusquement modifiée et à la fin du journal Sean se tourna vers son père pour lui dire :

– Nous étions là, après que maman fut morte. Les policiers... Stu... Stu a dit : « Je parie que c'est Freddy ! » Mais je sais que c'est pas toi, p'pa.

Puis il éclata en sanglots.

Les enfants étaient toujours assis devant le téléviseur quand Laurie entendit Fred remuer des cartons dans une des chambres.

– Que fais-tu ? lui demanda-t-elle.

– Je cherche mon coffret à bijoux en cuir. Où est-il ?

– Je n'en ai pas la moindre idée. C'est ma mère qui s'est chargée d'emballer tout ce qu'il y avait dans cette pièce. Arrête, tu déranges tout.

– Je dois le trouver.

– Pourquoi ?

– Parce que ! Il contient une clé de la maison de Christine. J'ai fait faire des doubles de la clé de Sean, un jour où j'avais la garde des gosses. J'en ai caché une dans ce coffret.

– Une seule ?

– J'avais l'autre sur moi, et je l'ai confiée à des collègues qui voulaient retourner là-bas relever des empreintes.

Fred finit par tomber sur le coffret. Laurie était surprise, elle ignorait que son mari disposait d'une clé qui lui permettait d'entrer chez son ex-femme.

Il décida alors d'aller chercher des affaires pour Sean et Shannon. En chemin, ils firent un détour jusqu'à la maison des Bembenek pour déposer les enfants.

Une fois chez Christine, Laurie entreprit de fourrer des vêtements dans un sac en papier pendant que Fred tournait comme un ours en cage et marmonnait des commentaires sur l'état des lieux. Il régnait une odeur d'ammoniac et un impensable chaos dans la chambre. Des jouets et divers articles vestimentaires jonchaient le sol, un drap était taché d'urine.

– Pas de panique, dit Fred. Je n'ai jamais laissé s'installer un tel foutoir, à l'époque où j'habitais ici. Il est indispensable d'imposer aux gosses un minimum de discipline.

Dans le cabinet de travail, Fred désigna un coffre-fort et déclara qu'il avait été déplacé, de même que les éléments de la chaîne stéréo. Tout indiquait qu'on avait cherché quelque chose. Mais quoi ?

Laurie le suivit de pièce en pièce et écouta ses critiques sur la façon dont Christine avait tenu la maison qu'il avait eu tant de mal à payer.

Fred se disait convaincu qu'Honeck n'était pas étranger à ce meurtre. Ils passèrent dans la salle de bains. Des vêtements sales s'entassaient dans la baignoire. Un rouleau de gaze était tombé du placard à pharmacie, celle que Sean avait utilisée pour tenter en vain de stopper l'hémorragie. Fred déclara qu'Honeck avait dû mentir quant à l'heure de son départ.

– Tu as vu Chris, à la morgue. Elle s'était lavé les cheveux. Elle n'avait pas l'aspect de quelqu'un qui a consacré tout l'après-midi au jardinage. Stu était propre comme un sou neuf, lui aussi. Il est évident qu'ils ont pris une douche ensemble... chez lui, car autrement ils auraient dû débarrasser la baignoire et Chris n'aurait jamais remis le linge sale à l'intérieur avant qu'elle n'ait séché. Non, tout indique qu'ils sont allés chez lui pour s'envoyer en l'air puis se doucher, et il s'est bien gardé de le dire.

– Si tu as vu juste, ils trouveront du sperme à l'autopsie, dit Laurie. Et même si Honeck a fait quelques cachotteries ça ne veut pas dire qu'il a tué Christine. Par ailleurs, tu oublies qu'Orval Zellmer, le grand patron de l'inspection des services, habite juste en face de chez lui. Comme ils savaient qu'on le suspectait de coucher avec elle, je doute que Christine ait couru le risque d'aller à son domicile.

Fred ouvrit un placard plein de bouteilles d'alcool et s'emporta contre son ex-femme qui lui avait réclamé de l'argent supplémentaire en prétextant qu'elle et ses fils n'avaient pas de quoi se nourrir. Il fouilla son sac et en sortit des pilules contraceptives.

– Regarde un peu ça !

– Cesse de fouiller dans ses affaires, lui lança Laurie. A t'entendre on pourrait croire que tu es jaloux. Bon Dieu, Fred, tu sembles oublier qu'elle est morte !

Christine Schultz fut enterrée à Appleton, Wisconsin. Laurie assista à la cérémonie avec Fred et ses fils. Aucun d'eux ne pleura au cours des deux journées qu'ils passèrent dans cette ville.

Quand Laurie et Fred approchèrent du cercueil, ils remarquèrent à l'annulaire de Christine une bague ornée d'un diamant qu'ils n'avaient pas vue à la morgue. Un peu plus tard, Honeck fut présenté en tant que fiancé de Christine et Fred déclara qu'il se demandait s'ils n'avaient pas eu une violente dispute le soir du meurtre parce qu'elle refusait de l'épouser.

Ils regagnèrent Milwaukee et pendant le trajet Fred fit part à Laurie de son intention de demander à Eugene Kershek de se charger de toutes les formalités. Elle en fut surprise car il s'agissait de l'avocat que Christine avait pris pour leur divorce. C'était à cause de cet homme que Fred avait été condamné à verser à son ex-épouse des sommes si importantes. Quand Fred ajouta que Kershek était « un type très cool », elle ne put suivre son raisonnement.

Fred venait d'être transféré dans les équipes de jour lorsque Laurie lui fit remarquer qu'ils devaient se chercher un logement plus vaste, à présent que les enfants vivaient avec eux. Fred suggéra d'emménager dans la maison de Ramsey Street.

Laurie refusa. C'était la demeure de Christine, hantée par tous les souvenirs de leur vie commune. Fred insista mais elle proposa de rester où ils étaient en attendant d'aller s'installer chez ses parents qui devaient partir séjourner sur la côte Ouest.

Laurie cherchait un emploi de vigile et travaillait à mi-temps au gymnase. Un après-midi, des détectives passèrent la voir à son lieu de travail pour lui demander si elle accepterait de se soumettre au test du détecteur de mensonges. Cette perspective ne l'enthousiasma guère. Elle savait que de tels interrogatoires étaient très longs et pas toujours probants. Les policiers lui déclarèrent ensuite que la même proposition serait faite à Honeck, Judy Zess et Fred Schultz, et elle envisagea d'accepter. Mais elle pensa alors qu'ils voulaient en fait l'interroger sur des faits antérieurs à cette affaire et se servir de ce test pour contrer l'action en justice qu'elle avait intentée contre les services de police de la ville.

Elle téléphona à Richard Reilly, l'avocat de Fred.

– Je vous le déconseille formellement, lui dit-il. Ils risquent de mal interpréter les résultats. Méfiez-vous. Rien ne vous oblige à accepter.

Fred lui annonça qu'il avait donné son accord malgré les mises en garde de Reilly.

– C'est stupide, dit-elle.

– Je le dois. Ne serait-ce que pour les enfants. En outre, ceux qui obtiendront un résultat négatif seront lavés de tout soupçon et on me fichera finalement la paix.

– Judy a refusé, elle aussi. Qui sait quelles questions ils te poseront lorsqu'ils t'auront sanglé sur cette chaise ? Tu risques de perdre ta place.

Mais Fred Schultz ne revint pas sur sa décision. Il alla subir ce test et à son retour, en fin d'après-midi, il expliqua qu'on l'avait interrogé sur des faits remontant à son enfance. Il avait même avoué avoir fumé du hasch au lycée et frappé son ex-femme à une occasion.

Laurie ne se sentait pas le courage d'élever deux enfants et elle en parla à sa mère.

– Je ne voulais pas avoir de gosses et voilà que j'en ai deux qui me tombent du ciel. Je ne sais pas comment je vais m'en tirer.

Mais Shannon et Sean lui disaient qu'ils l'aimaient et un pédiatre spécialisé dans la psychologie infantile, Ken Ploch, affirmait qu'ils finiraient par se remettre du traumatisme subi. Chaque matin, à son éveil, Laurie les découvrait assis près d'elle dans son lit, secoués de sanglots.

Elle les confiait à sa mère quand elle devait s'absenter pour chercher du travail. Elle se présenta à un poste de vigile à l'université Marquette et croisa les doigts. Cette activité avait de nombreux points communs avec celle de policier.

Fin juin, à l'expiration de leur bail, ils allèrent s'installer chez les parents de Laurie, bien que Fred eût préféré emménager dans la maison de Ramsey Street. Il précisa que ses ex-beaux-parents lui avaient demandé de racheter la part de Christine.

– En d'autres termes, ils voudraient que je paie ce que j'ai déjà payé.

Il ajouta qu'un vibromasseur était tombé du lit de son ex-femme, lorsqu'il l'avait défait.

– Je n'arrive pas à croire que mes collègues ne l'aient pas trouvé. Mais je dois reconnaître que c'était un vrai cirque, là-bas.

Fred avait informé deux détectives de sa découverte.

– Ils auraient pu l'envoyer au labo et demander une recherche de poils et de sperme, mais j'ai bien vu qu'ils s'en fichaient.

Ils s'intéressaient à un suspect qui habitait juste en face de chez Christine.

– Une sorte de cinglé. Un type bizarre qui vit seul et qui a un tas de problèmes sur le plan affectif.

Cet homme, Ray Kujawa, avait signalé le vol d'un revolver calibre .38 dans son garage.

– L'arme du crime n'est pas un .45 ? demanda Laurie.

– La balistique a établi qu'il s'agissait d'un .38.

– Alors, pourquoi la blessure était-elle si importante ?

– Parce que l'assassin a tiré à bout portant. Contre la peau.

– Ce type a donc parlé d'une arme de ce calibre avant même que la police ne sache qu'on avait utilisé un .38 ?

– Ouais, et il a déclaré à un voisin qu'il ne retrouvait plus son jogging vert.

– C'est probablement un dingue.

– Il a de longs cheveux bruns et comme il lui arrive de retaper des bagnoles pendant ses loisirs il a aussi un masque à peinture.

– Le meurtrier en portait un ?

– C'est ce que raconte Shannon, mais tu connais ce gosse. Il prétend aussi que ce type avait un six-coups argenté avec une crosse en nacre.

Bien que la police n'eût arrêté aucun suspect, l'assassinat de Christine Schultz cessa d'occuper la une des journaux. La vie reprenait son cours normal et la population de Milwaukee était convaincue que tôt ou tard les autorités mettraient la main sur le meurtrier.

Laurie obtint un poste de vigile sur le campus de l'université Marquette. Elle fut placée sous les ordres de Carol Kurdzeil, une femme qu'elle appréciait beaucoup.

Un soir, Fred lui annonça qu'on venait de l'interroger au sujet des clés de la maison de Ramsey Street. Il avait déclaré que la nuit du meurtre il en avait eu une sur lui et que l'autre était restée chez lui.

– Ils doivent savoir qu'Honeck en possédait une, lui aussi, dit Laurie.

– Je l'ignore. Ils voulaient apparemment déterminer si l'un de nous avait pu entrer chez Christine, étant donné qu'ils n'ont relevé aucune trace d'effraction.

– Qu'est-ce que je viens faire dans cette histoire ? Je n'étais même pas au courant ! Je n'ai appris que tu avais cette clé que le jour où tu l'as cherchée dans cette pile de cartons.

– Je sais. Je ne t'avais rien dit parce que je n'étais pas censé l'avoir.

– Tu le leur as précisé ?

– Non. J'aurais aggravé mon cas.

– Et moi, bon Dieu ? Ils vont s'imaginer que j'ai pu utiliser ce double. Pourquoi leur en as-tu parlé, au fait ?

– Je ne pouvais pas leur mentir. Il n'est pas à exclure qu'ils nous aient vus dans la maison après le meurtre.

Laurie voulait désespérément le croire, mais trop de choses laissaient supposer qu'il avait voulu reporter sur elle tous les soupçons.

– Je comprends mieux pourquoi ils m'ont demandé

de me soumettre à ce test du détecteur de mensonges, lui hurla-t-elle. Tu as été trop lâche pour assumer tes responsabilités !

– Ne dis pas de conneries !

– Nous n'avons eu que des problèmes, depuis que nous sommes mariés. Ma mère m'avait dit que les divorcés n'attiraient que des emmerdements et je regrette à présent de ne pas l'avoir écoutée.

– Où veux-tu en venir ?

– Je refuse de porter le chapeau à ta place, d'aller vivre dans ta foutue baraque et d'élever deux gosses qui ne sont pas à moi ! J'en ai assez d'être méprisée par ta famille ! J'en ai marre de cette vie !

– Soit tu viens avec moi à Ramsey, soit j'irai là-bas sans toi.

– Tant mieux. Je retournerai chez mes parents et je n'aurai pas à torcher le cul de tes mômes avant d'aller travailler !

Fred emmena ses fils s'entraîner au base-ball. Mais Laurie se sentait prise au piège et à leur retour elle accepta de vivre dans la maison de Ramsey Street jusqu'au jour où ils lui trouveraient un acquéreur. Pour ne pas perdre Fred.

Le lendemain, Reilly lui téléphona à son travail afin de l'informer que le labo avait trouvé du sang sur le revolver de service de son mari.

Fred affirmait n'avoir que deux armes. Celle, personnelle, que lui et Durfee avaient examinée la nuit du meurtre était un Smith & Wesson calibre .38 avec une crosse en bois et un canon de cinq centimètres. Son arme de service était également un .38 mais avec un canon de dix centimètres et une crosse gainée de caouchouc. Il utilisait toujours le plus gros des deux dans l'exercice de ses fonctions.

Ce soir-là, Fred lui dit que le sang trouvé sur cette arme était du groupe A, le sien autant que celui de Christine. Laurie ne pouvait savoir s'il disait la vérité.

– On a dû intervenir dans une bagarre, l'autre jour, et c'est certainement mon sang...

– Tu ne m'avais pas parlé de cette blessure.

– Elle était bénigne, une simple entaille au bras. Il ne peuvent m'accuser car j'étais de service, la nuit du meurtre, mais ils ont eu le culot de laisser entendre que tu aurais pu échanger les armes.

– Moi ? De quoi parles-tu, Fred ?

– Tu n'as pas d'alibi.

– Un alibi ?

– Ils m'ont posé des tas de questions.

– C'est sur le revolver que tu avais sur toi, qu'ils ont trouvé du sang. Pourquoi s'intéressent-ils à moi ?

– J'ai accepté de me soumettre au test du détecteur de mensonges alors que tu as refusé.

Laurie secoua la tête. Où voulait-il en venir ? Ce sang était certainement le sien, pas celui de Christine. Ses collègues avaient dû lui poser des questions de routine. Fred ne pouvait tout de même pas croire qu'elle avait tué son ex-femme ?

Il avait été extrêmement nerveux en lui parlant de son entrevue avec ses supérieurs, à la sortie de la morgue. On l'avait alors longuement interrogé sur le meurtre et son emploi du temps.

Laurie commençait à se demander ce qui s'était dit dans le cadre de cette rencontre.

Aidés par des amis et des parents, ils consacrèrent le week-end à faire le ménage dans la maison de Ramsey. Ils y apporteraient leurs affaires la semaine suivante.

Laurie regardait par la fenêtre. Il faisait un temps

magnifique et elle sortit. Les fleurs que Christine avait plantées un mois plus tôt commençaient à s'épanouir. Laurie s'arrêta pour les contempler et s'apitoyer sur le sort de cette femme qu'elle avait à peine connue.

– Quel gâchis... quel gâchis, marmonna-t-elle.

13

Nouveau plongeon

Ce fut avec le sourire que Laurie partit travailler le mercredi 24 juin 1981. Elle pensait au hamster que Shannon et Sean avaient offert à Fred à l'occasion de son anniversaire. Comme eux, elle avait éclaté de rire au moment où son mari avait fait un grand bond en arrière en voyant le petit animal surgir hors de sa boîte. Leur vie semblait redevenue presque normale et elle occupait enfin un emploi digne de ce nom.

Elle avait pris ses fonctions et effectuait une ronde en voiture dans le campus quand elle prit conscience d'avoir oublié son talkie-walkie. Elle fit demi-tour pour aller le chercher.

La porte du bureau du sergent était close et elle frappa. Son supérieur vint ouvrir et parut étonné de la voir. Deux flics étaient assis dans la pièce, le lieutenant Carl Ruscitti et le détective Frank Cole. Ils présentèrent leurs plaques et Cole lui déclara :

– Vous êtes en état d'arrestation pour meurtre avec préméditation.

Sidérée, elle ne dit mot pendant qu'ils prenaient son insigne, sa casquette et ses clés de l'université.

– C'est un cauchemar, murmura-t-elle quand ils lui passèrent les menottes. Dites-moi que je rêve !

Cole était impressionnant avec son mètre quatre-vingt-quinze et ses cent trente kilos. Laurie était terrifiée. Tout au long du trajet vers le siège de la police, ils firent des commentaires tels que :

– Vous ne semblez pas surprise.

– Vous saviez ce qui vous attendait.

Ils l'emmenèrent dans un bureau et lui retirèrent les menottes.

– On ne fait pas ça de gaieté de cœur, croyez-moi, mais c'est notre boulot, lui dit Cole. Un photographe va passer tirer votre portrait. Comme ça, nous aurons la preuve que nous ne vous avons pas brutalisée, d'accord ?

Elle hocha la tête. Laurie n'avait jamais eu peur à ce point. Elle savait que les flics pouvaient déformer à leur guise les faits et les dépositions.

– Lawrencia, nous pensons que c'est un coup monté contre vous par votre mari. Vous savez qu'il a tué son ex-femme et vous auriez intérêt à tout nous raconter.

– Je ne comprends pas, fit-elle.

Fred ? pensa Laurie. Il n'aurait jamais fait une chose pareille ! Ils sont fous !

Ils ne lui précisèrent pas quelles charges étaient retenues contre elle et elle supposa qu'ils avaient utilisé l'arme personnelle de Fred comme prétexte pour procéder à son interpellation. Plus tard, elle se reprocherait de ne pas s'être montrée plus attentive et regretterait d'avoir oublié une grande partie de tout ce qui s'était passé depuis sa rencontre avec Elfred Schultz. Mais le 24 juin 1981 elle avait d'autres pensées. Elle refusait d'admettre que son mari avait pu tuer Christine Schultz.

Cole lui affirma qu'ils avaient suffisamment de preuves pour l'envoyer finir ses jours en prison. Après avoir parlé de la pension alimentaire que Schultz devait verser à son ex-femme, il déclara que Laurie avait menacé cette dernière devant témoins. Judy Zess venait de porter des accusations contre Lawrencia Bembenek en précisant qu'elle possédait un jogging vert. On avait en outre trouvé une perruque auburn dans les canalisations des toilettes de l'appartement voisin de celui qu'habitaient à l'époque Laurie et Fred. Ils reconnurent qu'ils ne pouvaient retenir contre elle que de simples présomptions mais ils ajoutèrent qu'elles étaient suffisantes pour justifier son arrestation.

Laurie croyait qu'ils bluffaient.

– Nous pensons que vous vouliez simplement effrayer Chris mais qu'elle n'a pas cédé à l'intimidation et que vous l'avez tuée.

– C'est ridicule !

– Vous vouliez la chasser de cette maison, pour y vivre avec Elfred.

Ruscitti et Cole précisèrent que si elle plaidait coupable ils feraient en sorte que l'accusation de préméditation soit retirée. Laurie leur rappela que la loi l'autorisait à garder le silence tant qu'elle ne bénéficiait pas de l'assistance d'un avocat.

Les deux hommes en furent visiblement irrités. Sans doute avaient-ils espéré obtenir ses aveux et classer rapidement cette affaire.

Cole lui précisa qu'elle devrait également répondre d'une tentative de meurtre sur la personne de Sean.

Avant de sortir, il mesura les cheveux de Laurie. Ils n'étaient longs que de cinq centimètres, alors que la queue-de-cheval de l'assassin était trois fois plus importante.

Il leur faut à tout prix un coupable, se dit-elle.

Ils l'emmenaient pour prendre ses empreintes quand

Richard Reilly vint vers elle. Averti de l'arrestation de Laurie par des amis, Fred avait joint son avocat.

– C'est un malentendu, n'est-ce pas ? lui demanda-t-elle en le prenant par le bras. Ils ne vont pas me garder, j'espère ?

– Ils n'ont pas de mandat d'arrêt et tout laisse à supposer qu'il s'agit d'une erreur, mais ces types ne plaisantent pas. Ne dites rien, compris ? Pas un mot. Je reviendrai dès que possible.

Laurie fut poussée dans une cellule, un petit réduit malpropre où il n'y avait qu'un lit métallique, une cuvette hygiénique en acier et une ampoule électrique dans un hublot grillagé.

Elle y resterait trois jours et trois nuits. Chaque matin à 5 h 45 une gardienne lui apportait du café et un sandwich. La sueur collait sa chemise à sa peau. Elle n'avait rien à lire, pas un seul visiteur, et faire de la gymnastique était pour elle l'unique moyen de tuer le temps. Elle apprendrait par la suite qu'elle était restée en garde à vue le temps nécessaire à Cole pour rédiger une plainte contre elle.

Elle apprendrait aussi que les médias s'étaient emparés de l'affaire et l'appelaient la belle ex-« Bunny » de *Playboy*. Des journalistes parcouraient la ville pour glaner tout ce qu'ils pouvaient apprendre sur son compte. Lawrencia Bembenek bénéficiait d'une notoriété dont elle se serait bien volontiers passée.

Le troisième jour, Reilly vint enfin la voir et elle put sortir de sa cellule pour aller le rejoindre au parloir. La gardienne lui avait confisqué ses lunettes et elle le voyait à peine.

– Ils vous ont inculpée de meurtre avec préméditation. Nous allons passer devant un juge qui établira votre caution à dix mille dollars. C'est un cadeau. Pour les affaires criminelles, le tarif est habituellement dix fois plus élevé.

Laurie espérait que cet homme savait ce qu'il faisait. Fred répétait sans cesse que Reilly avait été au-dessous de tout lors de son divorce et elle se demandait s'il serait cette fois à la hauteur. Il ajouta que l'accusation n'avait pu retenir contre elle que de simples présomptions – ce qui expliquait le faible montant de la caution – et qu'une fois remise en liberté elle devrait vivre chez ses parents, ou avec Elfred, dont les enfants seraient confiés à leurs grands-parents. Laurie ne songea pas à lui demander pourquoi Fred avait été biffé de la liste des suspects alors que seulement trois jours plus tôt Cole et Ruscitti l'avaient accusé d'avoir tout organisé pour ne plus devoir payer de pension alimentaire.

L'avocat lui conseilla de ne pas demander une audience préliminaire, une suggestion qui eût fait grincer des dents la plupart de ses confrères qui en auraient profité pour tenter d'obtenir un non-lieu. Il disait que cela lui laisserait plus de temps pour préparer sa défense.

Assise derrière la séparation de verre, Laurie hochait la tête, comme si rien de tout cela ne la concernait.

Bercée par les ronronnements de la voix de Reilly, elle lui déclara :

– C'est ce qu'on doit éprouver quand on est mort. J'ai l'impression d'être emportée par un tourbillon.

– Est-ce que ça va ? lui demanda-t-il. J'aurais quelques questions à vous poser.

Il voulait savoir si Laurie possédait des perruques. Elle parla de celles, blondes et très courtes, qu'elle avait mises pour travailler au poste du deuxième district. Elle en avait vendu une à Margie Lipschultz, et l'autre devait être rangée dans un des cartons.

– Est-il exact que vous ayez dit : « Je ne peux pas supporter ces sales gosses » en vous référant aux enfants de Fred ?

– Bien sûr que non.

– Quels sentiments vous inspirent Sean et Shannon ?

– J'avoue qu'au début la perspective de devoir m'occuper d'eux ne m'emballait guère. Mais je commence à m'y habituer. J'aime bien ces mômes. Pourquoi cette question ?

Reilly répondit qu'il n'avait pas le temps de le lui expliquer.

– Avez-vous dit que vous aimeriez trouver un tueur à gages qui vous débarrasserait de Christine ?

– Non !

– C'est bon. Ça suffira pour aujourd'hui. Je reviendrai afin d'être à vos côtés lors de votre comparution devant le juge. En attendant, détendez-vous. Regardez la télé et faites le vide dans votre esprit.

Laurie avait l'impression d'avoir reçu la visite d'un vendeur de voitures d'occasion.

Regarder la télé ? Quelle télé ? Faire le vide dans mon esprit ? Je deviens dingue, ou quoi ? se demanda-t-elle.

Avant sa comparution, Laurie fut enfermée dans une cage à l'extérieur de la salle d'audience. Elle était devenue la principale attraction de Milwaukee et des gens défilaient pour la voir. Quand on la conduisit dans le tribunal il y avait de toutes parts des photographes et des journalistes. Sans ses lunettes, Laurie les voyait indistinctement. Privée de peigne, elle était échevelée. Elle n'avait pu faire sa toilette ni se changer depuis trois jours.

Intimidée, elle se retrouva devant un magistrat qui l'inculpa de meurtre avec préméditation sur la personne de Christine Jean Schultz le 28 mai 1981. Comme l'avait annoncé Reilly, il fixa sa caution à dix mille dollars.

Laurie fut immédiatement conduite à la prison du comté. Elle avait entendu dire que c'était un lieu épouvantable, et elle put constater qu'on avait édulcoré la réalité. Elle dut retirer son uniforme et enfiler une légère robe en coton. Ici, tout était sale et de la nourriture, du vomi et des mégots jonchaient le sol. Une femme assise dans un angle chantonnait, le regard absent. Laurie prit une chaise et s'installa devant le téléviseur.

Quand on l'autorisa finalement à téléphoner, elle appela Fred et pleura en entendant sa voix. Il lui annonça qu'aucune banque n'acceptait de lui prêter le montant de la caution. Laurie s'affaissa et se demanda pendant combien de temps elle devrait rester en ce lieu. Un peu plus tard un shérif adjoint vint lui annoncer que sa tante acceptait de se porter garante pour elle. Laurie remit son uniforme de vigile et sortit par la porte de derrière.

De retour chez ses parents, elle se précipita dans les bras de Fred et cessa de penser à l'épreuve qu'elle venait de vivre et à celles qui l'attendaient. Elle s'imaginait encore que tout finirait par s'arranger.

14

A l'aide !

Laurie consacra sa première soirée de liberté à lire les quotidiens et à regarder la télévision.

– Seigneur ! s'exclama-t-elle après avoir pris connaissance de quelques articles. Ces journalistes racontent n'importe quoi !

Fred déclara qu'ils faisaient du sensationnalisme et que la majeure partie des informations qu'ils reprenaient étaient fausses.

– Ils disent par exemple qu'on a trouvé une perruque auburn dans les canalisations de notre appartement. C'est inexact. Elle a été découverte dans l'appartement d'en face. Selon eux, nous nous serions installés dans la maison de Ramsey Street alors que nous n'avions pas encore déménagé et tu aurais été également inculpée de tentative de meurtre alors que ce chef d'accusation n'a pas été retenu.

– Ils ne citent pas leurs sources. Qui peut bien leur faire gober tout ça ?

Laurie voulait communiquer sa version des faits aux médias mais Fred lui rétorqua que Reilly avait formellement déconseillé d'accorder la moindre interview. Laurie reprit sa lecture, ce qui lui permit d'apprendre des choses qu'elle ignorait. La police fondait son accusation sur un rapport balistique. L'arme du crime était le revolver personnel de son mari.

C'est impossible ! se dit-elle. Fred et Durfee l'ont examiné juste après le meurtre. Et le sang sur l'autre arme ? Auraient-ils interverti les deux revolvers ?

Puis elle lut qu'un cheveu artificiel avait été découvert sur le cadavre de Christine Schultz. Fred déclara que parmi les policiers venus sur les lieux du crime il y avait eu au moins deux femmes qui devaient porter des perruques.

Il omit toutefois de préciser qu'il avait signé le 2 juin une déposition dans laquelle il déclarait que Laurie avait touché à ses munitions quelques jours avant le meurtre. Elle ne tarderait guère à l'apprendre, mais pas par son mari.

Puis elle découvrit que les policiers qui avaient fouillé son placard à l'université Marquette et confisqué son sac ne disposaient pas d'un mandat de perquisition. Il devenait évident qu'ils avaient carte blanche et pouvaient agir à leur guise, même si cela enfreignait la loi et bafouait ses droits.

Elle pensait toujours qu'elle finirait par s'éveiller de ce mauvais rêve. Fred et Reilly lui affirmaient que tout s'arrangerait bientôt.

Quand les parents de Laurie revinrent de leur voyage en Oregon, ils furent sidérés d'apprendre que Reilly renonçait à l'audience préliminaire. Ils se renseignèrent et découvrirent qu'un des associés de cet avocat appartenait à la Police and Fire Commission. Ils consultèrent d'autres hommes de loi qui déclarèrent que leur confrère ne pouvait représenter Laurie après avoir plaidé le divorce de Fred. On leur suggéra de contacter un certain Donald S. Eisenberg de Madison.

Sans en parler à Fred, Laurie et sa mère allèrent voir

cet homme. Laurie fut fortement impressionnée par sa forte personnalité, son allure et le montant de ses honoraires. Il réclamait une provision de vingt-cinq mille dollars, une somme dont Laurie et Fred ne disposaient pas. Les Bembenek vivaient sur la maigre retraite du père, mais Virginia dit qu'elle ferait le nécessaire et elles engagèrent Eisenberg. Laurie plaçait littéralement sa vie entre ses mains. C'était risqué, mais elle ne pouvait pas encore s'en douter.

Eisenberg était un homme souriant aux tempes grisonnantes qui avait toujours réponse à tout. Il avait à son palmarès un nombre d'acquittements impressionnant, même si ses collègues contestaient ses méthodes. Il n'hésitait pas à proclamer qu'il se moquait que ses clients soient innocents ou coupables, car le rôle d'un avocat était de les tirer d'affaire.

Laurie crut qu'Eisenberg assurerait son salut. Il se déclarait certain d'obtenir un non-lieu.

– Nous démontrerons l'insuffisance des charges lors de l'audience préliminaire, affirma-t-il.

Eisenberg commença à travailler sur cette affaire et Laurie se fit mettre en congé exceptionnel à l'université Marquette. Les supérieurs de Fred le trouvaient trop tendu pour reprendre son poste de détective et ils voulurent le transférer dans les bureaux. Il refusa.

Pour fuir les journalistes, Laurie et Fred décidèrent de partir camper avec des amis. Juste avant leur départ, Fred vit la photo de Judy Zess en première page d'un journal. La nuit précédente, le 2 juillet 1981, Judy avait été agressée par deux hommes alors qu'elle descendait de sa voiture devant les Bay View Terrace Apartments où elle vivait avec Gaertner après y avoir habité avec Laurie et Fred.

Judy disait qu'un des assaillants portait une perruque brune tirant sur le roux et l'avait menacée avec un revolver calibre .38 pour se faire remettre les clés de son logement. Elle avait pris la fuite quand cet homme avait tenté d'immobiliser ses mains dans son dos avec des menottes. Il l'avait rattrapée et frappée. Quand elle était arrivée chez elle, tout était sens dessus dessous et l'argent liquide ainsi que la chaîne stéréo avaient disparu.

L'assassin de Christine Schultz avait eu une perruque auburn et un revolver calibre .38. Ce fut avec un bien meilleur moral que Laurie partit pour la campagne. Elle était certaine que la police s'intéresserait à ces similitudes troublantes. Elle se trompait.

Le voyage fut un désastre. La chaleur était accablante, les moustiques innombrables, et Fred révéla sa véritable personnalité quand Laurie renversa de la sauce à tacos dans son pick-up. Il se mit en colère et frappa Donna Janke, l'amie de Laurie. Fred avait un tempérament violent et Laurie était terrifiée. Il leur présenta des excuses, mais à l'avenir plus rien ne serait jamais comme avant.

A leur retour, il déclara à Laurie :

– Je n'ai jamais aimé Chris.

Ce qui la fit frissonner.

– Il est impossible de vivre avec quelqu'un pendant dix années, d'élever des enfants, de construire une maison et de dire ensuite une chose pareille.

– C'est pourtant la vérité. Je ne l'ai jamais aimée.

Laurie se rappela qu'il n'avait manifesté aucune émotion, lors de leur visite à la morgue. Peut-être disait-il vrai, peut-être n'avait-il jamais aimé son ex-femme... et sa femme actuelle non plus.

Laurie n'était pas la seule à avoir des doutes. Les parents de Christine estimaient que Fred n'était pas un bon père et avaient réclamé la garde des enfants. Ils bénéficiaient du soutien de certains membres de la famille de Fred qui ne put reprendre Sean et Shannon, malgré ses coups de téléphone véhéments et ses menaces. Le juge Robert M. Curley les confia à leur tante, Barbara Crist, la sœur de Christine, qui vivait désormais à Gresham, Wisconsin. Fred déclara qu'il ferait des pieds et des mains pour récupérer ses enfants.

Laurie ne célébra pas son vingt-deuxième anniversaire dans la joie. En un an sa vie avait subi un changement radical. Elle n'était plus dans la police et aidait Fred à faire des travaux de menuiserie. Elle avait autrefois accompagné son père sur des chantiers et appris les bases de ce métier.

Chaque soir, sale et épuisée, Laurie se regardait dans le miroir et riait.

– Je suis vraiment une « Bunny » très sexy. Je voudrais que les journalistes puissent me voir.

Les deux dernières semaines d'août s'écoulèrent rapidement. L'audience préliminaire débuterait le 1er septembre. Un juge prendrait connaissance des charges retenues contre elle et estimerait si elles étaient suffisantes pour justifier une inculpation de meurtre. Eisenberg lui affirmait que ce serait la première et la dernière fois qu'elle passerait devant un tribunal. Un D.A. adjoint, Robert E. Kramer, avait été chargé de l'accusation et Eisenberg était certain de n'en faire qu'une bouchée.

15

Mensonges préliminaires

Laurie avait eu maintes fois l'occasion de constater que son arrestation et son inculpation faisaient d'elle un objet de curiosité. Partout où elle allait on la désignait du doigt et on parlait du crime dont elle était accusée.

Des détectives avaient demandé à leurs amis si le couple avait parlé en leur présence d'assassiner Christine. Laurie ne comprenait pas pourquoi ils s'intéressaient toujours à Fred, dès l'instant où elle seule était désormais en cause. Savaient-ils sur son mari des choses qu'elle ignorait ?

Puis elle reçut une lettre de licenciement de l'université Marquette. Les supérieurs de Fred lui retirèrent son permis de port d'armes et le transférèrent dans un bureau où il devait s'occuper de listings de numéros minéralogiques. Ce travail était bien différent de celui qu'il avait jusqu'alors exercé. L'époque où il allait manger et boire gratuitement dans les restaurants et les bars était révolue. Il ne disposait désormais que de vingt minutes pour avaler un sandwich en restant à son poste.

Le week-end, il allait voir ses fils à Pewaukee. La cour avait interdit à Laurie de l'accompagner et elle restait seule chez elle. Pour combattre le désœuvrement et la solitude, elle passait son temps à écrire et à dessiner. Elle n'osait téléphoner à ses amis, qu'elle n'avait déjà que trop importunés avec ses soucis.

Elle devenait dépressive et regrettait l'existence qu'elle avait menée avant d'épouser Schultz.

Je renonce à un homme pour entrer à l'Ecole de police et ensuite je renonce à une carrière dans l'U.S. Air Force pour un autre homme, se disait-elle. J'ai toujours fait le mauvais choix. Comment ai-je pu en arriver là ?

Elle connaissait à peine Fred, quand ils s'étaient mariés, et ensuite ils n'avaient presque jamais bénéficié d'une véritable intimité. Ils avaient vécu avec Judy et déménagé deux fois en un trimestre.

J'étais trop jeune, et trop stupide, conclut-elle.

Elle savait que si elle ne se reprenait pas avant de se présenter devant le magistrat, elle craquerait au cours de l'audience. Eisenberg l'avait convaincue que le juge Ralph Adam Fine clorait l'information par un non-lieu parce que l'accusation n'avait pu retenir contre elle aucune charge véritable. Fred lui disait la même chose.

Le 1er septembre, une chaude journée du début de l'automne, Laurie avait mis un ensemble en gabardine grise de coupe classique pour aller au tribunal avec Fred. Elle avait la gorge serrée et ils n'échangèrent pas une seule parole pendant le trajet.

Eisenberg les attendait, rayonnant d'assurance.

– Tout se passera bien, dit-il pour la centième fois.

Il régnait là une odeur de tabac froid, de cire et de sueur qui collerait ensuite à la peau de Laurie. Elle l'associerait toujours aux relents de la malveillance et de la trahison.

Journalistes et photographes étaient alignés quand le juge Fine entra dans la salle. Le maillet claqua et l'audience fut déclarée ouverte.

Robert E. Kramer, le D.A. adjoint, prit la parole. Eisenberg l'interrompit presque aussitôt. Il voulait savoir pourquoi la partie civile ne lui avait pas communiqué la totalité des pièces dont elle disposait. Le juge rappela à l'ordre Kramer qui prit l'engagement de réparer « cet oubli ».

Assise à côté d'Eisenberg à la longue table de bois, Laurie lisait ÉTAT DU WISCONSIN – PARTIE CIVILE CONTRE LAWRENCIA BEMBENEK – INCULPÉE sur tous les dossiers, mais elle ne pouvait croire qu'on l'accusait d'avoir commis un meurtre.

Kramer cita les témoins qu'il ferait comparaître ce jour-là. Il y avait plusieurs policiers, un médecin légiste, Judy et Frances Zess et cinq ou six inconnus. Eisenberg énuméra les siens : Shannon et Sean Schultz, Virginia Bembenek, Fred Schultz, Lawrencia Bembenek et Ray Kujawa.

Les parents de Fred n'étaient pas venus. La mère et le père de Laurie, ainsi que sa sœur Colette et son ami, s'étaient installés au premier rang de l'assistance.

On appela à la barre le plombier qui avait retiré une perruque rousse des toilettes de l'appartement voisin de celui occupé par l'accusée, son mari et Judy Zess. Le gardien de l'immeuble lui succéda, puis le détective James Gauger vint déclarer que le 18 juin, soit trois semaines après le meurtre, il avait été chargé de fouiller la maison de la victime en compagnie d'Elfred Schultz pour y chercher d'éventuels indices. Fred avait trouvé une boîte en fer de couleur verte contenant des balles de treize grammes identiques à celle qui avait tué Christine.

Lors du contre-interrogatoire, Eisenberg força Gauger à admettre qu'il ne pouvait savoir si ces munitions s'étaient déjà trouvées là la nuit du meurtre. Le policier reconnut également que s'ils avaient relevé des traces de sang sur le canon du revolver de service de Fred Schultz, nul ne s'était donné la peine de vérifier s'il y en avait également dans son holster. Eisenberg s'avérait efficace, mais l'accusation ne faisait que s'échauffer. Son témoin suivant était Frances Zess, la mère de Judy. Laurie fut surprise. Et elle le fut plus encore quand elle entendit ses déclarations.

Les questions portaient sur un dîner que Mme Zess avait donné chez elle début février pour célébrer l'union de Fred et de Laurie. Laurie se souvenait de cette petite réception mais pas du reste.

Mme Zess déclara qu'ils avaient bu des cocktails puis trois bouteilles de vin blanc.

– L'un de nous a ensuite abordé le sujet du coût de la vie et Laurie a dit qu'elle était bien placée pour en parler étant donné que Fred devait reverser une grande partie de son salaire à son ex-femme.

– Quand vous dites Laurie, vous référez-vous à l'inculpée ? s'enquit Kramer.

– Oui.

– Et Fred est bien Elfred Schultz ?

– Oui.

– L'inculpée a-t-elle dit autre chose à propos de Mme Christine Schultz ?

– Oui, elle a ajouté qu'il serait plus économique de payer quelqu'un pour l'éliminer.

Laurie n'en croyait pas ses oreilles. Puis quand Judy Zess fut appelée à la barre, son incrédulité crût encore. Judy confirmait les propos de sa mère. Ce fut seulement quand Eisenberg procéda à son contre-interrogatoire qu'elle perdit de son assurance.

– Je présume qu'il y avait une bonne ambiance et que vous vous amusiez ? lui demanda-t-il.

– Effectivement.

– Qu'aurait dit Laurie, plus exactement ?

– Nous parlions de la cherté de la vie quand elle a déclaré qu'elle aurait aimé se débarrasser de Chris.

– Comment avez-vous réagi ?

– Je... j'ai oublié.

– Avez-vous téléphoné à la police ou éclaté de rire ?

– Je... nous... nous avons changé de sujet de conversation.

– La pensée qu'elle voulait plaisanter ne vous a pas effleuré l'esprit ?

– Non.

– Auriez-vous également oublié que dans une déposition datant du mois de juin vous disiez avoir pensé qu'elle ne parlait pas sérieusement ?

– Oui.

– Etait-ce alors votre conviction ?

– Oui.

– Vous avez donc brusquement changé d'avis juste avant de venir témoigner ?

Judy Zess disait avoir vu un jogging vert dans l'appartement qu'elle partageait avec Laurie et Fred. Laurie était abasourdie. Le seul vêtement de cette couleur qu'ils avaient jamais possédé était une tenue de base-ball de Fred.

Judy ajouta que Laurie avait demandé à son ami Thomas Gaertner s'il ne connaissait pas quelqu'un qui pourrait « liquider » Christine Schultz. Elle ne précisa pas qu'elle avait entre-temps épousé cet homme et qu'il serait sous peu jugé pour trafic de drogue. Gaertner avait déjà été condamné à trois ans de prison en 1975 pour détention illégale d'armes et de stupéfiants et en 1977 à une peine de réclusion de onze ans et demi pour contrebande de marijuana et fraude fiscale.

Eisenberg tenta de remettre en question la crédibilité du témoin en précisant que ses rapports avec Laurie étaient pour le moins tendus depuis que Gaertner savait que Schultz avait tué son meilleur ami en 1975.

Ensuite, Zess déclara que le fil d'étendage plastifié

dont on s'était servi pour lier les mains de Christine était identique à celui qu'elle avait vu dans l'appartement. Elle ajouta que Laurie avait utilisé une corde à linge du même genre quand elle était partie en lune de miel avec Fred.

Sidéré, Eisenberg perdit son calme et s'exclama :

– Il saute aux yeux que c'est une pure invention du témoin !

Quand Judy eut terminé, elle passa près de Laurie et de son avocat sans les regarder.

– Que diable lui a-t-il pris ? demanda Eisenberg à l'oreille de Laurie.

– Je ne comprends pas. Nous avons eu des accrochages... mais pas au point de justifier de pareils mensonges. Comment peut-elle me faire une chose pareille ?

Le témoignage de Judy Zess avait été accablant. Puis ce fut au tour d'Elfred Schultz de venir à la barre.

– Votre Honneur, mon avocat m'a informé que je pouvais me prévaloir du cinquième amendement et j'ai décidé d'exercer ce droit.

Laurie et Eisenberg en restèrent bouche bée, car Fred ne leur avait pas fait part de ses intentions. Eisenberg protesta mais n'insista pas quand Kramer lui demanda s'il y voyait une objection.

Le D.A. adjoint ne pensait pas que les questions qu'il poserait au témoin pourraient le compromettre de quelque façon que ce soit, mais il précisa qu'il comprenait ses craintes. Le juge déclara qu'avant d'accorder l'immunité à Schultz il devait savoir s'il avait des raisons valables de prendre une telle décision.

Eisenberg suggéra de faire comparaître l'avocat de Fred, Joe Balistrieri. Fine accepta et ordonna à Fred Schultz de ne pas sortir du tribunal et de n'adresser la parole à personne avant l'arrivée de son représentant légal.

Laurie s'interrogeait. Elle savait que la police avait suspecté Fred, qu'on avait trouvé du sang sur son revolver et qu'il avait pu entrer dans la maison de Christine la nuit du meurtre. Elle savait aussi que Fred avait menti à son sujet à ses collègues.

Eisenberg lui expliqua que si Fine décidait d'accorder l'immunité à son mari rien de ce qu'il dirait ne pourrait être retenu contre lui. Laurie se demanda ce qu'il craignait. Elle refusait toujours d'admettre que Fred avait pu assassiner son ex-femme.

Le lendemain, quand l'audience reprit, Fred invoqua à nouveau le cinquième amendement et refusa de répondre aux questions. Il ne témoignerait que s'il avait l'assurance que ses propos ne lui seraient pas préjudiciables.

Le juge déclara :

– L'accusation et la défense n'ayant émis aucune objection, la cour estime que le témoin peut bénéficier des dispositions prévues dans le cinquième amendement.

– Votre Honneur, fit Kramer. Conformément à l'article 972.08 (1) des lois en vigueur dans le Wisconsin, l'accusation suggère à la cour d'accorder à M. Schultz l'immunité pour tous ses témoignages.

– Pas d'objections, monsieur Eisenberg ?

– Aucune, Votre Honneur.

Fine précisa que Fred Schultz devrait dire la vérité et rien que la vérité, car son immunité ne couvrait pas le parjure, et qu'il lui faudrait en outre répondre à toutes les questions.

Quand Fred Schultz vint à la barre, une seule chose était encore certaine : rien de ce qu'il pourrait dire ne permettrait de le tenir pour responsable de la mort de Christine Jean Schultz.

16

Trahisons

Les déclarations de Fred Schultz furent tout d'abord sans surprise. Il parla de sa carrière dans la police, précisa la date de son mariage avec Christine et celle de leur divorce, puis déclara qu'il avait emporté ses cinq armes à feu à son départ de la maison de Ramsey Street.

Il confirma que Laurie et sa mère avaient consacré la soirée du 27 mai 1981 à préparer leur déménagement et qu'après être allé travailler il avait téléphoné à plusieurs reprises à son épouse. Puis il fournit des précisions sur le revolver que les experts avaient désigné comme étant l'arme du crime.

Son récit de ses activités pendant la nuit du 27 mai ne différait guère de ce qu'il avait dit lors de ses dépositions précédentes. Il était de retour au poste de police lorsqu'on l'avait informé de la mort de Christine. Leurs supérieurs avaient donné l'ordre au détective Durfee de le conduire jusqu'à Ramsey Street, tant la nouvelle l'avait bouleversé.

Quand Fred raconta son arrivée sur les lieux, il se mit brusquement à pleurer. Les sanglots l'empêchaient de s'exprimer et le juge décida une suspension de séance.

Laurie et Eisenberg furent sidérés par cette manifestation de chagrin inattendue.

– Voilà qu'il se met à chialer alors qu'il passe son temps à la critiquer, grommela Laurie. Je ne comprends plus.

Elle pensait qu'il jouait la comédie. La nuit du drame il n'avait pas versé une seule larme. Laurie se souvenait parfaitement de son indifférence apparente lorsqu'il avait identifié le corps à la morgue.

Eisenberg bouillait de rage.

– Bon Dieu ! Si je m'étais douté de ce qu'il nous réservait, je ne l'aurais jamais fait citer comme témoin.

Laurie sortit de la salle d'audience et s'isola dans les toilettes, déconcertée et blessée. Par sa réaction, Fred venait de proclamer qu'il était toujours amoureux de son ex-femme.

Elle s'aspergea le visage d'eau froide et ferma les yeux. Elle ne pouvait regarder le miroir, car l'image de Fred se superposait à son reflet.

Pourquoi ? se demandait-elle. Pourquoi ?

Quand elle se retourna, elle constata que sa mère était venue la rejoindre.

– A quoi ça rime ? lui demanda Virginia. Qu'est-ce qui lui prend ? Est-ce qu'il l'aime toujours ? C'est ce que j'ai cru comprendre, en tout cas. Comme tous les gens présents dans la salle.

– Je t'en prie, balbutia Laurie. Laisse-moi seule une minute.

Virginia Bembenek s'éloigna et Laurie se demanda une fois de plus : Seigneur, dans quelle guêpier me suis-je fourrée ?

L'audition des témoins reprit avec Stu Honeck. En mâchonnant un gros chewing-gum et sans manifester la moindre émotion, il déclara qu'il avait eu l'intention d'épouser Christine.

Il confirma qu'il avait passé la soirée du 27 mai avec elle. Selon les enfants il était rentré chez lui à pied, mais il soutint que Christine l'avait raccompagné en voiture. Shannon et Sean avaient pourtant déclaré aux enquêteurs qu'ils auraient dû entendre démarrer le véhicule car il était très bruyant et garé dans l'allée.

Mais Honeck affirmait que Christine l'avait déposé chez lui. Après avoir fait sa toilette, il lui avait téléphoné. Leur conversation avait dû débuter vers 22 h 50 et durer une demi-heure. Il s'était endormi aux alentours de minuit, pour être réveillé un peu plus tard, quand un des hommes avec qui il partageait son appartement était rentré.

Il dormait à nouveau lorsque Sean Schultz lui avait téléphoné pour lui demander de venir tout de suite, parce que « quelqu'un avait fourré un pétard dans le dos de sa maman et qu'elle saignait drôlement ». Honeck avait voulu parler à Christine mais Sean affirmait qu'elle ne pourrait rien lui dire, qu'elle ne faisait que « gargouiller ».

Après lui avoir ordonné de raccrocher et de l'attendre, Honeck avait appelé la police et réclamé l'envoi d'une patrouille et d'une ambulance au 1701 West Ramsey.

Il avait ensuite rappelé Sean pour lui dire de laisser entrer les policiers et l'enfant lui avait demandé de se dépêcher car il pensait qu'il y avait toujours quelqu'un dans la maison.

Honeck était arrivé sur les lieux en même temps qu'un véhicule de patrouille. L'ambulance s'engageait déjà dans la rue. Accompagné par son sous-locataire et les hommes en uniforme, il était allé frapper à la porte.

Shannon et Sean avaient ouvert. Honeck était monté dans la chambre de Christine, qui gisait sur le flanc droit, tournée vers l'ouest. Il avait immédiatement vu la blessure par balle dans son épaule.

Lors du contre-interrogatoire d'Eisenberg, Honeck reconnut qu'il avait une clé de la maison. L'avocat lui parla de sa propension à boire plus que de raison et il répondit qu'il avait pris une vodka-citron mais ne se souvenait pas s'il s'était ensuite servi du vin pour accompagner le repas.

Honeck déclara qu'il n'avait jamais vu une arme ou une boîte de munitions dans cette maison, qu'il ne s'était pas querellé avec Christine la nuit du meurtre et que cette dernière lui avait paru très détendue lors de leur entretien téléphonique.

Mais il précisa que Christine lui avait dit à plusieurs reprises que Laurie Bembenek ne l'aimait guère et qu'elle l'avait laissée « faire le pied de grue » dans le vestibule un jour où elle était allée récupérer ses enfants chez son ex-mari.

Tous les regards se portèrent sur Laurie, qui se souvenait des faits mais en eût fourni une version bien différente.

Elle avait invité Christine à entrer dans l'appartement, mais celle-ci s'était déclarée gênée et avait préféré attendre dans le couloir que Fred sorte de la salle de bains. Un quart d'heure plus tard il n'était toujours pas venu les rejoindre et Laurie avait dû le rappeler à l'ordre.

Elle se souvenait de son propre embarras. C'était la première fois qu'elles restaient ensemble plus de quelques secondes et Laurie trouvait Christine plutôt sympathique, bien différente de la description que Fred lui en avait faite.

Elle revint au présent et eut l'impression que la salle d'audience avait rétréci, que ses murs se refermaient sur elle. Tous paraissaient avoir juré sa perte. Quand l'audience fut levée pour la journée, Lawrencia Bembenek se demanda si elle pourrait supporter encore longtemps une pareille épreuve.

Le lendemain, 2 septembre, ses voisins de l'immeuble où ils habitaient à l'époque du drame déclarèrent qu'ils n'avaient ni vu ni entendu une voiture démarrer aux premières heures du 28 mai. Carl Templin, un détective qui avait interrogé Laurie peu après le meurtre, reconnut qu'il n'avait pas pensé à vérifier si le moteur de sa Camaro était tiède, qu'il n'avait pas trouvé de jogging vert et qu'il ne lui était pas venu à l'esprit de chercher des armes à feu.

Virginia Bembenek lui succéda à la barre. Elle confirma que c'était elle qui avait rangé le coffret à bijoux le soir où Christine Schultz avait été assassinée. Laurie était dans une autre pièce et n'avait donc pu savoir où elle l'avait placé.

Mme Bembenek s'était rappelé un incident survenu le 14 avril. Ce jour-là, elle et son mari avaient dîné chez Laurie et Fred. A cause d'un problème de plomberie dans la salle de bains attribuée à Judy Zess ils avaient dû utiliser les autres toilettes. La cuvette hygiénique était bouchée depuis plusieurs semaines.

Eisenberg ne ménagea pas la mère de Laurie. Il ne voulait pas qu'on pût penser qu'il se servait d'elle pour s'attirer la sympathie de la cour.

– Le soir du meurtre, Laurie a-t-elle eu un comportement singulier ?

– Non.

– Etait-elle nerveuse ?

– Non.

– Avait-elle l'attitude de quelqu'un qui a l'intention de commettre un meurtre ?

– Bien sûr que non !

– Avait-elle bu ?

– Certainement pas.

– Avait-elle pris de la drogue et avait-elle des projets pour la soirée ?

Laurie avait précisé qu'elle devait sortir avec une amie mais que cette dernière n'avait pas téléphoné et qu'elle eût, quoi qu'il en soit, préféré rester à la maison car elle était très lasse.

Quand la défense et l'accusation eurent terminé d'interroger Mme Bembenek, Sean Schultz la remplaça à la barre. En le voyant, Laurie sentit sa gorge se serrer. Cet enfant et son frère lui manquaient et elle eût aimé pouvoir l'étreindre. Elle savait qu'il devait être effrayé.

Sean la regarda et lui sourit. Sa version des faits n'avait pas changé et il répéta pour la énième fois que Laurie ne pouvait être l'assassin de sa mère, que leur agresseur était bien plus corpulent.

– C'est impossible. Et si elle avait mis des épaulettes comme les footballeurs, elle aurait eu une silhouette en forme de V. Ce type était très gros et il n'avait pas de taille.

Il leva les bras pour dessiner ses contours avec ses mains.

– Et je connais bien Laurie. Elle sent bon parce qu'elle se met du parfum, et ce type n'avait pas d'odeur.

Quand Sean fit le récit de l'agonie de Christine, on aurait pu entendre une mouche voler à l'intérieur du prétoire. Il était un des deux seuls témoins du meurtre. Il avait vu un homme se dresser au-dessus de lui puis, un instant plus tard, sortir en courant de la chambre de sa mère.

– Il portait une veste militaire kaki, pas un jogging, affirma-t-il. J'en suis sûr parce que quand il, ou elle, a descendu l'escalier j'ai vu les pans s'envoler. Vous savez, une veste de l'armée sans camouflage.

Kramer bondit de son siège pour lui demander pourquoi il avait dit « il ou elle ».

– Parce que vous pensez que ce pouvait être une femme ?

– Parce qu'il n'y a que deux sexes.

– Sean, vous savez que votre papa aime beaucoup Laurie, n'est-ce pas ?

– Oui.

– Il vous a certainement affirmé qu'elle était innocente ?

– Non.

– Il ne vous a pas donné des consignes concernant ce que vous devriez dire devant ce tribunal ?

– Si.

– Lesquelles ?

– De ne pas raconter de mensonges.

Eisenberg demanda plusieurs fois à Sean s'il disait la vérité. L'enfant rétorqua qu'il n'aurait pas menti car il savait que c'était mal. Il réaffirma que « l'homme » qui avait tué sa maman n'était pas Laurie.

Puis il décrivit sa mère gisant sur le lit, ligotée et mortellement blessée, et il éclata en sanglots. Le juge décida une suspension de séance.

Finalement, Don Eisenberg put reprendre son interrogatoire :

– Je n'ai plus qu'une seule question à vous poser, Sean. En fonction de ce que vous avez vu cette nuit-là, de ce qui s'est passé et de la taille de l'agresseur, pouvez-vous dire sans qu'il subsiste le moindre doute dans votre esprit si c'était ou non Laurie ?

– C'était pas elle.

Le témoignage de Sean mit fin à l'audience préliminaire. Laurie se leva et les flashes l'aveuglèrent. Tous les journalistes attendaient qu'elle fît une déclaration, mais leurs espoirs furent déçus. On pourrait lire à la une du

Milwaukee Sentinel du lendemain matin : LE FILS SCHULTZ AFFIRME QUE BEMBENEK N'EST PAS L'ASSASSIN DE SA MÈRE. Mais cette manchette ne serait pas pour autant un bon présage.

Eisenberg, Laurie et ses parents sortirent du tribunal sans un mot. Fred les laissa après avoir déclaré qu'il était attendu, sans préciser par qui. Eisenberg décida de les emmener dans un café pour leur offrir à boire et faire le point.

– Vous ne devez pas tenir rigueur à votre mari d'avoir craqué, dit-il à Laurie. Tous les hommes entretiennent un sentiment de culpabilité envers leur ex-femme. Je suis bien placé pour en parler, j'ai divorcé deux fois.

Sa troisième femme, Sandy, avait été serveuse au *Club Playboy* de Lake Geneva, comme Laurie. Il arrivait à Eisenberg de montrer une photo d'elle en « Bunny » lorsqu'il se heurtait à l'incrédulité d'un interlocuteur. Ses trois mariages avaient contribué à lui donner la réputation d'être un homme à femmes.

Il annonça aux Bembenek que le juge avait réclamé un délai de réflexion et demandé à l'accusation et à la défense de lui soumettre leurs conclusions.

– N'oubliez pas que le seul but de cette audience est de déterminer s'il existe des charges suffisantes pour poursuivre la procédure, pas de décider si vous êtes ou non coupable.

Laurie but une gorgée de scotch. Elle le suspectait d'essayer de lui faire comprendre qu'elle passerait en jugement pour meurtre.

– Nous avons fait de l'excellent travail, ajouta-t-il. Nous venons de placer sous le feu des projecteurs plusieurs suspects en puissance et les enfants ont confirmé que ce n'était pas vous qu'ils avaient vue.

Virginia Bembenek avait une question à lui poser :

– Et cet homme qui habitait en face de chez Christine ?

Ray Kujawa correspondait à la description du meurtrier et il avait signalé la disparition d'un calibre .38 et d'un jogging vert. Qu'il n'eût pas été cité à comparaître, ne fût-ce qu'en qualité de témoin, la sidérait.

– Il a refusé de venir à la barre, répondit simplement Eisenberg.

Après quelques autres verres, Laurie lui demanda :

– Pensez-vous que j'obtiendrai un non-lieu ?

– Je l'espère, mais ne vous tracassez pas trop même dans le cas contraire. Trop de juges se laissent influencer par des considérations d'ordre politique. Ils songent avant tout à leur réélection. La presse a beaucoup parlé de cette affaire et Fine risque de jouer les Ponce Pilate. Il voudra peut-être se décharger de ses responsabilités sur un jury populaire.

Laurie devrait attendre six semaines avant de savoir si cet homme déciderait ou non de l'inculper de meurtre.

Un délai pendant lequel elle apprendrait de nouvelles choses sur le compte de l'homme qu'elle avait épousé et la mort de son ex-femme, mais pas suffisamment pour qu'il fût possible de lever le mystère qui entourait l'assassinat de Christine Jean Schultz.

17

Une vie de chien

Laurie Bembenek avait perdu tous ses espoirs. Elle était désormais certaine qu'elle devrait répondre d'une accusation de meurtre avec préméditation.

Fred déclara que ce nouveau « traumatisme » l'empêcherait de réintégrer son poste de détective. La mort de Christine et l'arrestation de Laurie l'avaient trop ébranlé.

Ses supérieurs devaient être du même avis car il resta dans les bureaux. Il se plaignait qu'on le harcelait, que son téléphone était placé sur écoute et qu'il n'avait plus accès aux dossiers. Il devait même demander une permission pour aller aux toilettes.

La police de Milwaukee ne voulait plus d'Elfred Schultz. Peut-être savait-elle sur lui des choses que sa femme ignorait ?

Condamnée à la solitude à longueur de journée, Laurie n'osait plus sortir de chez elle. Depuis l'audience préliminaire, son portrait faisait à nouveau la une des journaux et dans les rues tous la reconnaissaient.

Le *Milwaukee Journal* publia dans la rubrique des nouvelles locales un long article qui ne traitait que de l'aspect physique des principaux protagonistes de cette affaire.

– Voilà pour les droits de la femme, pour les failles du système judiciaire et la beauté intérieure des gens, marmonna-t-elle en jetant ce quotidien avec dégoût.

Elle était dépressive et perdait du poids. Elle avait cessé d'aller au gymnase et d'entretenir sa forme. Mais un jour Fred Schultz eut pour elle une attention qui la surprit agréablement.

Il venait de rentrer du travail et ils étaient assis à la table de la cuisine quand elle entendit des bruits dans le vestibule.

Elle releva la tête et vit un chiot entrer dans la pièce. Laurie aimait les animaux, et ce berger allemand qu'elle baptisa Sergent prit rapidement une place importante dans son existence. Elle consacrait chaque jour plusieurs heures à le dresser et jouer avec lui dans l'arrière-cour.

Mais elle était toujours dépressive. Certains jours, elle errait dans la maison en pyjama et robe de chambre. Elle n'avait aucune raison de s'habiller. Après avoir eu des difficultés à s'endormir, elle s'éveillait en pleine nuit et allait dans la cuisine où elle restait assise pendant des heures.

Elle décida finalement de s'adresser à un centre d'assistance féminine. Elle avait hésité par crainte des indiscrétions mais la psychologue ne révéla à personne qu'elle s'occupait de Lawrencia Bembenek.

– Prenons ce qui vous est arrivé en moins d'un an. Vous avez cru à l'amour parce que votre vie était à l'époque un beau gâchis, mais la famille de Fred n'a pas accepté ce mariage et vous vivez désormais chez vos parents. Avant, vous alliez d'un appartement à l'autre.

Laurie était attentive. Pour la première fois, quelqu'un semblait la comprendre.

– On vous a fourré dans les bras deux gosses en bas

âge et on aurait voulu que vous sautiez de joie. Il y a eu les problèmes de partage des biens et de garde des enfants. Pour couronner le tout, on vous a inculpée d'un meurtre que vous n'avez pas commis. Vos amis se sont retournés contre vous et vous ont poignardée dans le dos. Laurie, ce dont vous avez le plus besoin c'est de faire une pause.

Elle lui conseilla de parler de ses problèmes à Fred.

– Vous l'admiriez, au début, et à présent que le vernis s'est écaillé vous souffrez d'une déception profonde, c'est ça ?

– Ouais, ça me fait penser à ce bouquin de Marilyn French où elle dit que c'est seulement après le mariage qu'on découvre que le plus séduisant des hommes ronfle et pète en dormant.

– Vous l'aimez encore ?

– C'est probable. Mais je commence à le trouver beaucoup moins sympathique.

Fred ne faisait rien pour y remédier. Un soir, il lui annonça qu'il avait cessé de régler les traites de la maison de Ramsey Street, qui serait saisie sous peu.

Puis, le 6 octobre, il l'emmena dans un bar de Milwaukee pour jouer au billard avec son frère cadet Billy et Marylisa, l'amie de Laurie, qui sortait depuis peu avec lui.

Laurie remporta deux parties de suite et Fred en fut visiblement irrité. Pour faire son malin, il bouscula sa femme à l'instant où elle allait jouer. La première fois elle trouva cela amusant, mais à la troisième elle lui déclara :

– Le problème, avec toi, c'est que tu ne sais pas t'arrêter.

– Tu ne vas pas en faire une histoire. On continue.

– Non, il est presque minuit. Rentrons.

Bien éméchés, Laurie et Fred se disputèrent en regagnant leur voiture. Brusquement, Fred lui donna un coup de pied qui la déséquilibra. Elle tomba dans le caniveau et une violente douleur remonta le long de sa colonne vertébrale. Elle se mit à pleurer.

– Allez, relève-toi avant qu'on puisse te voir, lui ordonna Fred.

– T'es complètement dingue !

– Tu as dû glisser. Le trottoir est mouillé.

– Fiche-moi la paix. Tu ne sens pas ta force, Fred. Tu m'as fait mal.

Il voulut la relever et la pousser à l'intérieur de son pick-up.

– Ferme ta gueule et monte, gronda-t-il. Tu vas réveiller tout le quartier.

Un témoin téléphona à la police de West Allis. A la fois terrifiée et en colère, Laurie refusait toujours d'obéir à Fred quand les flics arrivèrent. Elle alla s'asseoir à l'arrière du véhicule de patrouille pendant que son mari s'expliquait avec ses collègues, qui vinrent finalement lui demander si elle consultait un psychiatre.

– Non, mentit-elle.

Elle se sentait trahie par Fred Schultz. Il était évident qu'il espérait se tirer d'affaire en essayant de la faire passer pour folle.

– Inspirez à fond et détendez-vous, dit un des hommes. Voulez-vous porter plainte ?

– Non. Mais j'exige d'être conduite dans un refuge pour femmes battues.

Au matin, Laurie s'interrogea. Ils avaient un peu bu et Fred n'avait peut-être pas eu l'intention de lui faire du mal.

Elle s'était promis longtemps auparavant de ne tolérer aucune forme de violence ou de domination physiques. Fred était donc capable de s'en prendre à une femme, mais s'ils se séparaient à présent cela ferait surtout l'affaire des médias et du D.A.

Elle entra dans la cabine téléphonique du centre d'accueil et appela sa mère qui était repartie dans l'Oregon. Elle avait toujours été là pour la soutenir et elle lui manquait tant que sa gorge se serra lorsqu'elle entendit sa voix. Que n'eût-elle pas donné pour pouvoir trouver refuge entre ses bras !

Ce fut son père qui vint la chercher pour la ramener à la maison. Fred lui avait affirmé que Laurie était si ivre qu'elle avait eu un malaise et était tombée.

Fred se répandit en excuses, mais Joseph Bembenek déclara :

– Ce n'est pas parce que j'ai soixante et un ans que je resterai les bras croisés si ça devait se reproduire.

Penaud, Fred hocha la tête sans rien répondre.

Ce soir-là, tous les journaux relataient l'incident et Eisenberg téléphona à Laurie pour lui demander si elle n'avait rien de nouveau à lui dire.

– Seigneur, rien ne vous échappe ! Non. C'est fini, à présent.

Eisenberg venait d'être contacté par le juge Fine qui souhaitait les rencontrer dans les plus brefs délais.

Laurie ignorait ce que ce magistrat voulait leur annoncer. Elle espérait que ce serait pour une fois une bonne nouvelle.

18

Du sang et des armes

L'expression du juge Fine était grave quand Laurie, Eisenberg et Kramer entrèrent dans son cabinet.

Cela se passait la première semaine d'octobre et Laurie souffrait toujours de sa « rixe » avec Fred. Le magistrat déclara qu'il avait reçu une lettre se rapportant à l'affaire et qu'il souhaitait en discuter en privé avec eux. Laurie regarda Eisenberg, qui haussa les épaules.

Après avoir précisé qu'il avait reçu ce courrier le vendredi, Fine en débuta la lecture.

Presque aussitôt, Eisenberg l'interrompit pour demander à en prendre connaissance au préalable. Le juge accepta et remit la lettre à Eisenberg et à Laurie, qui ouvrit de grands yeux. Elle avait été écrite par John Schultz, un frère de Fred qui les haïssait tous les deux.

John était convaincu que Laurie avait tué Christine Schultz après avoir essayé d'étrangler Sean et que Fred avait influencé ses fils pour qu'ils ne disent que du bien d'elle.

Entre autres divagations, John déclarait que son frère avait fait signer à Shannon et à Sean une carte postale destinée à Laurie, qui leur avait promis de leur acheter de beaux cadeaux quand tout serait terminé.

John concluait en affirmant que Sean était perturbé parce qu'il avait été conçu avant le mariage de ses parents et que son père le traitait très durement. Il précisait que Fred avait épousé Christine uniquement parce qu'elle était alors enceinte.

Il avait écrit : « Fred a toujours rejeté Sean qui avait pourtant besoin de son approbation, de son amour. Dans son comportement envers son père, cet enfant me fait penser à un chiot qui court vers un maître impitoyable, la queue entre les pattes. »

Après avoir lu cette lettre, Eisenberg s'opposa à ce qu'elle fût jointe au dossier. Elle ne contenait aucun élément qui permettrait d'établir la culpabilité ou l'innocence de Laurie.

Celle-ci essaya de comprendre les motivations de son beau-frère. John avait toujours eu un faible pour Christine et il s'était opposé au remariage de Fred. Les deux hommes s'étaient souvent battus et lors d'une récente altercation au sujet des enfants la police de Pewaukee avait dû intervenir.

Le juge Fine accepta de classer ce document, mais Laurie savait qu'il ne l'aurait pas oublié quand il lui faudrait se prononcer. C'était pour elle une nouvelle source d'inquiétude.

Elle cherchait toujours un sens à cette lettre quand Eisenberg lui téléphona pour lui demander de passer le voir à son cabinet.

Laurie parcourut les cent vingt kilomètres séparant Milwaukee de Madison en se demandant ce qu'il avait à lui annoncer. Elle constata aussitôt qu'il était tendu. Il s'abstint de plaisanter comme à son habitude sur la beauté de sa cliente.

– Kramer serait disposé à faire des concessions. Il est persuadé que Fred a engagé un tueur ou que vous êtes sa complice.

Furieuse, Laurie voulut se lever. Eisenberg l'en empêcha et ajouta :

– Il est prêt à réclamer contre vous une peine réduite si vous plaidez coupable et lui dites tout ce que vous savez.

– C'est complètement absurde ! Vous voudriez que j'invente une histoire ? Pourquoi devrais-je avouer des crimes que je n'ai pas commis ? Kramer ne croit tout de même pas que je me suis laissé accuser uniquement pour protéger Fred ?

– Tout ceci le dépasse et il serait ravi que vous lui fournissiez une explication.

– Je ne suis pas idiote au point de m'être mouillée dans une affaire pareille. Et si Fred avait payé un tueur à gages vous croyez qu'il lui aurait prêté son arme ? Et surtout qu'il ne s'en serait pas débarrassé ensuite ? Il a eu plus de deux semaines pour signaler sa perte ou son vol !

– A propos de ce revolver, déclara Eisenberg. Le coup de feu a été tiré à bout portant et du sang, de la chair et des tissus auraient dû gicler à l'intérieur du canon. Durfee et Fred n'ont rien vu, quand ils l'ont examiné. Il en découle que vous auriez dû nettoyer cette arme après le meurtre et en ce cas...

– Elle n'aurait pas été poussiéreuse, compléta Laurie.

– D'autant plus qu'elle était glissée dans son holster, lui-même enfermé dans un sac. Tout ceci est incompréhensible. Enfin, je vais peut-être un peu vite en besogne. Que dois-je répondre à Kramer ?

– Que je refuse de plaider coupable parce que je suis innocente.

Elle revint à Milwaukee, obsédée tout au long du trajet par une pensée : le D.A. suspectait Fred. Des questions la tourmentaient. Pourquoi son mari n'avait-il pas fait l'objet d'une enquête ? Quel avait été son emploi du temps le jour et la nuit du meurtre ?

Elle se répétait qu'il n'avait pu tuer son ex-femme, dans l'espoir de s'en convaincre.

Le 16 octobre, le juge Ralph Fine annonça qu'il avait finalement pris une décision. Laurie se rendit à sa convocation vêtue d'un chemisier blanc et de chaussures en cuir. Fred Schultz s'assit près d'elle. Laurie retint son souffle, s'apprêtant au pire.

Quand le juge commença à lire le texte qu'il avait préparé, tous se turent et se figèrent. Il déclara que les pièces qui lui avaient été présentées étaient à la fois « sujettes à caution » et « contradictoires » et que toute l'accusation se fondait sur de « simples présomptions ».

– Mais le but de cette audience préliminaire, reprit-il, était de déterminer s'il existait suffisamment de charges pour établir un lien entre la mort de Christine Schultz et Lawrencia Bembenek. Nous avons retenu la pièce à conviction numéro deux, l'arme personnelle de Fred Schultz. Selon les rapports balistiques, la balle extraite du cadavre de la victime – la pièce à conviction numéro huit – aurait été tirée par ce revolver.

Laurie fut prise de tremblements. Son crâne lui semblait sur le point d'exploser. Elle se tourna vers Eisenberg.

– Dans le cadre de cette procédure les témoignages des détectives Durfee et Schultz ne peuvent invalider les conclusions des experts et tout indique que seule l'inculpée a eu accès à cette arme la nuit du meurtre, ajoutait Fine. Ce fait et les divers témoignages recueillis lors de l'audience préliminaire constituent des charges suffisantes pour que la cour ait conclu que l'inculpée avait pu commettre ce crime. En conséquence de quoi elle devra passer en jugement.

Lawrencia Bembenek pâlit. Elle se pencha et tira la manche d'Eisenberg.

– C'est faux ! Je ne suis pas la seule à avoir pu prendre ce revolver ! Et qu'est-ce qui prouve que cette arme est bien celle qu'il y avait dans notre appartement la nuit du meurtre ?

– Calmez-vous, dit Eisenberg. Calmez-vous.

Laurie savait qu'Elfred Schultz avait pu la subtiliser, de même que Judy Zess, Thomas Gaertner et même le propriétaire de leur logement.

Le juge avait décidé de la faire comparaître devant un tribunal criminel à cause de ce revolver, mais il y avait dans cette salle des gens qui savaient déjà que le .38 spécial personnel d'Elfred Schultz n'était pas l'arme du crime.

[illegible] Tibbetts [illegible]
[illegible]

[illegible]

[illegible] d'Erebus qui pourrait [illegible] ainsi [illegible] pour suite. Il [illegible] sa [illegible] aura [illegible]

[illegible]

19

Éternel recommencement

Les dernières semaines de l'automne s'écoulèrent rapidement. Laurie Bembenek se demandait sans cesse si ce n'était pas la dernière fois qu'elle pouvait marcher dans les feuilles mortes sans se heurter à un grillage surmonté de barbelés.

Le 9 novembre 1981, elle comparut devant le juge Michael Skwierawski qui l'inculpa de meurtre avec préméditation. D'ordinaire, une telle procédure est très brève. Le magistrat lit l'acte d'accusation à l'inculpé qui a alors le choix entre plaider coupable ou non coupable. Mais l'affaire Lawrencia Bembenek sortait de l'ordinaire.

Les journalistes alignés au fond du tribunal furent visiblement déçus de constater que cette belle blonde, ex-flic, refusait de répondre. Laurie suivait les instructions d'Eisenberg qui voulait protester ainsi contre ces poursuites. Il estimait que sa cliente aurait dû bénéficier d'un non-lieu.

Skwierawski, un magistrat à la barbe rousse broussailleuse, enregistra que Lawrencia Bembenek souhaitait plaider non coupable puis demanda à l'accusée et à Eisenberg s'ils désiraient réclamer la désignation d'un autre juge.

Il précisa à la défense et à l'accusation qu'il avait autrefois représenté Thomas D. Gaertner, un homme concerné au premier chef par cette affaire, mais Eisenberg ne le récusa pas. Il déclara qu'il n'avait pas eu l'intention de faire citer Gaertner comme témoin, bien que Laurie fût censée lui avoir demandé s'il ne connaissait pas un tueur à gages qui la débarrasserait de Christine Schultz.

– Ses propos ne pourraient que vous nuire, dit-il à Lawrencia.

La date d'ouverture du procès fut fixée au 22 février 1982. Malgré l'intérêt que les médias portaient à cette affaire, Eisenberg ne demanda pas que Lawrencia fût jugée dans un autre comté. Pour lui, de tels détails étaient secondaires.

La vie de Laurie avait été étalée dans la plupart des hebdomadaires et des quotidiens à scandale du pays. Il était évident qu'une grande partie du public s'intéressait à l'affaire pour des raisons contestables.

On préférait parler de la « Bunny » de *Playboy* plutôt que de la validité des charges retenues contre elle. Nul ne se donnait la peine de rechercher le véritable assassin de Christine Jean Schultz. C'était sur Lawrencia Bembenek que se focalisait l'attention des médias.

Le lendemain de son inculpation, Laurie reçut une lettre l'informant que sa plainte pour discrimination sexiste déposée contre la municipalité de Milwaukee avait été rejetée. Elle n'en fut guère surprise et retransmit ce courrier à un des associés d'Eisenberg en le chargeant de faire appel de cette décision.

Le même jour, Eisenberg lui téléphona pour une autre raison.

– Où avez-vous épousé Fred ? demanda-t-il.

– Devant un juge de l'Illinois. Dans le comté de Waukegan, je crois. Pourquoi ?

– A quelle date ?

– Le 31 janvier 1981.

– Alors, nous avons un nouveau problème à résoudre. Pourquoi êtes-vous allés vous marier dans un autre Etat ?

– C'est Fred qui l'a suggéré. Il devait trouver ça romantique. Pourquoi toutes ces questions ?

– Il me reste à effectuer quelques vérifications, mais j'ai bien peur que votre mariage ne soit pas légal dans le Wisconsin.

Une fois de plus, Laurie était sidérée. Eisenberg lui expliqua que les lois de cet Etat imposaient aux divorcés d'attendre six mois avant de pouvoir se remarier... un délai que Fred Schultz n'avait pas respecté.

– Si mes craintes sont fondées, le D.A. vous accusera de concubinage, ce qui nuira à votre réputation.

– Que pouvons-nous faire ?

– Vous remarier dans notre Etat.

– Fred risque de perdre sa place, et sitôt que nous publierons les bans les journalistes pourront s'en donner à cœur joie.

De retour à Milwaukee, Laurie en parla à Fred qui lui fournit une explication peu convaincante. Il lui déclara qu'il avait dû oublier de cocher la réponse en face de la ligne où on lui demandait s'il avait déjà été marié, sur le formulaire qu'on lui avait donné à remplir. Il affirmait qu'il s'agissait d'une simple omission.

Malgré les doutes de Laurie quant à la solidité de leur couple et l'avis contraire d'un psychologue, Eisenberg se chargea de tout organiser. Ils se marieraient en bonne et due forme dans son bureau de Madison la dernière semaine de novembre.

Ce qui ne résoudrait pas pour autant leurs problèmes conjugaux. Seule à la maison, Laurie s'ennuyait. Elle avait décidé de s'inscrire à l'université du Wisconsin mais les cours ne débuteraient que dans plusieurs mois. Entre-temps elle n'avait d'autre occupation que de faire le ménage... une corvée qu'elle avait en horreur.

Fred lui inspirait désormais de la répulsion. Elle ne voulait plus faire l'amour avec lui. Un soir il se mit en colère.

– Tu veux dormir ? s'exclama-t-il. C'est la troisième nuit consécutive.

– Et après ? Je tombe de sommeil.

– Tu ne m'aimes plus !

– Ne sois pas ridicule. Ce n'est pas parce que je ne me sens pas en forme que tout est fini entre nous. Dors.

– Non ! Avec Christine, c'est sur le plan sexuel que tout a commencé à foirer. Je ne veux pas que ça recommence !

– Pourquoi me compares-tu constamment à ton ex-femme ? En outre, ta réaction est disproportionnée...

– Non, certainement pas ! hurla-t-il.

Elle s'assit dans le lit et lui intima de se taire parce que son père dormait dans la chambre voisine, mais il cria de plus belle. Puis il s'habilla et déclara qu'il partait. Joseph Bembenek s'était naturellement réveillé. Il se leva et essaya de calmer son gendre.

– Laisse-le partir, p'pa, dit Laurie. Il est impossible de lui faire entendre raison.

Fred était déjà sur le pas de la porte. Il fit demi-tour dans l'espoir qu'elle le supplierait de rester. Elle s'y refusa. Il partit, puis lui téléphona quelques minutes plus tard.

– Que veux-tu ? lui demanda-t-elle.

– Tu sais ce qui serait formidable ? Que tu m'implores de rentrer à la maison.

– T'es dingue ou quoi ? Tu aurais tout de même pu éviter de mêler mon pauvre père à nos histoires. Tu as gueulé si fort que tu l'as réveillé. J'avoue que ça me dépasse. Tu restes trois jours sans pouvoir tirer ton coup et voilà que tu te comportes avec moi comme si c'était un crime. Tu peux rester là où tu es.

Fred ne rentra que le lendemain. Il ne dit pas à sa femme où il avait passé la nuit, mais c'était le dernier des soucis de Laurie. Le lendemain matin, elle étala le *Milwaukee Journal* sur le sol afin d'inculquer à Sergent quelques principes de propreté, puis elle alla prendre le courrier. Eisenberg lui adressait la lettre d'un témoin qui affirmait que Judy Zess avait commis un parjure.

Cette déposition avait été écrite le 27 octobre 1981 par un certain Frederick Horenberger. Elle comportait dix pages d'informations pleines d'intérêt sur Judy Zess.

Cet homme disait avoir fait sa connaissance la seconde quinzaine de juin 1981. Il était allé chez elle car elle avait passé une annonce pour vendre une voiture appartenant à Tom Gaertner. Pendant qu'Horenberger était à son domicile, Gaertner avait téléphoné de sa prison. Judy lui avait dit que la police venait de la convoquer afin qu'elle pût voir les pièces à conviction retenues contre Lawrencia Bembenek.

Elle avait ensuite précisé à Horenberger qu'elle serait citée comme témoin à charge lors du procès de cette femme et que la police avait fait placer son téléphone sur écoute, au cas où la meurtrière présumée déciderait de la joindre.

Horenberger ajoutait que Judy s'était laissée aller à d'autres confidences. Elle avait accepté de collaborer avec la police. Elle couchait d'ailleurs avec Frank Cole, un détective chargé de l'affaire Schultz, en échange de quelques faveurs.

Horenberger avait passé la nuit avec Judy et constaté qu'elle était prête à tout pour aider Gaertner.

Laurie termina la lecture de cette lettre et sentit renaître en elle une lueur d'espoir. Tout ce qui s'était passé avait désormais un sens. L'attitude de Judy dans la salle d'audience devenait compréhensible et elle frissonna en pensant que cette femme avait espéré qu'elle lui téléphonerait ou lui écrirait pour pouvoir utiliser ses déclarations contre elle.

Horenberger avait joint à sa lettre le récit d'un accrochage qui s'était produit entre lui et Frank Cole. Les deux hommes s'étaient croisés alors qu'il sortait de chez Zess. Le flic s'était mis en colère et l'avait menacé de lui attirer de sérieux ennuis s'il remettait un jour les pieds chez son amie. Horenberger avait un casier judiciaire chargé et Cole aurait pu aisément lui faire perdre le bénéfice de sa liberté conditionnelle.

Laurie relut la déposition de cet homme en essayant de faire un tri entre la vérité et la fiction. Judy avait menti à Horenberger en lui disant qu'elle et Laurie avaient couché ensemble.

Elle se souvint des propos que ce New-Yorkais lui avait tenus, lors de leur séjour en Floride. Elle se rappelait aussi la colère de son amie lorsqu'elle avait appris son mariage avec Fred. Judy, qui lui empruntait ses vêtements et la prenait constamment en photo. S'il était exact que Judy Zess avait eu un faible pour elle, son comportement n'était plus surprenant !

Eisenberg annonça qu'il ferait citer Horenberger comme témoin à décharge et Laurie reprit confiance. Mais vint le jour de son remariage avec Fred Schultz et elle se retrouva brusquement revenue à la case départ.

La cérémonie fut brève. Elle portait une tenue de laine noire très simple et Fred lui proposa d'aller déjeuner au *Club Playboy* de Lake Geneva. Laurie craignait d'être reconnue mais elle accepta, dans l'espoir de pouvoir tout reprendre de zéro. Elle désirait redonner un peu de solidité à leur couple, parfaitement consciente que si elle et Fred se séparaient les jurés seraient certainement moins bien disposés à son égard.

Arrivés au club, ils allèrent au bar pour attendre une table. Laurie commanda un scotch et regarda Fred boire son whisky d'un trait. Elle parcourut la salle des yeux en pensant que des détectives avaient dû venir interroger ses anciennes collègues.

Pendant qu'ils déjeunaient, Fred se comporta comme s'il avait trop bu. Il déclara à la serveuse que Laurie avait autrefois travaillé dans ce club.

– J'aurais préféré que tu te taises, lui reprocha Laurie.

– Tu aurais dû me le dire avant.

– Faut-il que je te fasse la leçon chaque fois qu'on doit aller quelque part ? J'aurais cru que tu possédais un peu plus de bon sens.

– Aurais-tu honte d'avoir travaillé dans cet établissement ?

– Non ! Je n'ai aucune raison d'en éprouver de la gêne, même si c'est une activité que je m'abstiendrais de mentionner dans un curriculum vitae. La seule chose qui m'ennuie, c'est que tes collègues sont venus ici faire leur cinéma.

Elle se leva et alla s'enfermer dans les toilettes.

C'est de la folie, se dit-elle. Fred est dingue. Il joue avec moi comme un chat avec une souris. Je ne peux plus le supporter.

Mais elle se reprit et retourna auprès de Fred, consciente de ne pas avoir le choix.

Ils regagnèrent Milwaukee sans échanger une seule parole en cours de route. Laurie venait de prendre conscience que leur remariage était pour elle un acte sans signification.

peu de temps [illegible] leur [illegible] que si elle [illegible] les [illegible]
[illegible]

[illegible] pour [illegible]

[illegible] je [illegible] mon [illegible]

[illegible] de la [illegible]

[illegible] qu'on [illegible] la porte [illegible]

[illegible] une [illegible]

Un [illegible] à la [illegible], [illegible] le [illegible] de [illegible] pour le [illegible]

[illegible] il [illegible] sur [illegible]

[illegible] nous [illegible]

[illegible] de [illegible] mon [illegible]

[illegible] de [illegible]

[illegible] le [illegible] de [illegible]

[illegible] Lors, [illegible] père de [illegible] sa [illegible] qui [illegible]

20

Révélations troublantes

Noël 1981 approchait et Laurie attendait les fêtes avec impatience. Elle avait fini par croire les promesses d'Eisenberg et son moral était bien meilleur. Elle retournait au gymnase.

Mais cette période de tranquillité relative serait brève.

Elle eut une altercation avec Fred. Il avait acheté à Shannon et à Sean des baladeurs dont le prix dépassait les vingt dollars qu'ils avaient décidé de dépenser pour chacun d'eux. Fred lui rétorqua qu'ils étaient *ses* fils et que ce n'était pas *son* affaire. Il précisa que les parents de Christine avaient quant à eux décidé de leur offrir une console de jeux Atari.

– Ils sont plus riches que nous, lui lança-t-elle. Tu ferais mieux d'aller échanger ces machins contre quelque chose d'utile.

– Ce sont mes enfants et tu n'as pas à me dire combien je dois leur consacrer.

– Je suis moins irritée par le prix de ces cadeaux que par leur nature.

– Tu ne regarderais pas à la dépense, si c'était pour toi. Alors, ne t'en mêle pas.

Le père de Laurie partit rejoindre sa femme qui était

toujours chez sa sœur, dans l'Oregon. Ce fut Laurie qui se chargea de le conduire à l'aéroport. Elle était triste, comme si elle allait perdre son meilleur ami. La perspective de rester seule avec son mari l'effrayait soudain.

Lorsqu'ils se séparèrent elle ne put retenir ses larmes. Elle craignait de ne jamais le revoir.

A son retour du travail, le 10 décembre, Fred lui déclara qu'il avait quelque chose d'important à lui annoncer. Il s'assit en face d'elle à la table de la cuisine et prit sa main dans la sienne.

Il lui apprit qu'il voulait démissionner. Il en avait assez de rester à longueur de temps derrière un bureau et d'être constamment interrogé au sujet du meurtre.

Ses supérieurs l'avaient en outre informé qu'il devrait répondre de diverses infractions aux règlements internes pour l'avoir épousée avant l'expiration du délai légal.

Laurie lui répondit d'agir à sa guise. Il postula pour un emploi dans la police de Wauwatosa et fut profondément déçu d'apprendre qu'on l'avait classé en quatorzième position sur quinze candidats.

– Personne ne voudra de moi malgré mes qualifications, grommela-t-il.

Les journaux annoncèrent aussitôt sa démission et Laurie fut amusée en lisant un article :

> *Parce que ce jeune couple séduisant est impliqué dans le meurtre le plus étrange de ces dernières années, le moindre de leurs actes est un fait d'actualité. Même s'ils ne font que bavarder dans leur cuisine, avec un chiot qui joue à leurs pieds.*

Laurie se disait toutefois qu'il ne devait pas y avoir beaucoup de couples comme le leur.

– Combien de femmes vont passer en jugement parce

qu'on les suspecte d'avoir assassiné l'ex-femme de leur mari ? demanda-t-elle à Fred.

Les derniers vestiges d'une existence autrefois normale disparaissaient progressivement.

Elle ne fut pas surprise outre mesure quand une amie lui téléphona pour lui annoncer qu'elle avait vu Judy Zess en compagnie de Stu Honeck. Elle en parla à Eisenberg, dans l'espoir que l'avocat découvrirait ce qu'ils tramaient. C'était déconcertant, mais désormais même des faits aussi troublants ne pouvaient plus la surprendre.

Laurie garderait de ce Noël un souvenir impérissable. Au lieu de se morfondre à son domicile, elle alla voir une famille laotienne dont elle avait lu la triste histoire dans un journal, quatorze personnes privées de toit par un incendie.

Acheter des cadeaux à ces malheureux lui fit momentanément oublier ses problèmes et leur gratitude la toucha profondément. La visite qu'elle leur rendit lui permit de relativiser les choses : ces gens étaient dans une situation encore moins enviable que la sienne.

Laurie s'était inscrite à l'université et quand Eisenberg venait à Milwaukee, elle le retrouvait en compagnie de Fred dans un restaurant ou un bar pour parler de l'affaire.

L'avocat ne prenait jamais la moindre note, mais Laurie voyait en lui un surhomme et pensait qu'il ne devait pas en avoir besoin. Elle fut toutefois troublée lors d'une de ces rencontres.

Laurie avait fait la connaissance de Sandy, l'épouse d'Eisenberg, et elle fut sidérée de le voir avec une autre femme : une serveuse que le propriétaire du restaurant où ils s'étaient fixé rendez-vous lui avait présentée comme « une surprise ». Ils s'embrassaient sur la bouche, se tenaient par la main et échangeaient des commentaires grivois. Son image d'homme travailleur et sérieux en fut ternie, mais Laurie ne pouvait changer d'avocat moins de deux mois avant l'ouverture de son procès.

La dernière semaine de décembre, Fred suggéra d'aller passer le réveillon du jour de l'an à Las Vegas. Depuis qu'il s'était reconverti dans la menuiserie il avait effectué quelques travaux qu'on venait de lui régler. Il estimait qu'ils avaient bien mérité de s'offrir des vacances. Laurie se demanda si elle ne commettait pas une erreur mais ce voyage s'avérerait agréable, jusqu'au moment où elle lui déclarerait qu'elle était déjà venue dans cette ville avec un petit ami.

– Je ne peux pas supporter que tu me parles de tes anciens amants.

– Qu'est-ce qui te prend ? Tu ne vas tout de même pas me dire que tu es jaloux !

– Je sais que c'est stupide... mais à présent que j'ai finalement trouvé le véritable amour, c'est plus fort que moi.

– Fred, que va-t-il nous arriver ? Je meurs de peur.

– Ne t'inquiète pas. Tout se passera bien, tu verras.

Ils étaient assis au bord de la piscine de l'hôtel quand il fit un commentaire qui la sidéra :

– Même si tu as tué Chris, je m'en fiche.

Elle allait protester de son innocence lorsqu'une serveuse vint leur demander s'ils voulaient une autre consommation. Fred se comporta alors comme si ses propos étaient naturels.

Ils allèrent ensuite en Floride et séjournèrent chez des amis pendant que Fred présentait sa candidature à divers emplois dans la police. Il s'absentait à longueur de journée mais Laurie ne savait trop quelles étaient ses activités. Peut-être allait-il à la plage au lieu de chercher du travail.

Où qu'elle fût, Laurie était toujours aussi déprimée. Plus la date d'ouverture de son procès approchait, plus son angoisse s'accentuait.

Elle avait travaillé depuis l'âge de seize ans et l'inaction lui pesait. De retour à Milwaukee elle n'eut de nouveau rien d'autre à faire sinon cirer les sols, laver le linge, et remettre de l'ordre après le passage de Fred. Ce n'était pas l'existence dont elle avait rêvé.

Elle commença à suivre ses cours à l'université à la fin des vacances, pour y renoncer peu après. Elle n'arrivait pas à se concentrer.

La deuxième semaine de janvier, Laurie lut dans le *Milwaukee Sentinel* un article sur Frederick Horenberger, l'homme qui avait adressé à Eisenberg la déposition accablante pour Judy Zess. Il avait été condamné pour vol à main armée. Laurie comprit immédiatement que quelque chose clochait. Judy disait avoir reconnu en lui l'individu qui l'avait agressée puis cambriolée. Pendant que Laurie découpait cet article, son esprit s'emballait.

– Il a été arrêté pour vol et condamné ! s'exclama-t-elle. Je viens de perdre mon témoin. Il en savait trop. C'est pour cela qu'ils l'ont éliminé. Il avait vu Frank Cole chez Judy. Elle lui avait parlé du marché passé avec les flics. Elle lui avait fait part de son intention de m'enfoncer lors de mon procès. Ils ont trouvé un moyen de l'empêcher de tout raconter.

Laurie montra la coupure de presse à Fred. Il expliqua qu'ils pourraient encore faire citer Horenberger mais que les jurés n'accorderaient aucune crédibilité à ses déclarations. Or Laurie savait qu'Eisenberg avait basé sa défense sur cet homme et sa lettre.

Puis le mari de sa psychologue fut terrassé par une crise cardiaque et cette femme dut annuler leurs séances hebdomadaires. Quand sa mère lui téléphona pour lui annoncer qu'elle allait subir une hystérectomie, Laurie eut l'impression que tout son univers s'effondrait. Elle serait seule pour affronter le juge.

Peu après, elle lut dans un journal que Fred avait été condamné à payer à ses fils six mille six cents dollars sur son fonds de retraite. Lors d'une audience à laquelle son mari ne s'était pas donné la peine de se présenter, le juge Robert M. Curley avait attribué à ses enfants la moitié des treize mille deux cent dix-neuf dollars crédités sur son compte à son départ de la police.

Le magistrat fondait sa décision sur le fait qu'en décembre 1980, Fred avait pris par écrit l'engagement de verser à Christine Schultz ou ses ayants droit la moitié de sa retraite.

Fred ne lui en avait jamais parlé. Il lui cachait tout ce qui se rapportait à ses fils et à son ex-femme. Quand Laurie lui déclara qu'elle eût préféré l'apprendre autrement que par les médias, il se contenta de hausser les épaules.

La troisième semaine de janvier, Laurie égara son alliance. Elle assimila cette perte à un mauvais présage.

Dix jours avant le procès, qui commencerait le 24 février 1982, Laurie alla retrouver Eisenberg dans un bar-restaurant de Milwaukee. Elle avait pour une fois réussi à convaincre Fred de ne pas l'accompagner et ils s'installèrent dans un box isolé.

– Ce que j'ai à vous montrer est très important, annonça l'avocat.

– De quoi s'agit-il ?

Eisenberg ne voulait pas en parler devant la serveuse.

Il attendit qu'ils aient commandé des consommations et que la jeune femme se fût éloignée pour dire avec gravité :

– C'est sérieux, Laurie. Je m'occupe de cette affaire depuis neuf mois et je vous ai dès le premier jour demandé d'être franche avec moi. Comme j'ai déjà eu l'occasion de vous le déclarer, peu m'importe que vous soyez innocente ou coupable. Je vous défendrai avec autant de zèle même si je sais que vous avez commis ce meurtre, car un avocat n'a pas à juger ses clients.

Laurie ne l'avait jamais vu aussi grave.

– Qu'avez-vous à me montrer ? s'enquit-elle.

– Je dois au préalable vous poser une question. C'est très important. M'avez-vous caché quelque chose ?

– Non ! A quel sujet ?

– Fred. Tentez-vous de le couvrir ?

– Non !

– Avez-vous peur de lui ?

– Non !

– M'avez-vous dit tout ce que vous savez ?

– Oui. Pourquoi ?

Il la fixa droit dans les yeux et lui annonça que son enquêteur avait rencontré un homme qui affirmait que Fred avait engagé un tueur de Chicago pour assassiner son ex-femme.

– Ce qu'il dit colle avec tout ce que nous savons déjà, ajouta-t-il. Mais il n'est pas exclu qu'il ait obtenu ces informations par les médias. Selon lui, il y avait deux hommes. Je me demande depuis longtemps comment un seul individu aurait pu ligoter Christine sans devoir pour cela poser son arme. Elle aurait dû en toute logique tenter alors de lui résister, or la police n'a relevé aucune trace de lutte. C'était pourtant une femme en excellente forme physique.

Selon cet informateur, c'était à dessein qu'on avait

réveillé Shannon et Sean la nuit du meurtre. Il fallait qu'ils puissent témoigner que l'assassin n'était pas leur père.

Laurie prit la copie de la déposition et la lut rapidement.

– Mais cet homme est en prison ?

– Oui.

– Je croyais que le témoignage d'un taulard n'avait aucun poids devant un tribunal ?

Eisenberg s'abstint de lui répondre. Elle pensait à Horenberger.

– Avez-vous une idée de ce que ça signifie ? lui demanda son avocat. Si oui, dites-le-moi. Vous risquez la réclusion criminelle à perpétuité, pas une peine de quelques mois de prison.

– Je ne sais pas, sincèrement. Je n'aurais jamais couvert Fred si je l'avais su coupable.

Eisenberg lui précisa que si cette version des faits était exacte il en découlait que son mari avait voulu la faire accuser à sa place.

Laurie n'assimilait que difficilement le sens des propos de son avocat. Elle se sentait défaillir.

Pourquoi Fred a-t-il déclaré que j'avais une clé de cette maison, alors que je ne savais même pas qu'il avait fait faire ces doubles ? se demanda-t-elle. D'où provenait le sang qu'on a trouvé sur son arme de service ? Pourquoi a-t-il éclaté en sanglots lors de l'audience préliminaire ? Pourquoi tenait-il tant à aller s'installer chez Christine ?

– J'ai besoin d'un temps de réflexion, dit-elle finalement. Si nous avions d'autres preuves que Fred a payé quelqu'un... mais c'est un sacré risque à courir.

Elle espérait qu'Eisenberg lui donnerait des conseils. En vain. Il la laissa prendre seule une décision.

– A propos de preuves, l'accusation n'a pu retenir

contre vous que des charges contradictoires et de simples présomptions. Je ne vois pas comment elle pourrait remporter ce procès, dit-il.

Ils terminèrent leur repas et l'avocat repartit dans sa Jaguar dernier modèle en laissant Laurie à côté de la vieille voiture de sa mère. Elle avait en effet dû vendre la Camaro pour régler ses honoraires.

Elle refusait d'admettre que son mari ait pu engager un tueur à gages puis faire en sorte qu'elle fût accusée à sa place.

– Voilà qui résume tout le problème, marmonna-t-elle. Je ne peux croire que Fred soit capable d'une chose pareille.

[illegible] des [illegible] et de [illegible] pas [illegible]. Je ne vois pas [illegible] comme [illegible]

[illegible]

[illegible]

[illegible]

verte qu'[illegible] en compagnie [illegible]

comp[illegible] que [illegible] d[illegible]

[illegible]

[illegible]

[illegible] Ce [illegible]

[illegible] contre lui [illegible]

21

Les choix du hasard

Fred avait un alibi pour la nuit du meurtre. Il avait été en service. Mais Laurie savait parfaitement qu'un flic pouvait faire tout ce qu'il voulait pendant ses heures de travail. Quand elle appartenait elle aussi aux forces de l'ordre, elle avait vu certains de ses collègues s'enivrer ou vendre des photos porno stockées dans le coffre de leur véhicule de patrouille.

Elle refusait cependant de croire que Fred avait ourdi une pareille machination contre elle, qu'elle était victime d'un coup monté organisé par un homme qui affirmait l'aimer et vouloir finir ses jours à ses côtés.

Après son entrevue avec Eisenberg, Laurie rentra chez elle et se coucha sur le divan du séjour. Quand elle s'éveilla, avec une gueule de bois due aux nombreux verres qu'elle avait bus en compagnie de son avocat, elle comprit que le moment était venu de prendre une décision.

Fred m'a toujours apporté son soutien, se dit-elle. Il a perdu sa maison, son emploi, ses enfants. Je devrais être honteuse d'avoir douté de lui ne serait-ce qu'une seconde. Ce témoignage est bidon. Non, je ne peux pas me retourner contre lui lors du procès.

Elle téléphona à Eisenberg pour lui dire de ne pas utiliser la déposition de l'homme qui accusait Elfred Schultz d'avoir commandité le meurtre de son ex-femme. Son avocat accepta sa décision sans faire de commentaires.

Elle allait à présent chaque jour au gymnase, pour faire de nombreux tours de piste. L'exercice physique la libérait d'une partie de son anxiété. Depuis que Fred s'était reconverti dans la menuiserie elle l'accompagnait sur ses chantiers pour l'aider, souvent jusqu'à des heures tardives. Ses clients étaient pour la plupart des commerçants et il n'était possible d'effectuer les travaux de rénovation qu'après la fermeture de leurs établissements.

Puis elle reçut une bonne nouvelle. Sa mère lui écrivit pour lui demander de passer la chercher à l'aéroport. Laurie fut transportée de joie en apprenant que ses parents seraient à ses côtés lors du procès. Fred l'accompagna mais ne descendit pas de voiture. Laurie alla seule à la rencontre des siens.

Dès qu'elle les vit, elle se mit à pleurer et se précipita dans les bras de sa mère.

– Sèche tes larmes, ma chérie, lui dit doucement Virginia. Nous ne te quitterons plus.

Une semaine avant l'ouverture du procès, Eisenberg lui téléphona pour lui annoncer qu'il avait déposé une demande de communication de pièces afin que le juge ordonne à l'accusation de lui transmettre toutes les informations qu'elle comptait utiliser. Il reçut quatre grands cartons de rapports de police.

Laurie entama la lecture de ce monceau de documents. La plupart étaient à première vue insignifiants, comme par exemple la déposition de cet élève de l'Ecole de police auquel elle avait déclaré qu'une femme était capable de tout faire aussi bien qu'un homme. Il y avait également de nombreux interrogatoires d'amis de Laurie, de membres de sa famille, et de gens avec qui elle avait travaillé. Elle trouva les portraits de vingt suspects, tous de sexe masculin.

Elle fut surprise par le grand nombre de dépositions des voisins de Christine, des gens qui avaient vu un homme vêtu d'un jogging vert, aux cheveux auburn réunis en queue-de-cheval à proximité des lieux du crime. Il y avait également plusieurs déclarations de Judy Zess.

Puis Don lui remit le témoignage d'une certaine Kathryn Morgan.

– Où était votre mère, le 18 juin ? demanda l'avocat.

Elle feuilleta son calendrier et essaya de se rappeler si Virginia n'était pas partie en vacances.

– Je vous le souhaite. Cette femme déclare avoir vu votre mère fouiller dans une des poubelles de l'immeuble où vous habitiez à l'époque puis emporter quelque chose dans un sac en plastique.

– Quoi ?

– Kathryn Morgan dit qu'elle était ce jour-là assise devant chez elle, en face de votre appartement, quand une voiture s'est garée. Une femme qui mesurait environ un mètre soixante-dix et était vêtue d'un short et d'un débardeur en serait descendue et lui aurait demandé si les poubelles vertes étaient bien celles de votre bâtiment.

Eisenberg expliqua que selon le témoin cette femme était ensuite allée fouiller dans les ordures et avait récupéré un sac.

Laurie rétorqua que sa mère ne correspondait pas à cette description et que le 18 juin elle avait probablement gardé Shannon et Sean, étant donné qu'elle-même travaillait. Par ailleurs, Virginia n'avait pas dû disposer de la voiture car son père l'avait certainement prise pour aller à son travail. En outre, sa mère n'était quoi qu'il en soit pas assez grande pour pouvoir se pencher à l'intérieur d'une poubelle.

– L'accusation va tenter de démontrer que vous avez jeté une pièce à conviction et que votre mère a été la récupérer. Pourrons-nous prouver que c'était votre père qui avait la voiture, ce jour-là ?

Laurie venait de déclarer que son patron s'en souviendrait sans doute quand une idée lui traversa l'esprit.

– Vous rappelez-vous ce qui s'est passé le jour où ma mère a été citée comme témoin, lors de l'audience préliminaire ? Il s'est passé une chose que j'ai trouvée étrange. A la fin de son contre-interrogatoire, le D.A. lui a demandé de retirer ses lunettes. Je voudrais revoir ce rapport.

Il y était précisé que Mme Morgan avait identifié Virginia Bembenek le 2 septembre 1981, le deuxième jour de l'audience préliminaire, après qu'elle eut satisfait à la demande de Kramer.

– Ma mère ne peut pas conduire sans lunettes. Sa vision est si mauvaise qu'elle ne roule jamais ni la nuit ni sur les voies express.

Eisenberg affirma que cette information leur serait utile. Laurie était sidérée de constater que tant de gens pouvaient ainsi mentir.

– Ces malades racontent n'importe quoi !

L'avocat hocha la tête.

– C'est fréquent, quand les médias font un tel battage autour d'une affaire. Les gens aiment les sensations fortes et de nombreuses mères de famille se sentent une âme de détective.

Mais il ajouta que même s'ils arrivaient à démontrer que Mme Morgan mentait, son témoignage leur serait préjudiciable. Il compara les présomptions à des briques.

– Elles s'empilent les unes sur les autres et finissent par former un véritable mur.

– Mais tout cela est faux ! Et ma mère n'est pas du genre à faire disparaître des pièces à conviction. Elle est tellement à cheval sur les principes qu'elle n'aurait même pas accepté de me couvrir si j'avais fait l'école buissonnière, quand j'étais gosse.

Laurie feuilleta d'autres rapports. Des amis de Christine déclaraient que son ex-mari l'avait brutalisée. Son avocat, Eugene Kershek, allait jusqu'à préciser que Fred l'avait menacée de mort quelques semaines avant le meurtre.

– Don, fit-elle, la plupart de ces dépositions datent du mois de juillet. On pourrait en déduire que la police n'a cherché à démontrer ma culpabilité qu'après avoir procédé à mon arrestation.

A en croire la baby-sitter qui venait autrefois chez Christine, Fred avait fait visiter la maison à Laurie. Cette dernière en fut outrée. Elle ne s'était jamais aventurée plus loin que le vestibule avant le lendemain du meurtre.

Eisenberg lui dit d'emporter tous les documents, de les lire attentivement et de noter par écrit toutes ses observations.

– C'est donc à moi de démontrer que je suis innocente et non à l'accusation de démontrer que je suis coupable, commenta-t-elle.

De retour chez elle, Laurie empila les rapports sur la table basse du séjour et en débuta la lecture. Dans sa déposition, Fred déclarait qu'il avait touché le capot de la Camaro dès qu'il était arrivé devant leur immeuble en compagnie de Michael Durfee. Il disait avoir été soulagé de constater que le moteur était froid, car il avait voulu s'assurer que sa femme ne s'était pas servie de sa voiture. Elle trouva un tel comportement étrange.

Le rapport suivant avait été rédigé par le lieutenant Carl Ruscitti. Il déclarait que Fred était venu lui annoncer que quelqu'un avait touché à ses munitions au cours du mois de mai.

Fred prétendait qu'il avait interrogé Laurie à ce sujet et qu'elle avait nié être au courant. Tout était présenté de façon à laisser entendre qu'elle avait menti et subtilisé des balles. Laurie se précipita aussitôt dans la cuisine où Fred lisait le journal. D'un geste plein de colère, elle lui lança le rapport.

– Oui ? fit-il.

– Qu'est-ce que tu as été raconter à ton lieutenant ?

– Je n'ai rien dit à Ruscitti. Pas ce qui est écrit là-dessus, en tout cas. Il a mal interprété mes propos...

– Pourquoi lui as-tu débité ce tissu de mensonges ? Tout ceci est complètement faux. Je me sens trahie. Qu'est-ce que tu cherches ?

– Je lui ai simplement parlé de cette balle que j'ai trouvée sur le sol, à côté du portemanteau.

– A côté du portemanteau où tu suspendais ton holster, ton revolver, tes munitions et tout ton attirail. Ça me revient, à présent. Nous avions déjà les gosses avec nous et tu les as accusés d'avoir joué avec ton arme, alors que cette foutue balle avait dû tout simplement tomber. C'était en juin.

– Quelle importance ?

– Il est écrit que l'incident s'est déroulé en mai, dans ce rapport qui n'existerait pas si tu avais fermé ta grande gueule. Une de tes balles tombe par terre et tu ne trouves rien de mieux à faire que d'aller aussitôt le signaler à ton supérieur !

– J'ai seulement dit à Ruscitti que Judy Zess avait pu s'intéresser à mes munitions. Voilà pourquoi je l'ai informé de ce qui s'était passé. Je ne pouvais tout de même pas me douter qu'il écrirait des conneries.

– Tu as fait d'un incident banal un argument pour l'accusation !

– Tu es bien placée pour savoir qu'il est possible de déformer les faits dans un rapport.

– J'aimerais également savoir pourquoi tu as touché le capot de ma voiture.

– Pour prouver à Durfee que tu n'étais pas sortie. Pour qu'on ne puisse pas t'accuser de...

– Pourquoi, Fred ? Un tel comportement ne peut se justifier que si tu me soupçonnais.

Puis elle lui parla des témoins qui l'accusaient d'avoir maltraité Christine.

– Ils ne sont pas plus dignes de foi que cette Mme Morgan. Tous ces gens racontent n'importe quoi. Ai-je douté de ton innocence malgré les dépositions qui t'accablent ? Je refuse de les croire, et je suis peiné que tu n'en fasses pas autant pour moi.

Il venait de marquer un point et elle n'insista pas. Mais, bien que mensongers, ces rapports existaient et l'accusation ne se priverait pas de les utiliser contre elle. Elle savait qu'ils pourraient lui être – et lui seraient – très préjudiciables.

Il ne restait plus que quelques jours avant l'ouverture du procès et Laurie les consacra à lire les autres documents et à tenter de se détendre. Elle fit des exercices de relaxation et prit du repos, mais rien n'aurait pu la préparer à l'épreuve qui l'attendait.

22

Un jury impartial ?

Les habitants de Milwaukee attendaient avec impatience le procès de Lawrencia Bembenek.

Le 23 février 1982, une foule importante s'était rassemblée devant les portes du tribunal une heure avant leur ouverture. Il y avait le public habituel des salles d'audience : grands-mères avec leur laine et leurs aiguilles à tricoter, jeunes gens qui rêvaient de devenir un jour avocats, amis de l'accusée et de la victime, témoins et simples curieux.

Mais il y avait également de nombreux Américains moyens conscients que rien ne permettait d'établir un rapport direct entre Lawrencia Bembenek et le meurtre, des gens qui étaient convaincus de l'innocence de l'accusée.

Les portes s'ouvrirent enfin et il se produisit une vive bousculade. Une centaine d'individus ne purent entrer et durent retourner chez eux pour attendre de lire le compte rendu de l'audience dans les journaux du soir.

Laurie essaya de faire abstraction des regards qui étaient rivés sur elle, lorsqu'elle pénétra dans la salle au côté d'Eisenberg. Ils étaient tous deux vêtus de sombre et elle savait que leurs tenues feraient l'objet de nombreux commentaires.

Tout débuta par la sélection des jurés, de simples citoyens – désignés au hasard par un système informatique – qui devraient répondre à diverses questions avant d'être acceptés ou récusés par la défense et l'accusation.

En raison de l'intérêt que lui avaient porté les médias, Laurie doutait d'être jugée par des individus qui n'aient pas sur elle des idées préconçues. Elle craignait en outre que le jury fût constitué d'une majorité de femmes plus âgées qu'elle.

On annonça aux jurés que le procès pourrait durer trois semaines, qu'ils devraient séjourner dans un motel sans avoir de contacts avec leur famille et qu'il leur serait interdit de lire, d'écouter et de voir tout reportage, émission ou compte rendu se rapportant à l'affaire.

La plupart des hommes avaient des occupations professionnelles et ne pouvaient s'absenter. Les femmes rechignaient moins à faire leur devoir, et Laurie s'en inquiéta. D'autant plus qu'il n'y avait parmi elles aucune représentante des minorités, seulement des mères au foyer à qui une jolie blonde qui avait épousé un divorcé ne pouvait inspirer que de la méfiance.

Finalement, sept femmes et cinq hommes furent retenus. Ce serait à des ménagères, un camionneur, un paysagiste, un employé de bureau, un inspecteur des services de santé et un retraité qu'il reviendrait de décider si Lawrencia Bembenek devrait ou non passer le reste de ses jours en prison.

Lorsqu'on procéda à la lecture de leurs noms, Laurie se pencha pour murmurer à Eisenberg :

– J'ai comme un mauvais pressentiment. Je ne serai pas jugée par mes semblables.

– Ça m'ennuie également, répondit l'avocat, mais nous ne pouvons rien y changer. La défense et l'accusation ont utilisé tour à tour leur droit de récusation pour arriver à ces douze jurés et à leurs deux suppléants.

Eisenberg avait demandé que l'affaire fût classée pour insuffisance de charges. Il tentait par ailleurs de faire retirer une pièce à conviction obtenue de façon illégale lors de la perquisition du placard de Laurie à l'université Marquette.

La police avait saisi une brosse sur laquelle le labo trouverait des cheveux correspondant à celui découvert sur le bâillon de Christine.

Eisenberg et Laurie s'étaient assis côte à côte pour pouvoir se communiquer des notes. Eisenberg souligna « un cheveu teint en blond » estimé avoir « les mêmes caractéristiques » que ceux de la brosse et « pouvant avoir la même origine ».

– Je n'ai jamais rien vu d'une telle imprécision, grommela Eisenberg. Pouvant ? Pouvant ? Condamne-t-on quelqu'un en fonction de simples possibilités ? Seigneur ! Pour couronner le tout, ces flics n'avaient même pas de mandat !

Le juge Michael Skwierawski voulait entendre des témoins avant de se prononcer sur ce point. Comme cette procédure sortait du cadre du procès proprement dit, il fit sortir les jurés.

Tom Conway, supérieur direct de Laurie à Marquette et désormais sans emploi, fut appelé à la barre. Il déclara qu'après son arrestation, Laurie lui avait communiqué la combinaison du cadenas de son placard pour lui permettre d'aller récupérer ses uniformes.

Il venait d'ouvrir la porte quand deux détectives étaient arrivés. Ils avaient attendu un moment puis saisi le sac en disant :

– Nous en aurons besoin.

Laurie fut surprise quand Eisenberg lui demanda d'aller à la barre. Lorsqu'il l'interrogea, elle confirma qu'elle avait autorisé Conway à prendre ses uniformes, mais aucun objet personnel.

La cour se retira pour délibérer et Laurie sortit de la salle. Elle se retrouva devant les caméras de la télévision et les journalistes.

– Madame Bembenek, cria l'un d'eux, souhaitez-vous faire un commentaire ?

– Sur quoi ? Votre costume ? Vous ressemblez à tous ces hommes de loi.

– C'est délibéré, ça me permet d'obtenir des confidences.

– Pas les miennes, en tout cas, lui lança Laurie avant de s'éloigner.

Tous avaient regagné la salle d'audience et le juge allait se prononcer sur les demandes d'Eisenberg.

Ainsi qu'il fallait s'y attendre, il les rejeta. Il refusa également de classer l'affaire pour insuffisance de charges. Lors de l'audience préliminaire la cour n'avait pas prononcé de non-lieu et il n'était pas du ressort de ce tribunal de casser cette décision.

– Vous le saviez, dit Laurie à Eisenberg. Alors, pourquoi avez-vous déposé ces demandes ?

– Par principe, tout simplement.

Eisenberg avait fait citer à comparaître Harold Breier, le chef de la police, et envoyé un ordre de communication de pièces incluant les dossiers de Stu Honeck et de Judy Zess.

Le D.A. émit une objection.

– Votre Honneur ! Ces documents sont sans aucun rapport avec cette affaire et je m'oppose à ce qu'ils soient transmis à la défense. Je tiens par la même occasion à protester contre la tactique de M. Eisenberg qui vise de toute évidence à montrer du doigt d'autres suspects. Ce n'est pas son rôle. Sa tâche consiste à assurer la défense de Mme Bembenek, pas à se substituer à la police.

– Votre Honneur, rétorqua Eisenberg, si je souhaite obtenir ces pièces c'est dans l'unique but de démontrer que les dépositions de ces témoins relèvent du parjure. Lors de l'audience préliminaire M. Honeck a nié avoir eu des problèmes d'alcoolisme. Je suis persuadé que son dossier contient la preuve du contraire, ce qui est important quant à la précision des souvenirs qu'il garde de ce qui s'est passé le soir du meurtre. S'il a bu...

– Votre Honneur, l'interrompit Kramer. Que M. Honeck ait bu ou non ne nous concerne pas. La demande de M. Eisenberg est irrecevable.

Le juge décida d'intervenir.

– Messieurs, si vous acceptiez d'interrompre cette joute verbale, je pourrais vous dire que j'ai l'intention de consulter en privé les dossiers de Mlle Zess et de M. Honeck avant de prendre une décision.

Skwierawski se retira et revint une demi-heure plus tard pour annoncer qu'il rejetait la demande de la défense.

Eisenberg se plaignit alors de n'avoir pu s'entretenir avec les enfants Schultz avant le début du procès. Leurs tuteurs, les Crist, s'y étaient opposés.

Skwierawski interrogea Kramer et Eisenberg puis déclara que l'avocat pourrait rencontrer Sean et Shannon dans une pièce adjacente.

Un spectateur fit du chahut et le juge l'envoya se calmer dans la maison d'arrêt du comté jusqu'à la fin de l'audience, puis les jurés revinrent dans la salle.

Kramer fit alors sa déclaration préliminaire. Laurie trouva que c'était un mélange théâtral de faits et de fiction, surtout de fiction. Il fournit aux jurés sa version du meurtre. Selon lui, Laurie était entrée discrètement dans la maison de Ramsey Street dans le but d'effrayer Christine Schultz et de l'inciter à déménager. Christine s'était débattue et Laurie avait tiré, la tuant d'une balle dans le dos.

Kramer expliqua que Fred avait construit cette maison et que sa situation financière était précaire depuis son divorce, car il devait continuer de régler les traites de ce logement sans pour autant y vivre. C'était alors qu'il avait rencontré une femme bien plus jeune que lui et très séduisante.

– Mme Bembenek aimait ce que j'appellerais la grande vie. Il lui fallait ce qu'on trouvait de mieux. Des vêtements, des bijoux, des voyages.

Kramer parla de leur mariage, de leur lune de miel, et du fait que Laurie avait utilisé un fil d'étendage plastifié lors de leur voyage à la Jamaïque. Il déclara que Fred espérait que son ex-femme finirait par aller vivre chez ses parents et qu'il pourrait revenir s'installer dans la maison de Ramsey Street en compagnie de sa nouvelle épouse. Mais Christine était restée.

La nuit du meurtre, Lawrencia Bembenek avait mis une perruque, ses chaussures noires de la police et un jogging vert pour gagner à petites foulées la maison de Christine Schultz. Elle connaissait bien les lieux et, munie du revolver personnel de son mari et d'une paire de gants afin de ne laisser aucune empreinte, elle était entrée par la porte de derrière puis montée dans la chambre de sa victime qu'elle avait bâillonnée et ligotée avant d'aller voir les enfants.

– C'est alors que Sean s'est réveillé. Il avait senti une main gantée se poser sur son visage et une... je crois qu'il a employé le terme de ficelle plastifiée... se refermer autour de son cou et l'étrangler. Il a hurlé et s'est débattu. Shannon s'est éveillé à son tour et a donné des coups de pied à l'assaillant de son frère. Vous pouvez aisément imaginer, mesdames et messieurs les jurés, quelle a dû être l'angoisse de Christine Schultz lorsqu'elle a entendu le vacarme qui s'élevait de la chambre de ses enfants. Vous pouvez...

Eisenberg objecta qu'il était impossible de savoir ce que Christine avait ou non entendu et Kramer reprit le récit de sa version des faits. Il déclara que Laurie était retournée dans la chambre de Christine, dont les liens s'étaient entre-temps desserrés, ce qui lui avait permis de se retourner et de la reconnaître.

– Sans doute a-t-elle compris ce qui allait se passer car elle a alors crié : « Ô mon Dieu, ô mon Dieu ! » et c'est à cet instant que l'accusée, Lawrencia Bembenek, a tiré et l'a tuée.

Laurie faillit se lever. Tout cela était ridicule ! Elle prit son stylo et écrivit une note à l'attention d'Eisenberg.

« Dès l'instant où Kramer vient de déclarer que je n'étais pas allée là-bas dans l'intention de l'assassiner, pourquoi suis-je accusée de meurtre avec préméditation ? »

Laurie continuait de prendre des notes pendant que Kramer racontait que Sean et Shannon avaient couru dans la chambre de leur mère et essayé de la sauver. Ils avaient ensuite téléphoné à Honeck et à l'arrivée de la police Sean avait déclaré que l'assassin était un homme corpulent en veste de treillis verte et Shannon avait rétorqué que c'était un homme ou une femme en jogging vert avec des bandes jaunes sur les côtés.

« C'est absurde, écrivit Laurie. Qui pourrait espérer chasser une femme de chez elle en lui faisant peur ? Kramer dit vraiment n'importe quoi ! Christine n'aurait eu qu'à changer les verrous, acheter un chien de garde ou demander à quelqu'un de s'installer chez elle ! Son ami flic, par exemple. Honeck aurait pu assurer sa protection, si elle avait eu des raisons de s'inquiéter. Tout ça ne tient pas debout. En outre, je me suis violemment opposée à Fred quand il m'a fait part de son intention de s'installer dans cette maison. J'ai catégoriquement refusé d'y vivre ! »

Laurie se demandait en outre comment Christine aurait pu la reconnaître au premier regard si elle avait porté une perruque. Et il était tout aussi absurde de prétendre qu'elle s'était pour cela retournée, étant donné qu'on lui avait tiré dans le dos !

Kramer parla de l'arrivée de Fred Schultz sur les lieux du crime, sans préciser qu'il était alors considéré comme suspect par ses collègues. Il dit que Schultz était ensuite allé chez lui avec l'inspecteur Durfee pour examiner son arme personnelle. Durfee avait remarqué qu'elle était poussiéreuse.

– Il l'a reniflée et l'a rendue à Schultz après avoir conclu qu'elle n'avait pas été utilisée. Mais les deux détectives ont malgré tout jugé utile d'emporter ce revolver comme pièce à conviction.

Un policier appelé Gauger avait ensuite comparé une balle tirée par cette arme avec celle extraite du cadavre de Christine Schultz par le médecin légiste Elaine Samuels. Après avoir également étudié diverses munitions que M. Schultz lui avait remises, il était arrivé à la conclusion que c'était de ce revolver qu'on s'était servi pour commettre le crime.

Kramer parla de la perruque trouvée dans les canalisations de l'appartement voisin de celui de Fred et de Laurie, et d'un cheveu trouvé sur le mollet de Christine Schultz qui correspondait à ceux de ce postiche. D'autres cheveux, découverts sur le foulard qui bâillonnait la victime, étaient identiques à ceux prélevés sur la brosse de Lawrencia.

Laurie eut des difficultés à garder son calme quand Kramer affirma aux jurés qu'on l'avait vue en jogging vert. Il déclara qu'un photographe du *Milwaukee Journal* avait pris un cliché d'elle dans cette tenue. Bien que le négatif fût en noir et blanc, cet homme disait se souvenir de la couleur du vêtement.

– Je n'ai jamais eu un seul jogging vert de toute ma vie, murmura Laurie à Eisenberg. C'est un rouge qu'ils ont mis sous scellés.

Kramer disait que si la police n'avait pas retrouvé cette tenue, c'était parce que Laurie l'avait jetée et que sa mère était allée la récupérer dans la poubelle de son immeuble. Un témoin, Mme Morgan, avait d'ailleurs assisté à la scène.

Le D.A. termina sa déclaration préliminaire en expliquant aux jurés quel était le mobile du meurtre : Laurie voulait habiter dans la maison de Ramsey Street et mener la grande vie.

– C'est pour cela que Mme Bembenek a tiré sur Christine Schultz. C'est pour cela qu'elle comparaît aujourd'hui devant vous. Et je sais qu'après avoir pris connaissance de toutes les charges vous répondrez « oui » lorsqu'on vous demandera si Mme Bembenek est ou non coupable du meurtre de Christine Schultz.

Eisenberg ne réagissait pas. Tous les jurés les regardaient. Finalement, le juge se tourna vers l'avocat de la défense.

– Monsieur Eisenberg, souhaitez-vous faire une déclaration ?

– Oui, Votre Honneur. Telles n'étaient pas mes intentions, mais ce que je viens d'entendre me force à revenir sur cette décision.

Il se leva, boutonna sa veste et se tourna vers le jury.

– Il n'existe dans cette affaire aucune preuve du bien-fondé de l'accusation de meurtre avec préméditation portée contre ma cliente. Je dois vous rappeler que pour être valable, une preuve doit être crédible. Tout ce que nous vous demandons, c'est de ne pas tenir compte de simples suppositions.

Il ajouta qu'il eût été injuste d'avoir des préjugés défavorables envers Laurie simplement parce qu'elle était jeune et séduisante, puis il résuma brièvement son existence.

Il parla de ses démêlés avec les services de police de Milwaukee et expliqua qu'elle avait été renvoyée parce qu'on l'accusait d'avoir falsifié un rapport alors qu'une telle allégation était mensongère.

Il ajouta que la version des faits racontée par Kramer ne reposait sur rien de tangible. On n'avait pas retrouvé les chaussures noires que portait l'assassin la nuit du meurtre. Il était impossible de démontrer que la perruque découverte dans l'appartement voisin était celle utilisée par le coupable. La police n'avait pas non plus découvert de jogging vert.

Judy Zess avait pu entrer dans l'appartement et prendre l'arme du crime. Il était impossible de déterminer avec certitude si le cheveu trouvé sur le corps de Christine Schultz était identique à ceux de la perruque qui obstruait la canalisation.

– Les experts vous confirmeront qu'on a pu vendre cent cinquante millions de postiches absolument semblables, dit-il.

Puis il précisa qu'il avait fallu vingt et un jours à la police pour déterminer que Christine Schultz avait été tuée avec l'arme de son ex-mari. Finalement, il parla des enfants de la victime.

– Nous sommes certains que Sean, un jeune homme intelligent et attentionné, vous confirmera que l'assassin de sa mère ne portait pas un jogging vert mais une veste de treillis sans camouflage. Une veste de treillis sans camouflage... dont les pans se soulevaient alors qu'il descendait l'escalier.

Il précisa que Virginia Bembenek n'aurait pu conduire sans lunettes et que le numéro minéralogique de son véhicule ne correspondait pas à celui relevé par Mme Morgan. Ce n'était donc pas la mère de Laurie que le témoin avait vue fouiller dans la poubelle de l'immeuble où vivaient à l'époque l'inculpée et son mari.

– Mesdames et messieurs les jurés, je suis absolument certain qu'après avoir pris connaissance de tous les éléments de l'affaire vous aurez l'intime conviction que ma cliente est innocente. Ainsi que vous pourrez le constater au cours des jours à venir, le seul but d'un tel procès est de rechercher la vérité. Mesdames et messieurs, je vous demande d'aider Laurie et moi-même à faire toute la lumière sur ce qui s'est passé.

Laurie regarda les jurés, ces hommes et ces femmes qui tenaient son destin entre leurs mains.

L'ont-ils seulement écouté, se demanda-t-elle, ou se sont-ils contentés de le regarder gesticuler ?

23

Présumée innocente

Dès l'ouverture du procès Laurie perdit toute notion du temps. Elle déclara à sa mère que tout cela lui inspirait un étrange détachement, comme si elle assistait en simple spectatrice à une pièce de théâtre dont elle était la vedette. Il lui semblait faire un rêve et elle avait peur de s'éveiller.

– Je ne peux réagir ou m'emporter contre ceux qui veulent me nuire, ceux qui mentent pour des raisons qui me dépassent.

Chaque matin, elle s'éveillait avant d'entendre la sonnerie du réveil puis regardait s'égrener les secondes sur le cadran digital. Finalement, elle se levait, fouillait dans son placard pour trouver de quoi s'habiller et se préparait en toute hâte afin de ne pas risquer d'arriver en retard au tribunal.

Elle observait attentivement les jurés, pendant les dépositions des témoins. Ces hommes et ces femmes fuyaient son regard et un vieillard s'endormait systématiquement après quelques instants.

Une femme à l'esprit dérangé interrompit constamment les séances jusqu'au moment où le juge décida de la faire enfermer dans la maison d'arrêt du comté. Lorsque des gardes l'emmenèrent, elle saisit au passage le sac à main de Laurie, dont le contenu s'éparpilla sur le sol.

Le troisième jour, Sean Schultz fut appelé à la barre. Cet enfant répéta ce qu'il avait dit lors de l'audience préliminaire, mais près de neuf mois s'étaient écoulés depuis les faits et ses souvenirs avaient perdu de leur précision.

– Je ne saurais pas dire quelle heure il était, mais quand maman a fini la vaisselle, elle est montée dans notre chambre et m'a parlé un moment. Nous étions partis dans le Nord sans l'annoncer à papa et elle s'inquiétait parce qu'il était très en colère, expliqua Sean à Kramer.

Après avoir déclaré à sa mère que son père lui manquait, Sean s'était finalement endormi, pour s'éveiller en sentant une corde « ou autre chose » enserrer son cou. Une main descendait vers son visage. Une main gantée. Il avait hurlé et l'agresseur était sorti en courant de la chambre.

– Il portait une veste de treillis verte et avait des chaussures noires comme celles des policiers.

Sitôt après, il avait entendu une détonation et vu cet individu se précipiter vers l'escalier.

Kramer procéda à son contre-interrogatoire.

– Pensez-vous qu'il aurait pu s'agir de Laurie Bembenek ?

– Non.

– Pourquoi ?

– Elle est bien moins grande.

– Uniquement pour cela ?

– Elle est aussi bien moins grosse.

Quand Kramer eut terminé de lui poser des questions, Eisenberg prit la relève. Sean était un témoin capital pour la défense. Il n'avait pas assisté au meurtre mais avait vu le meurtrier et il n'était pas revenu sur ses précédentes déclarations. Il affirmait toujours que l'assassin était un homme.

Sean déclara qu'il aimait bien Laurie, parce qu'elle avait toujours été gentille avec lui et son frère, puis Eisenberg lui demanda de décrire son assaillant. Sean répéta qu'il ne portait pas un jogging vert mais une veste de l'armée et qu'il était bien plus grand et corpulent que Laurie.

Shannon vint témoigner à son tour. Il se rappelait avoir vu un homme aux cheveux brun-roux réunis en une queue-de-cheval et portant un jogging vert avec des bandes jaunes sur les manches.

Il ne put fournir d'autres précisions. Il ne se souvenait que de cela.

Le témoin suivant était Judy Zess. Elle dit à Kramer que Laurie avait eu une perruque blonde, aux cheveux trop courts pour pouvoir être ramenés sur sa nuque. Elle reconnut qu'elle en possédait une elle aussi, brune et assez longue pour tomber sur ses épaules. Elle l'avait laissée chez ses parents, à Delafield.

Elle précisa que Laurie possédait un nécessaire de blanchissage de voyage avec un fil d'étendage plastifié, puis répéta comme lors de l'audience préliminaire que son amie avait exprimé le souhait de faire éliminer Christine Schultz. Elle affirma en outre que lorsqu'elles vivaient dans le même appartement Laurie avait eu un jogging vert.

Elle était visiblement très tendue et gardait la tête baissée. Elle ne regarda pas une seule fois l'accusée pendant sa déposition.

Quand Eisenberg procéda à son contre-interrogatoire, sa mémoire lui joua quelques tours. Elle ne se rappelait plus en quel mois elle avait rendu les clés de l'appartement de Fred et de Laurie. Elle cita trois dates différentes, bien qu'elle eût déclaré dans une déposition précédente qu'elle les avait restituées le 24 juin, soit un mois après le meurtre.

Elle reconnut que Laurie et Fred ne « menaient pas la grande vie » et ne dépensaient guère d'argent en toilettes, nourriture ou cadeaux. Elle ajouta qu'ils réglaient toutes leurs factures et n'avaient apparemment pas de problèmes financiers.

Bien qu'elle eût déclaré à Laurie que Gaertner avait été fou de rage en apprenant qu'elle avait épousé Fred Schultz, « l'assassin de son meilleur ami », elle répondit à Eisenberg qu'il avait été simplement « mécontent » lorsqu'ils en avaient parlé.

Elle avait vu une culotte de base-ball vert forêt dans un des cartons entassés dans le débarras de l'appartement de la 20e Rue. Son inventaire du contenu de cette boîte se modifia à plusieurs reprises quand Eisenberg l'interrogea à ce sujet.

Puis le D.A. lui demanda si elle avait entendu à un moment ou un autre Laurie tenir d'autres propos se rapportant à Christine Schultz.

– En mai, quelques jours avant que Tom ne participe à l'élection de M. U.S.A., nous préparions nos affaires quand elle lui a demandé : « Tu ne connaîtrais pas quelqu'un qui pourrait nous débarrasser de Chris ? »

Laurie bouillait de rage, lorsque Kramer termina l'interrogatoire de Judy Zess. Fred serait bientôt appelé à son tour à la barre, et elle se demandait s'il ne lui réservait pas lui aussi quelques mauvaises surprises.

Eugene Kershek, l'avocat qui avait défendu les intérêts de Christine Schultz lors de son divorce, ne fut pas interrogé sur les peurs de sa cliente. Selon un rapport de police il avait pourtant dit que Christine s'était déclarée terrorisée parce que Fred l'avait menacée de « lui faire sauter la cervelle ».

La baby-sitter qu'employait autrefois Christine, Tammy Brumirski, soutint qu'au début du mois de mai Fred était passé chercher les enfants en compagnie de Laurie et qu'il en avait profité pour lui faire visiter la maison.

Quand Eisenberg lui demanda des précisions, elle fut dans l'incapacité de se rappeler à quelle date cela s'était passé.

Un photographe du *Milwaukee Journal*, Robert Goessner, avait vu Laurie Bembenek en décembre 1980. Elle était venue se faire photographier car la rédaction souhaitait illustrer un article traitant du procès qu'elle avait intenté contre l'administration. Cet homme se souvenait qu'elle portait un jogging vert, lors de leur rencontre. Son image s'était gravée dans son esprit parce qu'il l'avait trouvée très séduisante. Il ne pouvait toutefois présenter à l'appui de ses dires qu'une épreuve en noir et blanc.

Laurie saisit son stylo et prit des notes. Une de ses amies, qui travaillait dans un laboratoire photographique, lui avait parlé d'un procédé permettant de déterminer les couleurs sur un négatif noir et blanc.

Eisenberg lut ce message et en parla au témoin. Goessner confirma la validité de cette méthode.

« Mais la police s'est bien gardée de l'utiliser, écrivit Laurie. Parce que ça aurait démontré que cette veste était rouge ! »

Eisenberg hocha la tête et se pencha pour lui murmurer à l'oreille :

– Kramer devrait avoir honte d'utiliser de pareils subterfuges.

Il demanda à Goessner, qui n'était même pas l'auteur de ce cliché, si on avait effectué ce test pour déterminer la teinte du vêtement.

Le photographe fournit une réponse négative mais précisa qu'ils avaient au journal tout le matériel nécessaire et qu'ils procéderaient à cette vérification si l'accusation ou la défense en faisaient la demande.

La partie civile avait fait mettre le jogging rouge sous scellés. C'était la veste que portait Laurie quand on avait pris cette photo.

Laurie avait l'impression que n'importe qui pouvait venir raconter n'importe quoi à la barre. En théorie, un accusé devait laisser à la partie civile le soin de démontrer sa culpabilité, puisqu'il était présumé innocent jusqu'à preuve du contraire. Mais elle découvrait qu'en pratique elle devrait faire feu de tout bois si elle ne voulait pas être déclarée coupable d'un crime qu'elle n'avait pas commis.

Ensuite, l'accusation fit comparaître un des frères de Fred, John Schultz, l'homme qui avait écrit au juge Fine pour accuser Laurie du meurtre de Christine. Il dut reconnaître que ses assertions sur la culpabilité de Laurie n'étaient que simples convictions.

Eisenberg lui fit admettre que sa femme Kathy et Christine avaient été amies intimes. John déclara que son épouse avait été bouleversée par sa mort et qu'il y avait de graves dissensions entre les cinq frères Schultz depuis le meurtre.

– La lettre que vous avez adressée au juge Fine contient-elle des informations qui permettraient de démontrer que Laurie Bembenek a tué Christine Schultz ? lui demanda Eisenberg.

– Non, monsieur.

John Schultz reconnut également que Laurie n'avait pas à sa connaissance dicté à Sean et Shannon ce qu'ils devraient répondre quand la police les interrogerait.

Le médecin légiste qui avait procédé à l'autopsie de Christine Schultz fut ensuite appelée à la barre. Le Dr Elaine Samuels était une femme intelligente et compétente. Elle expliqua que le projectile avait pénétré par l'épaule droite et suivi une trajectoire diagonale directe pour atteindre le centre du cœur « avec une précision surprenante ».

Eisenberg décida d'utiliser ses connaissances pour réduire la crédibilité des experts que ferait citer l'accusation. Il lui demanda la définition du terme « retour de souffle » et Kramer émit une objection.

– C'est de la compétence d'un expert en balistique. Je doute que le Dr Samuels soit qualifiée pour en parler.

– Votre Honneur, la cour pourrait-elle demander au Dr Samuels si elle s'estime ou non compétente en la matière ? intervint Eisenberg.

– Docteur Samuels ? fit le juge.

– Cela relève de l'anatomopathologie, répondit le Dr Samuels.

Laurie était irritée parce que tous semblaient trouver ce témoin « bizarre », non parce qu'elle disséquait des cadavres mais en fonction d'autres critères. Elaine Samuels ne correspondait pas à l'image que la plupart des gens se faisaient d'un médecin. Premièrement, c'était une femme. Deuxièmement, elle avait des cheveux très courts et aucun maquillage. Elle était en outre un peu boulotte et portait des lunettes à monture noire qui lui donnaient un air masculin.

Bien que sa compétence fût incontestable on la remettait en question à cause de son aspect.

Le Dr Samuels parla du retour de souffle.

– C'est ce qui se produit quand on tire à bout portant. Chassés par le projectile qui pénètre dans les chairs, du sang et des tissus sont renvoyés en arrière dans le canon de l'arme.

– Avez-vous examiné la blessure de Christine Schultz ? demanda Eisenberg.

– Oui.

– Pourriez-vous la décrire ?

– Elle était très large. J'ai constaté qu'il y avait sur son pourtour une marque circulaire très nette.

– Devons-nous en conclure que le canon était en contact avec la peau ?

– Absolument. Et même qu'une forte pression avait été exercée sur l'épiderme.

– En ce cas, aurait-il dû se produire un effet de « retour de souffle » ?

– Cela ne fait aucun doute.

Eisenberg voulait que les jurés entendent ce témoignage car les experts n'avaient trouvé aucune trace de sang dans le canon du revolver personnel de Fred, lors de son examen dans les labos de la police. Ils n'avaient pas non plus découvert le moindre résidu de produits de nettoyage, seulement des grains de poussière.

Le Dr Samuels déclara que si des cheveux avaient effectivement été trouvés sur le foulard bleu ayant servi à bâillonner Christine Schultz, ils étaient du même type que ceux de la victime.

D'autres experts affirmeraient que certains étaient identiques à ceux de la perruque trouvée dans la canalisation de l'immeuble de la 20e Rue et d'autres à ceux prélevés sur la brosse de Laurie, mais Eisenberg s'était simplement fixé pour but de démontrer que rien de tout cela ne relevait d'une science exacte.

Lorsqu'il interrogea le témoin suivant, le détective Drew Halvorsen, l'avocat mit l'accent sur des négligences troublantes. Le policier reconnut que s'ils avaient effectué des prélèvements sur les taches de sang découvertes dans la maison de la victime, ces échantillons n'avaient pas été analysés. A sa connaissance, nul n'avait essayé de déterminer si les chaussures noires de Laurie correspondaient à celles que Sean et Shannon avaient vues la nuit du meurtre. Et, bien que du sang ait été également décelé sous les ongles de Christine Schultz, on ne s'était pas donné la peine de vérifier s'il y avait des griffures sur le corps de Laurie.

Le témoignage du détective Michael Durfee, le coéquipier de Fred la nuit du meurtre, s'était comme celui de Judy Zess modifié depuis l'audience préliminaire.

Il dit à la cour qu'à 2 heures du matin, le 28 mai 1981, moment où le meurtre avait été commis, lui et Fred enquêtaient sur un cambriolage. Ses souvenirs de ce qui s'était passé ensuite étaient conformes à ses précédentes déclarations. Les deux détectives étaient de retour au poste de police du cinquième district lorsqu'ils avaient été informés de la mort de Christine Schultz. Ils s'étaient aussitôt rendus sur les lieux du crime, puis ils avaient fait un saut chez Fred afin de procéder à l'examen de son arme personnelle. Ensuite, sa version des faits changeait. Il affirmait désormais qu'à leur arrivée

Fred et Laurie s'étaient isolés un moment pour échanger des propos qu'il n'avait pu entendre.

Laurie savait qu'il mentait. Durfee et Fred s'étaient immédiatement précipités dans la chambre pour prendre le revolver.

C'est ridicule, pensa-t-elle. Si nous nous étions isolés comme il le prétend, et si j'avais eu quelque chose à me reprocher, j'aurais dit à Fred de ne pas examiner cette arme. Il n'aurait eu qu'à prétendre qu'il ne la retrouvait pas.

Durfee expliqua ce qu'il avait fait ensuite.

– J'ai sorti le revolver de son étui et passé mon pouce sur sa gueule. Il n'y avait aucune trace de carbone ou de quoi que ce soit. J'ai regardé dans le barillet et vu cinq munitions.

Il avait remarqué une pellicule de poussière sur le chien. Le canon était propre et ne sentait pas la poudre. Fred Schultz avait alors rangé l'arme dans son attaché-case, pour l'emporter.

Eisenberg attendait de pouvoir interroger cet homme depuis le début du procès. Il savait que Durfee avait égaré une pièce à conviction d'une importance capitale.

– Où est le carnet où vous avez consigné toutes les observations que vous avez faites la nuit du meurtre ? lui demanda-t-il.

– Je ne l'ai plus.

– N'auriez-vous pas dû le conserver ?

– Non, monsieur.

– Vous êtes donc autorisé à jeter ces calepins ?

– Oui, monsieur.

– Mais je présume que vous en avez un sur vous en permanence ?

– Oui, monsieur.

Durfee le lui tendit.

– Parfait. Vous vous référez à un carnet réglementaire, n'est-ce pas ?

– Oui.

– Identique à celui-ci, qui couvre tout ce que vous avez fait entre le 25 janvier 1982 et l'instant présent ?

– Oui.

– Qu'est devenu le carnet où vous avez consigné les événements du 28 et du 29 mai 1981 ?

– Je l'ai jeté et j'ignore ce qu'il est devenu.

– Vous parlez du carnet dans lequel vous avez écrit tout ce qui se rapportait à votre enquête sur le meurtre de Christine Jean Schultz ?

– Pour autant que je m'en souvienne, je n'ai pas dû prendre de notes.

– Auriez-vous omis de relever le numéro de série de l'arme que M. Schultz vous a fait examiner aux premières heures du 28 mai 1981 ?

– C'est exact.

Laurie était sidérée. En l'entendant répondre « pour autant que je m'en souvienne », elle avait compris qu'il tentait de dissimuler quelque chose. Lorsque des policiers essayaient de se couvrir, ils faisaient toujours en sorte de pouvoir revenir éventuellement sur leurs déclarations en prétextant une mémoire défaillante.

Elle savait aussi que Durfee n'avait pas dû jeter son carnet. Les détectives avaient besoin de consulter leurs notes pour rédiger des rapports circonstanciés et – lorsqu'ils enquêtaient sur un crime – ils pouvaient être en outre amenés à les produire à l'appui de leurs déclarations lors d'un éventuel procès. Il était évident que Durfee n'avait pas tout dit.

Eisenberg lui demanda s'il avait à un moment ou un autre relevé le numéro de série de l'arme personnelle de Fred Schultz puis :

– Pouvez-vous affirmer que le revolver retenu comme

pièce à conviction numéro six est l'arme que vous avez examinée le matin du 28 ?

– Non, monsieur.

Il voulut ensuite savoir si Durfee avait vu Fred Schultz noter ce numéro. Durfee répondit négativement.

Eisenberg n'en avait pas pour autant fini avec ce témoin.

– Vous avez rédigé un rapport le jour même, je crois ?

– C'est exact.

– Un mois plus tard, vous avez remis à vos supérieurs un nouveau rapport concernant les mêmes faits. Pourquoi ?

– Ils trouvaient que le précédent n'était pas assez circonstancié.

– Et comme vous n'aviez pas pris la moindre note vous avez donc dû mettre à contribution votre mémoire pour retrouver les détails que vous aviez oublié de mentionner dans le rapport écrit le jour même des faits ?

– C'est exact, monsieur.

Eisenberg en avait terminé avec Durfee. Quand il regagna son siège, il sourit à Laurie qui devina aussitôt ses pensées.

Il aimerait récupérer ce carnet, se dit-elle. Et moi aussi. Je me demande dans quel coffre il est enfermé, et surtout ce qu'il contient de si compromettant. Qu'ont bien pu faire Fred et son coéquipier cette nuit-là ?

Août 1961,
à Milwaukee.
Laurie
Bembenek
a deux ans.

1971, à Milwaukee. Laurie a douze ans.

2 août 1981. Fred Schultz et sa femme Laurie au mariage d'une amie, moins de trois mois après le meurtre de Christine Schultz.

1978. Fred Schultz avait été choisi comme photographe officiel d'un meeting d'athlétisme. Beaucoup de policiers participaient à ce genre de compétitions.

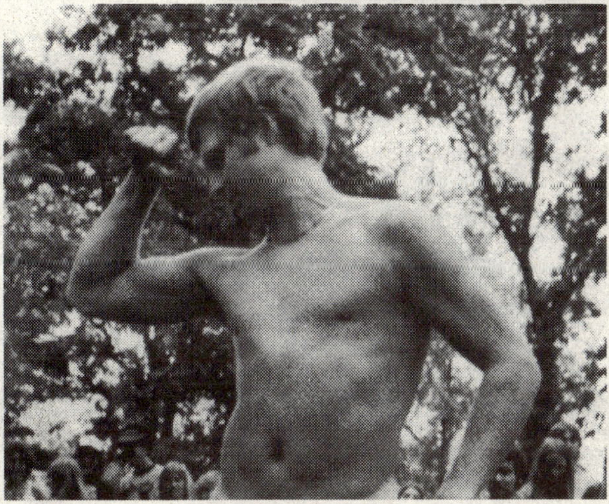

1978. Cette photo de Fred, ainsi que des dizaines d'autres, figurait dans le dossier "Schultz" de la division des affaires internes de la police de Milwaukee. C'est Laurie qui l'y avait placée avant de rencontrer son futur mari. Elle voulait prouver que des officiers de police comme Fred violaient la loi en s'exhibant nus en public.

Christine Jean Schultz a été assassinée dans cette maison de Ramsey Street, à Milwaukee, le 28 mai 1981. Pour Ira Robins, détective privé, l'assassin a pu s'enfuir sans difficulté en sautant la barrière pour rejoindre l'autoroute. (Photo : Greg Gents Studios Inc.)

Laurie Bembenek, Fred Schultz et Judy Zess habitaient cette maison à Milwaukee. D'après la police, Laurie aurait couru les trois kilomètres qui la séparaient de la maison de Christine Schultz, puis couru de nouveau pour rejoindre son domicile. (Photo : Greg Gents Studios Inc.)

Ira B. Robins, détective privé, a passé huit ans de sa vie à essayer de prouver que Lawrencia Bembenek n'avait pas tué Christine Schultz. (Photo : Greg Gents Studios Inc.)

1983. Laurie est en prison depuis un an.

1984. Laurie a vingt-cinq ans et est en prison depuis presque deux ans. Parmi les activités possibles à Taycheedah : la décoration florale.

1986. Laurie et Kathy Braun sur les genoux du Père Noël

1987. Laurie a vingt-huit ans. Au parloir, elle attend l'arrivée d'une amie.

1989. Laurie, en prison depuis sept ans.

Août 1990. Laurie et Nick Gugliatto, peu après leur rencontre, à la prison de Taycheedah.

Octobre 1990. Laurie et Nick lors d'une visite de ce dernier.

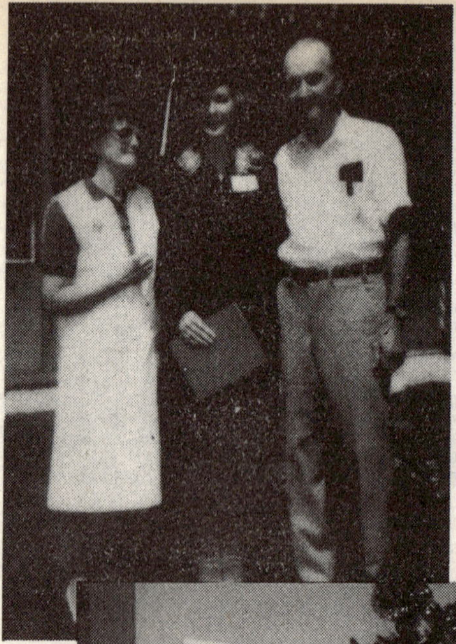

1986. Laurie et ses parents devant la prison. Laurie vient de recevoir son diplôme de l'université du Wisconsin.

Noël 1990. Laurie et Ira Robins à Taycheedah.

Août 1981. Virginia et Joseph Bembenek à Milwaukee, devant une photo de Laurie.

Cette photo, prise en février 1991, est la dernière de Nick et de Laurie avant l'évasion, en juillet 1991.

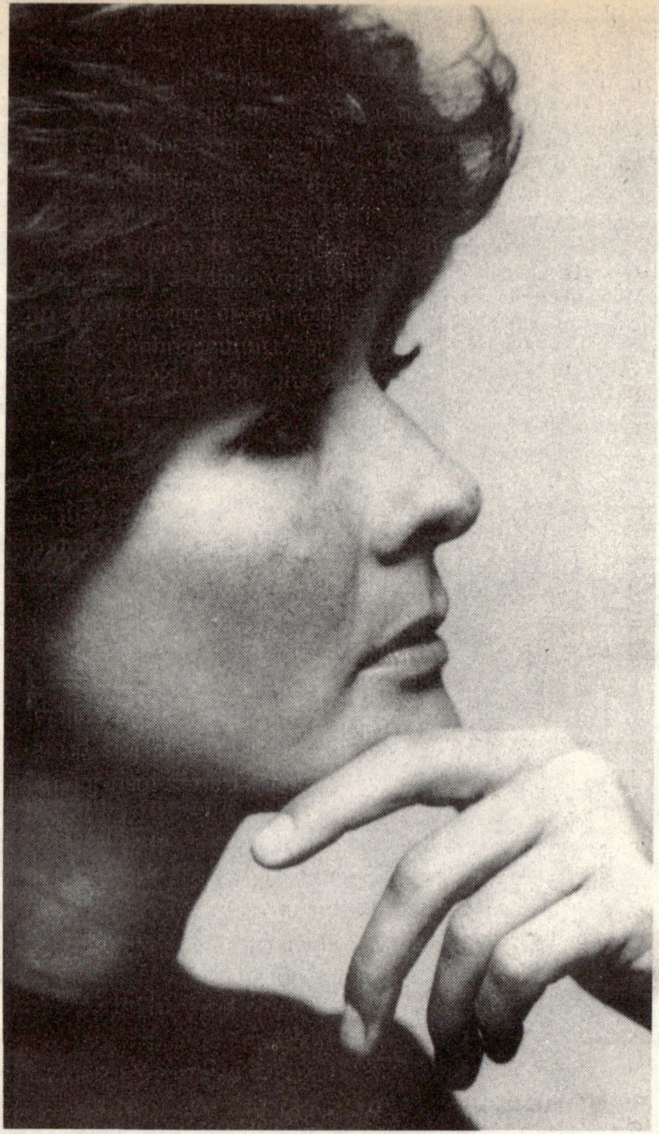

Septembre 1989. Laurie à la prison de Taycheedah. (Photo de George Anich.)

24

Jogging vert et revolver

Dix jours après l'ouverture du procès les médias et le public s'intéressaient toujours autant au meurtre de Christine Schultz et à la coupable présumée. On parlait de Lawrencia Bembenek dans tous les journaux et magazines locaux.

Laurie s'interrogeait sur son avenir. Elle n'avait aucune expérience du fonctionnement de la justice et devait se contenter d'espérer que l'optimisme d'Eisenberg était fondé. Mais sa plus grande peur était devenue une réalité car elle passait en jugement pour meurtre avec préméditation.

Elle avait pour seul refuge la maison de ses parents. Quand elle rentrait du tribunal elle retirait ses chaussures, buvait un verre puis jouait aux cartes ou au Scrabble, regardait un film et s'amusait avec son chien. Elle réussissait presque à oublier ses épreuves, jusqu'au journal de 20 heures.

Les journalistes avaient sur elle des idées préconçues et semblaient penser que les policiers ne pouvaient arrêter quelqu'un sans raison. Tous les croyaient apparemment intègres et infaillibles.

Mais Lawrencia Bembenek avait pu constater qu'il

s'agissait d'hommes et de femmes ordinaires, qui commettaient des erreurs ordinaires. Elle savait aussi qu'il leur était facile de couvrir leurs négligences et leurs fautes en faisant porter le chapeau à des tiers. Les circonstances de son renvoi et le choix des témoins cités par l'accusation en étaient de parfaits exemples.

Un jeune policier qui avait fréquenté l'Ecole de police en même temps qu'elle, Keith Faubel, fut appelé à la barre. Il déclara avoir vu Laurie en jogging vert. Eisenberg lui demanda de préciser la nuance et Faubel répondit « vert forêt », ce qui était très différent de la teinte dont avaient parlé Sean et Shannon.

Puis Eisenberg prit une liste.

– Laissez-moi vous énumérer quelques noms, Darlene Anderson, Patricia Lipsey, Linda Reaves, Jackie Warren, Willie Bradford, Jeffrey Eastern, LaMont McGlown, Jerry Gedig, Margie Lipschultz…

Il citait tous ceux qui avaient suivi les mêmes cours que Laurie. Sur cinquante individus, Faubel était bien le seul à avoir vu Lawrencia Bembenek avec un jogging de couleur verte.

Laurie se demandait pourquoi cet homme tenait de tels propos. Ses supérieurs avaient-ils sur lui des moyens de pression ? Avait-il commis une faute et était-il menacé de licenciement ? Elle eût aimé avoir accès aux fichiers du personnel de la police. C'eût été comme d'ouvrir la boîte de Pandore.

Elfred O. Schultz fut appelé à la barre le samedi 27 février. Il adressa quelques sourires à Laurie et demeura très calme. Contrairement à ce qui s'était passé pendant l'audience préliminaire, il resta de marbre quand il parla de son ex-femme.

Kramer l'interrogea sur son travail, sa famille et son emploi du temps la nuit du meurtre. Quand le D.A. voulut lui faire admettre qu'il s'était marié illégalement avec

Laurie en toute connaissance de cause, Eisenberg émit une objection. Il estimait que c'était sans aucun rapport avec le meurtre.

Schultz déclara qu'il avait eu deux clés de la maison de Ramsey Street, des doubles obtenus à partir de la clé de Sean. Il en avait gardé une sur lui en permanence et avait laissé l'autre dans un coffret à bijoux en cuir.

Puis Kramer parla de son arme personnelle et essaya de démontrer que Laurie avait pu l'utiliser pour tuer Christine Schultz.

– Savez-vous si Mme Bembenek s'en est servie ?

– Pas à ma connaissance.

– A-t-elle pris des balles ou le porte-munitions de votre étui ?

– Pas à ma connaissance.

Fred déclara à nouveau qu'ils avaient eu une altercation à ce sujet. Les balles devaient être rangées d'une façon bien précise afin qu'il pût recharger rapidement son arme en cas de besoin.

Laurie savait que tout cela ferait très mauvaise impression sur les jurés. Elle regretta une fois de plus que Fred eût parlé à Ruscitti de cet incident, d'ailleurs survenu après le meurtre.

Fred raconta qu'il était rentré chez lui afin d'examiner son revolver personnel avec le détective Durfee et qu'ils avaient tous deux estimé que cette arme n'avait pas servi récemment.

Kramer en avait terminé et Eisenberg interrogea Schultz sur l'importance du carnet dans lequel les policiers prenaient des notes. Contrairement à son coéquipier, Schultz déclara qu'il gardait tous les siens parce qu'ils étaient très utiles. Sans eux, il aurait été impossible de rédiger des rapports suffisamment précis.

Eisenberg feuilleta un des carnets de Schultz et fit remarquer qu'il n'avait pris aucune note après avoir été informé de la mort de Christine.

– Ai-je raison de présumer que vous n'avez pas tenu celui-ci à jour parce que c'était un événement grave et traumatisant qui vous affectait plus à titre personnel que professionnel ? demanda Eisenberg.

– Oui, répondit Fred.

Puis Eisenberg lui demanda de présenter un attaché-case contenant tous ses carnets précédents.

– Pourquoi ne les avez-vous pas détruits ? s'enquit l'avocat.

– Le règlement nous impose de les conserver.

Fred Schultz venait de semer le doute sur le témoignage de Durfee. Eisenberg espérait que les jurés se demanderaient pourquoi un policier jetait des notes quand les autres se faisaient un devoir de les conserver et comment ce détective avait pu rédiger des rapports circonstanciés en recherchant les détails uniquement dans sa mémoire.

Eisenberg lui fit préciser que les toilettes coûteuses de Laurie se résumaient à deux paires de jeans à quarante dollars et qu'elle n'avait ni manteau de vison, ni diamants ni voiture de luxe. Fred ajouta qu'ils sortaient rarement et que Laurie s'était fermement opposée à ce qu'ils s'installent dans la maison de Ramsey Street.

Il déclara que sa femme avait possédé une veste de jogging rouge mais aucune de couleur verte.

Quand Eisenberg lui demanda s'il pensait que Laurie avait pu tuer son ex-femme, Fred répondit un non catégorique. Il précisa qu'il l'avait interrogée à ce sujet et qu'il se serait rendu immédiatement compte si elle lui avait menti.

Le témoignage de Fred Schultz n'avait rien révélé de vraiment important et les journalistes se contenteraient d'écrire qu'il avait été dans son ensemble favorable à l'inculpée. L'instant le plus mémorable fut orchestré par Eisenberg qui surprit l'assistance en exhibant son propre revolver. Il voulait tout simplement démontrer aux jurés que toutes ces armes se ressemblaient.

Le 1er mars, Kathryn Morgan – la femme qui prétendait avoir reconnu Virginia Bembenek – vint témoigner à son tour. Comme dans sa déposition, elle déclara qu'elle avait vu quelque temps après le meurtre Virginia Bembenek fouiller dans la poubelle de l'immeuble où vivaient Laurie et Fred.

– Est-il exact que vous ayez identifié Mme Bembenek pendant l'audience préliminaire ? lui demanda Eisenberg.

– Oui.

– Après avoir demandé qu'elle retire ses lunettes ?

– Oui.

– Dois-je en déduire que la femme que vous avez vue chercher quelque chose dans cette poubelle ne portait pas de lunettes ?

– C'est exact.

– Savez-vous que Mme Bembenek est presque aveugle ?

– Non.

– Savez-vous qu'elle ne peut conduire sans lunettes ?

– Non.

Eisenberg la soumit à un contre-interrogatoire serré. Gênée par l'apparition de nombreuses varices, Mme Bembenek ne s'était pas mise en short depuis de nombreuses années, or le témoin disait que la femme qui avait fouillé dans les immondices portait un short.

– Et pensez-vous pouvoir nous convaincre qu'une personne chargée de faire disparaître des pièces à conviction aurait demandé à une inconnue dans quelle poubelle elle devait aller se servir ?

Il lui demanda ensuite dans quelles circonstances elle avait reconnu la voiture de Mme Bembenek.

– Un enquêteur est venu me demander d'aller identifier ce véhicule, dit-elle.

Mme Morgan précisa qu'il l'avait conduite devant une maison de Ramsey Street. Une voiture marron était garée dans l'allée.

– Madame Morgan, je lis dans ce rapport que vous lui auriez dit : « Oui, elle ressemble à celle que j'ai vue le 18 juin. » Confirmez-vous avoir déclaré que ces voitures se ressemblaient ?

– Oui.

– Pas qu'il s'agissait du même véhicule ?

– Non.

Kramer avait fait convoquer quatre autres témoins, deux policiers et leurs amies qui disaient avoir rencontré Laurie et Fred dans le hall d'un cinéma au cours de l'hiver 1981. Ils affirmaient qu'elle était vêtue d'un jogging de couleur verte.

Un de ces couples était parti dans le Colorado et ne pourrait se présenter. Le policier qui vint à la barre, Gary Shaw, avait été entre-temps promu détective.

– Comme ça, les témoins ne risqueront pas de se contredire, marmonna Don. Vous êtes allée au cinéma avec Fred ?

– Oui, voir un film policier. C'était *Le Policeman*, avec Paul Newman. Il était vraiment super, en uniforme !

– Oubliez la tenue de Paul Newman, Laurie. Quelle était la vôtre ?

– Sans doute un jean et ma veste de ski. Je me rappelle que Fred s'est arrêté pour parler à deux couples.

L'hiver n'est-il pas une saison trop froide pour se mettre en jogging ?

– Ils ont déjà trouvé une parade à cet argument. Ils disent que c'est justement pour cette raison qu'ils s'en souviennent.

Leur voisine de l'immeuble de la 20e Rue, Sharon Niswonger, déclara que Judy Zess lui avait souvent demandé de la laisser entrer dans l'immeuble pour faire un saut chez Fred et Laurie. Elle ajouta qu'elle ignorait si la perruque retirée des canalisations de son logement venait de chez elle ou de chez ses voisins.

Pendant l'audience préliminaire, quand le juge Fine avait décidé de déférer Laurie devant un tribunal criminel, il avait fondé sa décision sur le fait que seule Laurie avait eu accès à l'arme du crime. Mais ce témoin venait d'affirmer que Judy Zess avait eu elle aussi la possibilité de s'en emparer. En outre, ce revolver appartenait à Fred Schultz, qui le changeait constamment de place sans en informer son épouse.

Des policiers qui avaient prêté leur concours à l'arrestation de Laurie furent appelés à la barre et Eisenberg annonça que l'accusation avait fait citer la plupart des témoins à charge et qu'il comptait se servir des derniers pour marquer de nouveaux points. Il espérait entre autres choses démontrer que l'étude comparative des cheveux était très controversée.

Le D.A. avait convoqué Arthur J. Varriale, chef du service de sérologie, de microsérologie et de micro-analyse des laboratoires de criminalistique de New Berlin. Son travail consistait à étudier des cheveux, des fibres textiles, du sang et des fluides corporels. Il déclara que c'était une science.

Diane Hanson, une employée du labo chargée de l'examen des pièces à conviction, lui avait confié diverses fibres afin qu'il les compare à celles de la perruque trouvée dans l'immeuble de la 20e Rue. Il avait déterminé que le cheveu trouvé sur le mollet de Christine était similaire à ceux du postiche découvert dans les canalisations.

Eisenberg voulait l'inciter à reconnaître que ces études étaient peut-être scientifiques mais qu'elles ne relevaient pas pour autant d'une science exacte.

– Pourriez-vous affirmer aux jurés que la fibre découverte sur la jambe de Christine Schultz provenait de cette perruque ?

– Non.

Diane Hanson témoigna à son tour. Eisenberg avait déjà eu affaire à elle et il ne se laissa pas démonter par son caractère irascible. Elle s'emportait sitôt qu'il lui posait une question, mais elle finit par reconnaître qu'elle était diplômée en bactériologie, un domaine très éloigné de ses activités actuelles.

Hanson admit que les résultats étaient encore moins précis avec les cheveux qu'avec les fibres textiles. Finalement, elle perdit son sang-froid et avoua qu'elle avait parlé avec Varriale des dépositions qu'ils feraient devant ce tribunal, bien que ce fût interdit par la loi. Le juge décida de faire sortir les jurés pendant qu'il approfondissait la question, mais s'il conclut à une irrégularité il rejeta la demande d'Eisenberg qui voulait faire invalider leurs témoignages. Il n'autorisa même pas la défense à contester leur bien-fondé.

Laurie ne put s'empêcher de penser à ces instructeurs de l'Ecole de police qui affirmaient que les lois protégeaient les criminels. Selon eux, il suffisait qu'un policier effectue une perquisition ou une saisie sans respecter la procédure à la lettre pour que les tribunaux relaxent systématiquement le coupable.

Elle se pencha pour murmurer à Eisenberg :

– Il m'a fallu du temps pour m'en rendre compte, mais je découvre que l'Etat est si puissant qu'il peut se moquer de la Constitution et des droits des citoyens.

Le dernier témoin à charge fut Monty Lutz, l'expert en balistique du laboratoire de criminalistique. Nul ne fut surpris de l'entendre déclarer que la balle extraite du cadavre de Christine Schultz provenait de l'arme personnelle de son ex-mari. Eisenberg avait encore l'espoir de démontrer que cette conclusion était erronée. Il demanda à Lutz si ce revolver était en aluminium.

– Non, seul le bâti est en alu. Pas le canon ni les pièces mobiles. Dois-je entrer dans les détails ?

– Ce ne sera pas nécessaire, monsieur Lutz. Si on avait utilisé du savon pour le nettoyer, des traces de rouille n'auraient-elles pas dû apparaître depuis ?

– Certainement.

– Si on avait employé un détergent ou des solvants, aurait-on pu y trouver de la poussière ?

– Après un certain temps...

– Quelques heures ?

– Tout dépend de l'endroit où cette arme était rangée.

– Dans son étui, lui-même placé dans un sac de sport muni d'une fermeture à glissière.

– Oh, alors la réponse est non. La poussière n'aurait pas pu se redéposer sur cette arme.

Eisenberg avait abordé ce sujet afin de rappeler aux jurés que le revolver personnel de Fred n'avait pas été nettoyé, alors qu'on n'avait trouvé ni sang ni traces de carbone à l'intérieur de son canon.

Savoir que l'accusation avait fait citer tous ses témoins ne rassurait guère Laurie. La défense allait contre-attaquer, mais elle ne réservait malheureusement aucune surprise à Kramer.

Eisenberg la ferait citer comme témoin. Le fait qu'un accusé accepte de se soumettre à un feu de questions indiquait habituellement qu'il n'avait rien à cacher, qu'il était innocent. Laurie savait que ses propos seraient déterminants dans la décision que prendrait le jury et elle craignait que Kramer ne réussisse à les déformer.

– Je ne pourrai jamais les convaincre. Ils sont persuadés que je suis coupable.

– Ne vous tracassez pas, répondit Eisenberg en lui tapotant le dos. Je sais que vous vous en tirerez très bien.

25

Parjures et plaidoiries

Les parents de Laurie n'avaient pu assister aux audiences. Eisenberg les ferait appeler à la barre et les témoins n'étaient pas autorisés à entendre les autres dépositions. Ils durent donc attendre à l'extérieur du prétoire en priant pour le salut de leur fille.

Le mercredi 4 mars, ils purent enfin franchir les portes du tribunal. Eisenberg avait déjà fait comparaître six témoins à décharge. D'anciens élèves de l'Ecole de police qui n'avaient jamais vu Laurie vêtue d'un jogging de couleur verte.

Mme Bembenek confirma qu'elle devait porter des lunettes et ne supportait pas les verres de contact. Elle précisa qu'elle n'avait jamais été chercher quoi que ce soit dans la poubelle de l'immeuble où sa fille habitait autrefois.

Elle expliqua que le soir du meurtre elle était allée aider Laurie à préparer son déménagement et que cette dernière ne pouvait savoir où se trouvait le coffret à bijoux contenant la clé de la maison de Christine puisque c'était elle qui l'avait rangé dans un des cartons. Elle ajouta qu'elle avait depuis assisté à une vive discussion entre Fred et Laurie, laquelle refusait d'aller s'installer dans la maison de Ramsey Street.

Elle conclut en disant que Laurie avait certes des défauts mais qu'elle avait toujours été très gentille et qu'elle n'aurait « jamais pu » tuer qui que ce soit.

Joseph Bembenek témoigna à son tour, bientôt suivi par Elfred O. Schultz Sr, le père de Fred.

Il parla d'une série de coups de téléphone qu'il avait reçus entre le 29 mars et le 5 avril 1981. On l'avait menacé et insulté.

Il avait fini par comprendre que ces appels devaient être destinés à son fils et il avait précisé qu'il s'appelait Elfred Schultz *senior* et habitait Pewaukee. Ensuite, on ne l'avait plus importuné.

Il pleura en parlant de ses cinq fils et des dissensions qui déchiraient sa famille depuis le meurtre de Christine. Si John accusait sa nouvelle belle-sœur, c'était parce qu'il s'était toujours senti très proche de Christine. Il était le seul membre de la famille à soupçonner Laurie d'avoir commis ce meurtre.

Il refusait quant à lui de croire qu'elle ait pu assassiner l'ex-femme de Fred.

L'audience fut suspendue et Laurie alla retrouver ses parents à l'extérieur de la salle. Adossée à un mur, sa mère sanglotait. Laurie l'étreignit :

– Ne pleure pas, maman, tu as été parfaite. C'est fini.

– Je craignais d'avoir dit quelque chose qu'il ne fallait pas ! Tu sais qu'ils peuvent faire raconter n'importe quoi à quelqu'un qui souhaite simplement exprimer la vérité ! Tant de choses vont dépendre de mon témoignage ! J'ai si peur pour toi !

– Je sais. Ne t'inquiète pas. Ne t'inquiète pas.

L'audition des témoins prendrait fin le lendemain avec la venue à la barre de Lawrencia Bembenek.

Le 5 mars, Laurie portait un chemisier blanc très simple avec un ruban noir autour du col. Son alliance était son seul bijou.

Avant elle, trois de ses amis avaient été cités comme témoins de moralité. Tous la croyaient incapable de commettre un crime.

Laurie se levait quand Kramer la prit de vitesse.

– Un instant, dit-il. Votre Honneur, on m'a communiqué la liste des témoins à décharge et je vous demande de récuser ceux qui sont directement liés à cette affaire. Frederick Horenberger, par exemple.

Laurie se figea. Le D.A. voulait empêcher le jury d'entendre le seul individu à même de discréditer les déclarations du principal témoin à charge. Judy Zess avait confirmé tous les dires de l'accusation et défriché le terrain pour Kramer.

– M. Eisenberg insiste pour faire comparaître M. Horenberger, or j'ai cru comprendre que cet homme avait déjà été transféré du centre de détention de Waupun à la maison d'arrêt du comté de Milwaukee. Dans ces conditions, la cour lui demande de préciser en quoi son témoignage pourrait être important, déclara le juge.

– Votre Honneur, répondit Eisenberg, je ne puis vous le dire sans révéler par la même occasion tout mon système de défense à M. Kramer.

Après une brève discussion Skwierawski estima qu'Horenberger ne ferait que répéter de simples rumeurs et le récusa.

« Même s'il apporte la preuve que Judy a commis un parjure ? » écrivit Laurie en grosses lettres rouges sur son bloc-notes.

Eisenberg haussa les épaules et Laurie perdit tout espoir.

– Etes-vous prête ? lui demanda Eisenberg.

– Oui. Mais Kramer me fait peur.

– Il n'y a pas de quoi, Laurie. Vous êtes plus adroite que lui. Et s'il vous intimide, n'hésitez pas à le montrer. Vous paraissez trop sûre de vous. A cause de votre formation de femme flic, sans doute.

– Je ne suis pas une actrice.

– Alors, soyez vous-même.

Laurie resta cinq heures à la barre. Elle était en sueur et essayait de répondre le plus précisément possible à un flot de questions. Des batteries de caméras étaient braquées sur elle, de même que les regards des jurés qui analysaient ses moindres gestes et toutes ses paroles.

Eisenberg résuma la vie de Laurie puis il l'interrogea sur la plainte pour discrimination qu'elle avait déposée contre la police et sur les raisons qui l'avaient initialement incitée à choisir ce métier.

Calme en apparence, elle était terrifiée. Elle ne put retenir ses larmes quand Eisenberg lui parla de la bague qu'elle avait achetée à Fred.

– J'ai cru comprendre qu'en mai de l'année dernière vous aviez utilisé le trop-perçu remboursé par les Contributions pour acheter un bijou à votre mari. Est-ce exact ?

– Oui.

– Pourquoi lui avez-vous offert une bague ?

– Parce qu'il n'en avait...

Elle ne put terminer sa phrase et l'huissier lui apporta un verre d'eau. Elle prit son mouchoir et sécha ses larmes.

– Que ressentez-vous ? lui demanda Eisenberg.

– De la peur.

Elle parla de son emploi du temps avant et pendant la nuit du meurtre. Elle répétait ce qu'elle n'avait cessé d'affirmer depuis des mois.

Ils firent une pause pour déjeuner et Laurie but trois

verres de vin. La perspective de subir le contre-interrogatoire de Kramer l'angoissait. Toute la matinée, le D.A. avait souri et secoué la tête. Elle devrait veiller à ne pas s'emporter ou le traiter avec mépris. Il était facile de prendre un tel homme en aversion.

Il contesta aussitôt ce qu'elle avait dit sur ses problèmes au sein des forces de l'ordre.

– Madame Bembenek, existe-t-il un rapport entre le prétendu harcèlement dont vous auriez été victime et ce procès ?

– Je l'ignore.

– Existe-t-il un rapport entre tout ce que vous nous avez dit ce matin et le procès ?

– Je l'ignore.

– Madame Bembenek, revenons aux causes de votre renvoi. Des détectives de la brigade des mœurs ne vous ont-ils pas vue fumer de la marijuana lors d'un concert ?

Eisenberg émit aussitôt une objection, mais Skwierawski lui rétorqua qu'il avait ouvert la porte à de telles questions en abordant ce sujet dans la matinée. Même sans réponse de Laurie, Kramer venait de marquer un point. Il voulait inciter les jurés à voir en elle une droguée. Il lui posa quelques questions supplémentaires puis lui parla de son mariage.

Il souhaitait lui faire avouer qu'elle avait épousé Fred dans un autre Etat parce qu'elle savait qu'il n'avait pas le droit de se marier dans le Wisconsin avant l'expiration d'un délai de six mois après son divorce.

– Je l'ai accompagné à Waukegan parce qu'il l'avait suggéré.

– Est-ce la seule raison ?

– Et je trouvais ça romantique.

– Oh, vous trouviez ça romantique ? Mais n'avez-vous pas signé l'acte de mariage en sachant que vous n'étiez pas libre de vous marier ?

– Non ! Je n'avais aucun empêchement.

– Ignoriez-vous que Fred se plaçait dans l'illégalité ?

– Bien sûr. Comment aurais-je pu le savoir ?

– Vous n'aviez donc jamais parlé avec lui de son divorce ?

– Non.

– Admettons. Mais vous aviez dû évoquer des questions d'ordre financier ?

– Comment ça ?

– Tout ce qui se rapporte à l'argent. Vous savez... le montant de son salaire, de la pension alimentaire de son ex-femme, des traites de sa maison. En aviez-vous parlé ?

– Non.

– Vous n'avez jamais abordé ces sujets avant de vous marier ?

– Non. Nous nous aimions. Nous parlions de ce qui nous intéressait tous les deux. Pas d'argent.

Kramer posa des chapelets de questions. Il voulut savoir si elle avait haï Christine. Sa réponse fut un non catégorique. Il voulut savoir si elle avait une bague avec des diamants et elle déclara que tous ses bijoux étaient fantaisie. Il voulut savoir si elle avait des vêtements de grands couturiers.

– Pas d'originaux, dit-elle.

– Originaux ?

– Nancy Reagan a des originaux.

– Pas vous ?

– Votre Honneur, intervint Eisenberg, la cour voudrait-elle suggérer à M. Kramer de demander à l'accusée ce qu'elle entend par « originaux » ?

Le juge hocha la tête et Laurie déclara :

– Des vêtements qui valent dans les cinq mille dollars. Mais de nos jours tout le monde porte des jeans signés par de grands couturiers.

Plus tard, Kramer la fit descendre dans la salle et lui demanda de tenir la veste de jogging rouge devant elle. Puis il alla se placer près d'elle afin que les jurés puissent comparer leurs tailles. Il déclara qu'elle était bien assez grande pour qu'on pût la prendre pour un homme.

Quand elle quitta le box des témoins, tous crurent que Kramer en avait terminé. Mais il annonça qu'il voulait faire comparaître deux témoins supplémentaires.

Ni Eisenberg ni Laurie ne se souvenaient d'avoir déjà entendu prononcer le nom de ces deux femmes.

La première s'appelait Marilyn Gehrt et tenait une boutique où elle vendait des perruques. Selon elle, Laurie Bembenek lui en avait acheté une le printemps précédent.

Laurie se demandait d'où sortait cette folle. Elle n'avait jamais mis les pieds dans son magasin.

– Vous allez voir ce que j'en fais, dit Eisenberg en se levant. Mademoiselle Gehrt, quand vous êtes-vous présentée pour fournir cette information ?

– Hier.

– Hier ? Un jour seulement avant la clôture d'un procès qui a fait la une des médias depuis déjà neuf mois ! Qu'est-ce qui vous a brusquement décidée à vous manifester ?

– Je viens seulement de me le rappeler.

– Vous venez seulement de vous en souvenir ? N'est-ce pas un peu difficile à croire ? Nieriez-vous avoir appris les détails de cette affaire par les journaux, la télévision ou la radio ?

– Par les journaux.

– Vous prétendez donc que l'accusée est entrée dans votre boutique au printemps dernier et vous a acheté une perruque ?

– Oui.

– Quand, plus exactement ?

– Un après-midi.

– Vous souvenez-vous du jour ?

– Non.

– Du mois, alors ?

– J'ai oublié.

– Je découvre que votre mémoire est défaillante. Comment pouvez-vous affirmer que c'est bien cette jeune femme qui a effectué cet achat ?

– J'ai lu son nom sur le chèque, quand elle m'a réglé.

– Savez-vous que l'accusée n'a pas de compte bancaire à son nom depuis 1977 ?

– Hmm, non.

L'autre témoin de Kramer s'appelait Annette Wilson et était vigile au Boston Store. Elle occupait déjà ce poste à l'époque où Laurie y travaillait comme étalagiste. Elle reconnut cette femme dès qu'elle entra dans la salle et se souvint lui avoir dit qu'elle comptait démissionner pour entrer dans la police.

Annette s'était moquée d'elle. Elle lui avait expliqué que son père était un flic et que selon lui les femmes n'avaient pas leur place parmi eux.

Mlle Wilson déclara à la cour que Laurie avait volé un jogging vert au Boston Store. Elle ne se rappelait plus quand, ni la nuance exacte. Eisenberg se leva.

– Nieriez-vous que Laurie vous a toujours inspiré une profonde antipathie ?

– Certainement, on s'entendait très bien.

Laurie aurait voulu se lever et la traiter de menteuse.

Eisenberg demanda à Mlle Wilson de présenter un registre des vols ou un autre document à l'appui de ses dires. Elle en fut incapable.

– Mademoiselle Wilson, ne seriez-vous pas jalouse de la beauté de Laurie ?

Eisenberg était allé trop loin. L'assistance le hua et le juge leva la main vers sa bouche pour dissimuler un sourire avant de déclarer qu'il entendrait les plaidoiries le lendemain.

Le procès pour meurtre de Lawrencia Bembenek avait duré plus de deux semaines. Quarante-neuf témoins s'étaient succédé à la barre et cent trente-quatre éléments de preuves avaient été examinés.

Le tribunal était bondé de monde quand le juge précisa aux jurés ce qu'ils devraient prendre ou non en considération pour décider de l'innocence ou de la culpabilité de Lawrencia Bembenek. Il leur rappela qu'il leur faudrait premièrement déterminer si l'accusée avait eu l'intention de tuer Christine Schultz et, deuxièmement, si ses actes avaient entraîné la mort de la victime.

– Si les charges dont vous venez de prendre connaissance vous incitent à penser en votre âme et conscience que l'accusée, Lawrencia Bembenek, a eu l'intention d'ôter la vie à Christine Schultz puis a mis ses projets à exécution, vous devrez la déclarer coupable de meurtre avec préméditation. Si vous n'en avez pas l'intime conviction, vous devrez vous prononcer pour son acquittement.

Le juge fit un long exposé sur le sens qu'il convenait de donner aux termes « intime conviction » et précisa aux jurés que s'ils avaient un doute raisonnable – fondé sur la raison et le bon sens – ils devraient la déclarer non coupable.

Puis les jurés écoutèrent pendant six heures les plaidoiries de Kramer et d'Eisenberg, qui résumèrent tout ce qui s'était dit pendant le procès.

Kramer vanta l'honnêteté des témoins à charge qui étaient venus faire leur devoir de citoyens. Il essaya de jeter le doute sur les déclarations de Sean Schultz en rappelant son jeune âge, sa frayeur et le fait que sa chambre avait été plongée dans l'obscurité lorsqu'il avait vu l'assassin. Il dit que Christine Schultz avait reconnu Laurie et appelé à l'aide. Il rappela le témoignage de Judy Zess et parla des menaces que Laurie avait proférées à l'encontre de la victime.

Selon lui, Laurie Bembenek avait tué Christine Schultz par intérêt. Après la mort de Christine, elle et son mari auraient pu vendre sa maison, ou s'y installer et ne plus avoir à régler ni loyer ni pension alimentaire. C'était pour des raisons bassement matérielles que Laurie Bembenek avait assassiné Christine Schultz.

Kramer présumait que Laurie avait fait une partie du trajet en voiture, pour le terminer à pied sans laisser au moteur du véhicule le temps de chauffer. Comment aurait-on pu douter de sa culpabilité, quand il était démontré que les rayures de la balle extraite du cadavre de Christine Schultz correspondaient à celles du canon du revolver personnel de Fred ?

Quant aux témoignages de Shannon et de Sean Schultz, il était évident que Laurie s'était chargée de leur faire subir un lavage de cerveau pour qu'ils tiennent des propos à même de l'innocenter.

– Vous en serez seuls juges, mesdames et messieurs les jurés, mais permettez-moi d'ajouter ceci. Si Mme Bembenek a réussi à vous convaincre de son innocence malgré les preuves accablantes réunies contre elle, non seulement elle aura commis un crime abominable mais ce dernier restera impuni. Je compte sur vous pour empêcher que la justice soit ainsi bafouée.

Donald Eisenberg consacra près de cinq heures à sa plaidoirie. Il passa au crible toutes les charges retenues par l'accusation et fit remarquer qu'aucune d'elles n'était en soi probante.

Kramer n'avait pu démontrer que Laurie était allée chez Christine Schultz ou avait utilisé l'arme du crime. Ce n'étaient que de simples suppositions. On n'avait relevé aucune empreinte de Laurie, tant sur le revolver que dans la chambre de la victime.

Il parla de la disparition du carnet de Durfee et du fait que Fred avait sur lui une clé de la maison de son ex-femme. Il aurait aimé savoir pourquoi son revolver personnel avait été saisi comme pièce à conviction puis considéré comme étant l'arme du crime après que deux détectives eurent dûment constaté qu'il n'avait pas été utilisé juste après le meurtre.

Il rappela aux jurés que Sean et Shannon Schultz affirmaient que Laurie Bembenek n'était pas l'assassin de leur mère et que la théorie de Kramer se fondait sur de simples spéculations. Nul n'avait présenté à la cour le jogging vert ou le fil d'étendage que Laurie Bembenek était censée avoir pris pour ligoter Christine. Nul ne l'avait vue courir dans la rue ce soir-là, ou se débarrasser d'une perruque dans les toilettes.

– L'avenir de Laurie Bembenek est entre vos mains, dit-il aux jurés. Si le moindre doute subsiste dans votre esprit, vous devez la déclarer non coupable.

Il leur demanda de ne pas commettre l'erreur de la juger sur sa beauté et de ne tenir compte que des faits, et rien d'autre. Il affirma que Lawrencia Bembenek n'était pas un assassin et rappela que la partie civile n'avait en aucune façon démontré sa culpabilité.

Le jury se retira pour délibérer. Pour Laurie, il ne restait plus qu'à attendre son verdict.

26

La règle du jeu

Lawrencia Bembenek passa par des phases d'espoir et d'abattement profond tout au long du week-end. Chaque fois que le téléphone sonnait, elle sursautait et son cœur s'emballait.

Elle refusait d'admettre qu'un innocent pouvait être condamné à tort mais une peur insidieuse la rongeait. Elle chercha l'oubli dans une bouteille de scotch.

La nuit du samedi, elle alla dîner avec Fred dans l'East Side en compagnie d'Eisenberg et de son épouse. A peine Laurie se fut-elle assise qu'un homme entra dans l'établissement et demanda :

– Quelqu'un pourrait-il me dire s'ils ont envoyé Bembenek au bûcher ?

Elle le fixa, bouche bée.

– C'est bien une chasse aux sorcières, lui dit-elle. Vous pourriez être mon père. Diriez-vous la même chose si j'étais votre fille ?

L'inconnu leur offrit à boire et après le repas, pendant que Fred allait chercher leur voiture, un couple entra dans le restaurant et s'arrêta près d'elle pour lui souhaiter bonne chance.

D'être ainsi reconnue la surprenait encore.

Quand elle fut de retour chez elle, sa mère vint aussitôt l'étreindre.

– Je suis si fière de toi, Laurie. Tu es tellement courageuse. Mon Dieu, que tu puisses supporter tout ça me dépasse.

Fred alla se coucher mais Laurie resta en compagnie de ses parents.

– J'ai réfléchi, lui dit son père. Je comprends que tu n'aies pas envie d'en parler, mais je ne cesse de penser au rapport balistique. Il ne tient pas debout. Tu ne crois pas que les flics auraient pu échanger le projectile extrait du cadavre avec une balle effectivement tirée par l'arme de Fred ?

– C'est plutôt tiré par les cheveux, non ?

– Pas tellement. Que se passe-t-il quand un corps arrive à la morgue ? Le légiste retire la balle, la marque avec les initiales de la victime puis la place dans un sachet. A qui remet-il ce dernier ? Aux flics. Lesquels ? Un Cole ou un Ruscitti. Une fois l'arme de Fred saisie comme pièce à conviction, qu'est-ce qui les empêche de s'en servir pour tirer une balle et d'inscrire les initiales de Christine sur ce projectile avant de porter le tout au labo ? Il n'y aurait plus lieu de s'étonner que les rayures correspondent à celles du canon de cette arme ! Qui s'est chargé de porter les pièces à conviction au labo ? Frank Cole. Qui semble vouloir ta peau ? Frank Cole.

Laurie en resta muette. Il était exact que Judy Zess était le principal témoin à charge et qu'elle couchait avec ce détective.

– Je ne sais pas, fit-elle. J'ignore qui a emporté la balle de la morgue au labo. Celui qui l'a fait a dû signer une décharge.

– Serais-tu naïve au point d'écarter cette hypothèse ? Sans cette arme, il n'y aurait jamais eu de procès.

– Je ne dis pas que c'est impossible. Nous savons

quels liens unissent Cole et Zess, mais le juge ne nous a pas autorisés à tenter d'en apporter la preuve.

Virginia déclara qu'ils n'avaient que trop parlé de l'affaire et Laurie monta se coucher. Fred ronflait. J'attends d'apprendre si je finirai mes jours en prison et il n'a même pas la décence de rester éveillé pour m'apporter son soutien en cas de besoin, pensa-t-elle en allant vers la fenêtre.

Ils s'étaient installés dans la chambre où elle avait passé son enfance. Elle se détourna de la vitre givrée et regarda Fred. Jamais, même dans ses rêves les plus fous, elle n'avait imaginé qu'elle vivrait un jour ici avec son mari.

Le lendemain matin, quand Eisenberg téléphona pour proposer à Fred et à Laurie de le retrouver dans un restaurant du centre, le jury ne s'était pas encore prononcé. Bob, le frère de Fred, les accompagna. Laurie remarqua aussitôt qu'Eisenberg était tendu, même lorsqu'il déclara qu'ils avaient tout lieu de se réjouir de la durée des délibérations.

– J'ai vu des jurés rendre un verdict de culpabilité en moins de vingt minutes. Ils n'arrivent peut-être pas à obtenir une majorité.

– Que se passe-t-il, en pareil cas ? demanda Laurie.

– L'accusation est levée, comme lors du procès de Judy Zess.

– Même lorsqu'il s'agit d'un homicide ? intervint Bob.

– Ils pourraient naturellement décider de rejuger l'affaire, mais j'en doute.

Pendant qu'ils déjeunaient, Eisenberg fut appelé au téléphone. Laurie respirait avec difficulté, certaine qu'un verdict venait d'être rendu.

Mais à son retour, Eisenberg annonça que les jurés

avaient demandé à voir l'immeuble de la 20e Rue où Fred et Laurie avaient vécu. Il était pour sa part d'accord mais Kramer avait émis une objection. L'approbation des deux avocats étant nécessaire, le juge avait rejeté la requête des jurés. Eisenberg précisa que Skwierawski ne les avait pas informés que c'était l'accusation et non la défense qui venait de mettre son veto.

– Ce n'est pas juste, dit Laurie. Ils vont croire que nous avons quelque chose à cacher.

– Je me demande pourquoi ils s'y intéressent, fit Don. Merde, j'aimerais savoir ce qui leur passe par la tête !

– Moi aussi. Je voudrais qu'ils puissent constater quelle est la hauteur des poubelles dans lesquelles ma mère est censée avoir fouillé. Nous aurions dû les photographier, avec elle debout juste à côté.

Cette idée était excellente, mais elle lui venait un peu tard.

Le dimanche soir le jury n'avait toujours pas pris de décision. Cependant, le juge refusa de classer l'affaire. Laurie regarda la télévision avec ses parents et veilla très tard. Depuis son arrestation, elle était de plus en plus déprimée.

Le lendemain matin, elle fut convoquée au tribunal. Les jurés souhaitaient qu'on leur lise des extraits des dépositions des témoins. Ils étaient en délibération depuis près de quatre jours.

– Ils veulent réentendre le témoignage de Durfee ainsi qu'une partie du vôtre et de celui de Fred, expliqua Eisenberg. Je vais émettre une objection, car toutes ces déclarations seraient privées de sens une fois sorties de leur contexte.

– Dès l'instant où Kramer a refusé leur précédente demande nous n'avons qu'à l'imiter, dit Laurie.

Mais Skwierawski déclara les objections d'Eisenberg irrecevables et après avoir déclaré qu'il se serait en d'autres circonstances opposé à la requête des jurés, il autorisa que des extraits des minutes du procès leur soient lus.

La journée du lundi parut interminable à Laurie, mais lorsqu'elle s'acheva les jurés ne s'étaient toujours pas prononcés.

Le mardi 10 mars 1982, Laurie était si déprimée qu'elle n'avait aucune envie de se lever. Il faisait très froid, à l'extérieur, et le ciel était gris. Quand elle regarda par la fenêtre de sa chambre, elle vit un monde en noir et blanc.

Finalement, elle prit une douche chaude puis enturbanna ses cheveux dans une serviette-éponge et alla s'asseoir à la table de la cuisine pour jouer au Scrabble avec sa mère. Peu avant midi, le téléphone sonna. Laurie retint son souffle et décrocha.

– Le jury a terminé ses délibérations, lui annonça Eisenberg. Croisez les doigts et venez me retrouver au tribunal.

Laurie était blême, lorsqu'elle se tourna vers sa mère. Elle savait que dans le Wisconsin un condamné à perpétuité ne pouvait espérer bénéficier d'une mise en liberté conditionnelle qu'après avoir purgé entre quinze et vingt ans de prison.

– Tout se passera bien, lui affirma Virginia en la prenant par les épaules.

– J'espérais qu'ils n'arriveraient pas à se décider.

– Aucun individu sain d'esprit ne pourrait te déclarer coupable.

– Tu ne sais pas ce que c'est ! Tu n'as pas assisté au procès. J'ai un horrible pressentiment...

– Non ! Tiens, prends ceci... ça te portera chance.

Sa mère lui donna sa grosse alliance en or.

Laurie monta s'habiller au premier. Elle prit un sweater blanc et une jupe à carreaux. Ses mains tremblaient.

A leur arrivée un étrange silence régnait dans la salle d'audience. Les journalistes et les photographes étaient déjà là et attendaient sans rien dire.

– Comment vous sentez-vous ? lui demanda Eisenberg.

– J'ai l'impression de venir assister à mes funérailles. Pourquoi sont-ils tous muets ?

– Ce que je me demande, c'est pourquoi il y a tant de shérifs adjoints, déclara Eisenberg. Redouteraient-ils une émeute ?

Des représentants de l'ordre étaient en effet alignés sur trois côtés de la salle.

– Je vais vous dire une chose, Laurie. Si les jurés vous regardent, c'est que vous êtes tirée d'affaire. Si aucun d'eux ne tourne la tête vers vous, c'est que je dois me préparer à faire appel.

Le juge entra et Laurie s'assit à côté d'Eisenberg. Puis les membres du jury arrivèrent à leur tour, en file indienne.

La grosse femme aux longs cheveux bruns ne lui adressa pas un seul regard.

Le Noir fixait ses pieds.

– Oh, non ! gémit Eisenberg. Non.

Aucun des jurés n'accorda un coup d'œil à Lawrencia Bembenek.

– Mesdames et messieurs les jurés, demanda Skwierawski, avez-vous rendu un verdict ?

– Oui, Votre Honneur.

Le chef du jury, une petite femme brune, tendit un papier au magistrat.

Il le déplia lentement, le lut puis annonça sans changer d'expression :

– L'accusée, Lawrencia Bembenek, a été reconnue coupable de meurtre avec préméditation.

Pendant un instant, Laurie cessa de respirer. Quand elle se leva, des larmes coulaient sur son visage. Il lui semblait que son crâne allait exploser.

Le juge lui demanda si elle avait une déclaration à faire. Laurie entendit dire « non » et elle supposa que ce mot était sorti de sa bouche.

Skwierawski souhaitait quant à lui faire un commentaire. S'il ne doutait pas de la culpabilité de l'accusée, il reconnaissait que toutes les charges retenues contre elle étaient de simples présomptions.

– Lawrencia Bembenek, le jury vous ayant reconnue coupable de meurtre avec préméditation, la cour vous condamne à une peine de réclusion criminelle à perpétuité que vous purgerez dans la prison d'Etat de Taycheedah.

Laurie entendait sangloter, quelque part derrière elle. Elle savait que c'était sa mère qui pleurait.

Eisenberg demanda que Laurie fût libérée sous caution en attendant la décision de la cour d'appel mais Kramer émit une objection que Skwierawski déclara recevable. Laurie venait d'être reconnue coupable d'un crime bien trop grave pour qu'elle pût bénéficier d'une telle mesure.

Sans la regarder, les jurés sortirent rapidement du tribunal. Eisenberg prit Laurie par l'épaule et la guida vers un groupe de shérifs adjoints.

Ils l'entourèrent aussitôt et lui mirent des menottes qu'ils assujettirent à une grosse chaîne passée autour de sa taille. Laurie ne put embrasser ni ses parents ni Fred.

On l'enferma dans une pièce, où elle resta seule pendant un long moment. Finalement on vint la chercher pour la conduire dans une salle où on lui présenta des documents qu'elle signa sans seulement prendre la peine de les lire. On lui remit ensuite une robe de détenue et dès qu'elle se fut changée on l'emmena à la maison d'arrêt du comté.

Un shérif adjoint lui conseilla d'en profiter pour téléphoner car elle serait bientôt transférée à la prison pour femmes de Taycheedah.

Hébétée, Laurie resta devant l'appareil téléphonique sans réagir. Des prisonnières assises autour d'une table la dévisageaient.

On l'escorta vers une des cellules. Une fois à l'intérieur, elle se mit à sangloter d'une manière incontrôlable. Une gardienne entra et posa un plateau sur une étagère fixée au mur. En voyant son repas, Laurie pensa que sans la cuiller on aurait pu prendre cela pour de la pâtée pour chiens.

La porte était restée ouverte et elle retourna vers le téléphone afin de joindre ses parents. Ce fut Fred qui décrocha, et elle lui demanda de lui apporter un manteau et l'étui de ses verres de contact. Elle avait regagné sa cellule quand une gardienne vint lui annoncer que des journalistes de la télévision souhaitaient l'interviewer.

– Non, répondit-elle en pleurant.

Puis une autre femme, un shérif adjoint, arriva à son tour.

– Habillez-vous, ordonna-t-elle.

– Qu'avez-vous dit ?

– On va vous transférer immédiatement à Taycheedah.

Laurie se demanda pourquoi les autorités faisaient

preuve de tant de hâte. Ses parents n'avaient pas eu le temps de lui apporter un manteau et ce fut en tremblant de froid qu'elle s'assit dans une voiture en compagnie de trois policiers. Sans ses verres de contact, tout ce qui l'entourait était flou et quand le véhicule stoppa à l'intérieur de l'enceinte de la prison de Taycheedah, après avoir parcouru près de cent kilomètres, elle n'eut des lieux qu'une vision indistincte.

Elle allait descendre de voiture quand une des auxiliaires du shérif se tourna vers elle pour lui murmurer avec douceur :

– Bonne chance, Lawrencia.

Elle fut conduite dans une petite pièce où un lieutenant lui annonça qu'elle séjournerait dans l'unité d'accueil jusqu'à la fin de la quarantaine médicale. Elle entendait des clés tinter de toutes parts.

– La façon dont vous purgerez votre peine dépend de vous, aboya l'homme. Si vous vous tenez tranquille tout devrait bien se passer, sinon tant pis pour vous.

Laurie était hébétée. Quelques heures plus tôt, elle jouait au Scrabble avec sa mère, son chien couché à ses pieds.

Elle se retrouva seule dans une petite cellule. La porte métallique se verrouilla avec bruit. Puis elle entendit des talkies-walkies et deux gardiennes entrèrent et lui ordonnèrent de retirer ses vêtements.

Humiliée et en pleurs, Laurie resta nue devant elles, le regard rivé sur le carrelage.

– Tournez-vous, baissez-vous et écartez les jambes.

Elles la regardèrent pendant qu'elle se douchait et utilisait un shampooing désinfectant. On lui remit ensuite deux robes, une en tissu léger et une en coton d'où s'élevaient des relents de sueur. Laurie se demanda qui l'avait portée avant elle.

Assise au bord de son petit lit métallique, Laurie Bembenek restait plongée dans la contemplation d'un mur de brique. Elle n'aurait pu dire quelle heure il était, mais elle connaissait la date. Cela se passait le 9 mars 1982, le jour où un jury l'avait déclarée coupable de meurtre avec préméditation.

27

Sélection naturelle

Le verdict divisait la population de Milwaukee. On parlait de l'innocence ou de la culpabilité de Lawrencia Bembenek dans tous les foyers, les bars et les restaurants. Dans les services de rédaction des quotidiens locaux on préparait les grands titres de l'édition du matin où serait annoncé PERPÈTE POUR BEMBENEK. Dans son enscmble, la presse de Milwaukee déclarerait que justice avait été faite.

Mais un chroniqueur du *Milwaukee Journal* sous-entendrait que son seul crime avait été sa beauté. Pour Joel McNally, le procès de Lawrencia Bembenek avait été avant tout un spectacle purement visuel et à l'avenir les journalistes chargés de la rubrique judiciaire ne devraient pas omettre de décrire la tenue vestimentaire des inculpés et de préciser s'ils avaient été auparavant officier de police, vigile, mannequin, « Bunny » ou moniteur d'aérobic.

Le public critiquait les médias et la justice. Des gens écrivaient aux journaux et téléphonaient aux stations de radio pour se dire indignés par cette parodie de justice. Des femmes écrivains qui s'étaient intéressées aux procès conduits par le juge Skwierawski reprochaient à cet homme d'être misogyne.

Les responsables municipaux, maire et chef de la police inclus, s'abstinrent prudemment de tout commentaire mais leurs électeurs ne leur permettraient pas d'oublier l'affaire Bembenek.

Pendant que Kramer et ses assistants se congratulaient, Eisenberg décida d'aller boire un verre. Il disait qu'il interjetterait appel dans les plus brefs délais. Les parents de Laurie rentrèrent chez eux et s'enfermèrent dans leur maison.

Fred Schultz était assis devant la porte et parlait à un journaliste.

– Qui a fait ça ? Qui sait... qui sait ? Pas moi, en tout cas, déclara-t-il.

Puis il se plaignit des frais entraînés par ce procès. Plus de cinquante mille dollars.

– Tout ce que j'avais gagné à la sueur de mon front. Tout ce que possédaient ses parents.

Il se déclara ulcéré par le verdict.

– Peu importe si je dois attendre un an, ou deux, mais je serai là quand elle sortira de prison. Nous serons simplement un peu plus âgés lors de nos retrouvailles.

Les jurés firent eux aussi des commentaires sur leurs délibérations. Cinq femmes avaient immédiatement été convaincues de la culpabilité de l'accusée. Il y avait eu ensuite de longues discussions. Il fallait tenir compte de ce revolver. Seule Laurie avait pu s'en emparer. Le témoignage du détective Durfee avait lourdement pesé dans leur décision. N'avait-il pas déclaré que peu après le meurtre Laurie et Fred s'étaient isolés pour se faire des confidences ?

Certains jurés avaient en outre été choqués de la voir porter une tenue aussi stricte pour venir à la barre, ou par son refus d'avoir des enfants. Qui aurait pu dire de quoi était capable une femme à ce point privée de fibre maternelle ?

Le lendemain de son arrivée à Taycheedah, Laurie crut qu'elle était morte et se retrouvait en enfer.

Elle douta de l'existence de Dieu après avoir passé seulement quelques heures dans sa cellule. S'il y avait eu un Etre suprême, eût-il laissé se produire de pareilles injustices ?

Le matin de sa première journée d'incarcération, Lawrencia Bembenek envisagea de se suicider. Elle suivit du regard une canalisation installée au ras du plafond. Elle aurait pu déchirer le drap en bandes et les tresser pour confectionner une corde. La mort l'eût délivrée de ses tourments. Mais elle pensa à ses parents. Ils avaient déjà été profondément blessés et elle ne voulait pas leur porter le coup de grâce.

Ici, elle n'avait rien à faire, personne à qui parler. Elle avait amplement le temps de s'apitoyer sur son sort. Chaque matin elle entendait ouvrir la porte de sa cellule puis annoncer :

– Il est 6 heures. Vous voulez un petit déjeuner, Bembenek ?

– Non, merci, répondait Laurie sans se lever.

Vingt minutes s'écoulaient et la porte se rouvrait sur une autre gardienne qui demandait :

– Plateau.

– Je n'ai pas pris de petit déjeuner.

Une demi-heure plus tard les clés tintaient à nouveau.

– Douche.

L'eau était glacée, naturellement.

Ensuite on lui remettait un balai ainsi qu'un seau et –

en jean trop ample, sweat-shirt gris, chaussettes blanches et vieilles tennis – elle lessivait le sol de sa cellule. Puis il ne lui restait qu'à attendre la fin de la journée.

Au début, des gardiennes venaient la voir par simple curiosité et des détenues s'arrêtaient sous sa fenêtre.

– C'est la flic qui est là-dedans ? se demandaient-elles.

Laurie était surprise par le comportement des gardiennes. Les unes faisaient respecter les règlements à la lettre alors que d'autres étaient plus conciliantes.

Son impatience d'avoir des nouvelles de sa famille lui fit découvrir les méandres de la bureaucratie carcérale. Il fallait remplir des formulaires, que ce soit pour être autorisée à téléphoner, recevoir des visites ou bénéficier de soins médicaux.

Une gardienne lui apprit que les nouveaux arrivants pouvaient voir leur famille après soixante-douze heures d'incarcération. Laurie écrivit à ses parents, à Fred et à Eisenberg.

Taycheedah était la seule prison pour femmes du Wisconsin et sa population était disparate. On y trouvait aussi bien des mères de famille coupables d'avoir tiré des chèques sans provision pour boucler leurs fins de mois que des droguées et des meurtrières. En 1982 les lieux étaient surpeuplés et ne correspondaient plus aux normes, tant fédérales que locales. Plus de deux cents détenues s'entassaient dans des installations prévues à l'origine pour seulement cent vingt-six femmes.

Par la petite fenêtre de sa cellule Laurie voyait une ferme et une grange au-delà de l'enceinte de la prison. Elle restait à contempler le paysage pendant des heures. La nuit, elle aimait voir scintiller les lumières de la ville la plus proche, Fond-du-Lac. Elle souffrait de claustrophobie et n'avait plus d'espoir.

Elle découvrit bientôt que les règlements de la prison n'étaient pas immuables. Elle se cassa une dent en mordant dans un sandwich et demanda à un gardien un formulaire de visite dentaire. Elle n'avait adressé la parole à personne depuis des jours et elle lui confia :

– Je suis impatiente de voir ma famille. Mes parents viendront demain.

– Les visites ne sont autorisées qu'après la fin de la quarantaine médicale, lui dit-il. Vous devrez attendre encore une semaine.

– Mais une gardienne m'a parlé de soixante-douze heures !

– Désolé. Ces dispositions ont été modifiées il y a peu.

– J'ai écrit à ma mère et à mon père pour leur annoncer qu'ils pourraient me voir. Ils vont venir de Milwaukee pour rien !

Mais les règlements changeaient si souvent que même ceux chargés de les faire respecter ne savaient pas toujours lesquels étaient actuellement en vigueur.

Laurie commença à recevoir des centaines de lettres d'habitants du Wisconsin et d'autres Etats. Tous étaient convaincus de son innocence. Fred écrivit pour l'informer qu'ils avaient fondé une association chargée de récolter des fonds pour régler les frais de procédure. Il précisait qu'il comptait parcourir à petites foulées la centaine de kilomètres séparant Milwaukee de Taycheedah dans le but de faire connaître leur initiative.

Cette opération que Laurie avait appelée « Courons pour Bambi » rapporterait environ deux mille huit cents dollars, mais il sentit ses chevilles « céder » après seulement une trentaine de kilomètres et ce fut au pas qu'il arriva avec quelques amis et deux de ses frères devant les grilles de Taycheedah. Il fut autorisé à voir Laurie et à rester près d'elle pendant deux heures.

A sa sortie, il déclara aux journalistes regroupés à l'extérieur qu'il avait pu l'embrasser mais que :

– Comme vous pouvez le constater, on ne m'a pas autorisé à la ramener à la maison.

Quand Laurie reçut finalement une lettre de ses parents, elle pleura à nouveau. Sa mère lui expliquait qu'ils s'étaient précipités à la maison d'arrêt pour lui apporter un manteau et l'embrasser, mais qu'elle avait entre-temps été transférée à Taycheedah.

« Ils étaient impatients de nous séparer, ma chérie », écrivait Virginia.

Laurie garderait longtemps cette lettre collée sur sa poitrine pendant la nuit. Elle se disait que s'il avait été possible de mourir de chagrin, elle n'aurait plus été de ce monde. Tant que je vivrai rien ne pourra atténuer ma souffrance, pensait-elle. J'accueillerais la mort avec joie, mais je me raccroche à la vie pour vous, rien que pour vous.

A la fin de sa quarantaine médicale, Laurie fut transférée à un autre étage du même bâtiment et on l'informa que ses parents et son avocat l'attendaient au parloir. Avant de pouvoir les rencontrer elle fut conduite auprès de la gardienne-chef, Nona Switala.

– Alors, est-ce aussi pénible que vous l'aviez supposé ? lui demanda Switala.

– Oui.

– C'est normal, pendant la phase d'adaptation.

Elle lui apprit qu'ils recevaient chaque jour des douzaines d'appels téléphoniques de journalistes qui souhaitaient l'interviewer.

– Si vous ne voulez pas être importunée, je ferai en sorte qu'on vous laisse tranquille.

Laurie répondit qu'elle ne désirait voir aucun représentant des médias et fut conduite au parloir. Fred était également présent. Il l'étreignit et voulut lui donner un baiser passionné. Gênée, Laurie le repoussa.

Eisenberg l'informa qu'il s'était entretenu avec le chef du jury qui lui avait appris que les jurés avaient été divisés au début des délibérations.

– Cette femme avait visiblement une dent contre vous. Elle a fait basculer plusieurs indécis dans le camp de ceux qui vous croyaient coupable, dit-il.

Il précisa qu'il préparait une interjection en appel mais que la procédure durerait au moins six mois.

Par ailleurs, Skwierawski avait refusé une demande de mise en liberté provisoire jusqu'à cette décision de justice.

– Je ne tiendrai jamais aussi longtemps, dit-elle.

– Vous savez une chose ? Il existe une justice divine. Annette Wilson, la femme qui a déclaré sous serment que vous aviez volé un jogging vert au Boston Store... Eh bien, elle a été virée. Son supérieur, Scott Nicholson, m'a téléphoné pour me dire qu'elle avait menti. Il a proposé de nous le confirmer par écrit.

La prison avait ses règles, mais lorsqu'elle dut se mêler au reste de la population carcérale, Laurie en découvrit bien d'autres. Elle prit son premier repas hors de sa cellule avec trois Noires qui lui demandèrent :

– Tapin ?

– Excusez-moi ?

– Fauche ?

– Non.

– T'as passé l'E.O. ?

– Non.

Laurie savait qu'elle se référait à l'entretien d'évaluation et d'orientation.

– Et toi, t'es là pour quoi ? demanda Laurie en ayant l'impression de jouer dans un film policier.

– Coups et blessures.

Elle apprit rapidement le jargon des détenues. D.L. signifiait date de libération. Les cerfs-volants étaient les lettres qu'elles se passaient illégalement. « Seg » voulait dire période d'isolement. Elle vivait désormais dans un autre monde.

Sa nouvelle cellule de douze mètres carrés était située au troisième niveau du bloc Addams et dotée d'un bureau et d'un lit métallique. Il y avait au mur un panneau d'affichage et les prisonnières pouvaient écouter une station de radio qui ne passait que de la musique country western.

Les gardiennes faisaient respecter une règle interdisant de s'asseoir sur un lit lorsqu'il était fait. Il fallait donc retirer le couvre-lit pour s'y installer mais un autre règlement interdisait de sortir de sa cellule si le lit était défait.

Les détenues ne disposaient pas d'une cuvette hygiénique mais de simples pots de chambre fermés par un couvercle. Les normes d'hygiène n'étaient pas respectées, dans ces locaux vétustes, et les fonds manquaient pour rénover les lieux.

Laurie découvrit très vite que les règlements interdisant les pratiques homosexuelles n'étaient pas mis en application. Sans doute parce que de nombreuses gardiennes étaient elles-mêmes lesbiennes. Bien des femmes se choisissaient une compagne afin de combattre la solitude. Laurie fit clairement comprendre à son entourage qu'elle n'était pas intéressée. Elle appartenait à une minorité.

On trouvait de tout, à Taycheedah. Des femmes musclées et masculines et des petites filles perdues. Laurie fut surprise de voir autant de handicapées mentales. Et de handicapées physiques qui se déplaçaient avec des béquilles ou en fauteuil roulant.

La plupart purgeaient de courtes peines pour faux et

usage de faux, vols ou crimes liés à la drogue. Il y avait aussi des condamnées à perpétuité, comme elle. Certaines de ces femmes avaient tué leur mari ou leurs enfants. Ce qui surprenait le plus Laurie, c'était l'inégalité des sentences. On pouvait écoper cinq ou vingt-cinq ans de prison pour le même crime. Rien de tout cela ne semblait obéir à la moindre logique.

La drogue était omniprésente, ici. Les femmes en apportaient dans toutes leurs cavités corporelles. Les gardiennes venaient régulièrement leur demander des échantillons d'urine et si le test était positif la sanction était de trois cent soixante-cinq jours de « seg ». Un an de solitude dans sa cellule.

Laurie s'occupait en écrivant. Elle adressait à Eisenberg des lettres pleines d'espoir.

Elle était toujours convaincue que son avocat démontrerait tôt ou tard son innocence. Il chargeait sa secrétaire de lui répondre, et d'envoyer des douzaines de notes d'honoraires à sa famille et à Fred. Il leur facturait tous ses frais de déplacement, de restaurant et même ses communications téléphoniques. Le total était astronomique et quand Laurie reçut des copies de ses relevés, elle se demanda comment ils pourraient les régler. Eisenberg avait déjà encaissé environ trente mille dollars mais Laurie Bembenek était toujours en prison.

Trois semaines après son arrivée à Taycheedah, elle lui adressa une lettre où se mêlaient ironie, espoir et découragement :

Lundi 22 mars 1982

Cher Don,

J'ai lu l'article vous concernant dans l'Urinoir de Milwaukee (le Milwaukee Journal*) d'hier où on vous qualifiait de diable plein de panache ! Ç'aurait pu* *être pire. J'ai apprécié la justesse du ton quand on vous a fait dire que Sandy vous « tuerait » si elle savait que vous exhibiez fièrement des photos d'elle en Bunny. Etait-ce intentionnel ? Tous mes amis et ma famille l'ont pensé... comme s'il fallait démontrer qu'il est impossible de citer des propos sarcastiques hors de leur contexte. Mais dans l'ensemble votre portrait était assez fidèle.*

Hier, un journaliste a eu l'audace de comparer Taycheedah à un country club, un collège privé ou un club de vacances ! Il va de soi que des imbéciles ont immédiatement écrit pour se plaindre que leurs impôts aient pu servir à loger dans un cadre si luxueux un ramassis de meurtriers et de voleurs ! Des étudiantes de l'université Marquette ont même demandé si elles ne pourraient pas obtenir un dortoir dans cet établissement. J'avoue que ça m'a vraiment mise en rogne ! Le parti pris du Journal *m'exaspère ! Enfin, il y a aussi les lettres d'encouragement que m'adressent des gens conscients de la misogynie de Skwierawski. Une de ses anciennes sténographes voulait faire circuler une pétition réclamant son renvoi. Je ne saurais dire à quel point je regrette qu'elle ne soit pas passée aux actes ! Je me demande ce que sa mère a bien pu lui faire quand il était petit.*

J'ai chargé Fred de vous retransmettre une lettre d'Horenberger... trop lourde de fiel, à mon humble avis. Mais nous devons absolument obtenir une révision du procès ! C'était une parodie de justice ! Ce magistrat n'aurait pas dû nous interdire de présenter la preuve qu'un parjure avait été commis ! J'espère que le prochain juge comprendra que Skwierawski nous a empêchés de bénéficier d'un procès équitable. Nous devons mettre l'accent sur tout ce qui se rapporte à l'arme... qui a pu s'en emparer, les possibili-

tés de substitution, etc. Les jurés ont reconnu qu'ils m'ont déclarée coupable à cause de cette pièce à conviction... sans tenir compte de ce qui sautait pourtant aux yeux ! Mais j'ai su dès le début que toutes ces bonnes femmes ne pouvaient pas me sentir !

Un certain Clay Lampe de Waupun m'a écrit pour me fournir une information que je vous retransmets en vous laissant seul juge de son intérêt. Il connaît Tom et Judy et croit me faire une révélation, mais il se contente de répéter les propos d'Horenberger en agrémentant le tout de quelques termes injurieux. Je vous ferai parvenir ses lettres. Dans la première il déclare que Fred lui a donné sa chance il y a longtemps. La seule inexactitude, c'est qu'il dit m'avoir rencontrée. Il doit me confondre avec une amie de Judy qui s'appelait elle aussi Laurie et était également blonde.

A quoi bon sanctionner le parjure dès l'instant où on ne permet pas à ceux qui en sont victimes d'en apporter les preuves ?

Si nous obtenons gain de cause, pourrai-je bénéficier d'un nouveau procès, devant un nouveau juge et un nouveau jury ?

Eh ! Savez-vous ce qui est arrivé à cette salope du Boston Store ? Je parle du témoin à charge que l'accusation a sorti au dernier moment de sa manche. Elle a été virée ! L'autre vigile, Scott, l'a traitée de menteuse et a précisé que je n'avais jamais été soupçonnée de vol.

J'ai également appris que ma cousine Maria Bembenek est une amie de la vendeuse de perruques qui s'est intéressée à moi après avoir lu mon nom dans les journaux. Elle ne serait jamais venue témoigner si un flic qui était par hasard dans sa boutique (la veille de sa convocation) ne l'avait pas entendue parler de moi et ne l'avait pas signalé à ses supérieurs.

Mon moral est meilleur depuis que je peux voir mes parents et sortir de ma cellule pour prendre mes repas, aller à la bibliothèque, etc. Après trente jours de détention il me sera possible de travailler ou de reprendre mes études. Ça m'occupera l'esprit. Ce que je redoute le plus, c'est l'ennui.

Mes parents doivent repartir pour l'Oregon, où ils ont laissé quelques affaires.

Votre ex-cliente Barbara Hoffman se retrouve au trou. J'ignore ce qui s'est passé. Je ne l'ai pas revue depuis que vous me l'avez présentée.

Je compte poster ceci dès que j'aurai pu me procurer des timbres.

Affectueusement,

Bambi

P.-S. *On m'a fait passer une série de tests mais je n'ai pas réussi à faire entrer la cheville carrée dans le trou circulaire !*

En avril, un mois après son arrivée à Taycheedah, Laurie fut transférée dans un Q.H.S. où elle partagea sa cellule avec une codétenue, Laura, qui avait été condamnée à trois ans pour faux et usage de faux. Les deux femmes découvrirent qu'elles avaient grandi dans le même quartier. Leur cellule mesurait deux mètres cinquante sur quatre et elles disposaient d'une cuvette hygiénique, un luxe accordé aux prisonnières après qu'un groupe de détenues eurent porté plainte contre l'Etat.

Des gardiennes fouillaient régulièrement les cellules et quand Laurie et Laura revenaient de déjeuner il leur arrivait fréquemment d'y trouver un désordre indescriptible et leurs vêtements éparpillés sur le sol.

Quand Laurie comparut finalement devant la Commission d'évaluation et d'orientation, elle demanda à suivre un programme éducatif de deux ans.

– En raison de la durée de votre peine vous ne pouvez en bénéficier à ce stade, s'entendit-elle répondre.

Les membres de la commission lui expliquèrent qu'il serait inutile de lui faire suivre deux années de cours dès l'instant où elle devrait ensuite « attendre au moins dix ans » pour mettre en pratique ce qu'elle aurait appris. Elle ne pourrait en effet solliciter une mise en liberté conditionnelle avant 1993. Ils lui laissèrent le choix entre travailler dans les cuisines, la blanchisserie ou les services de nettoyage. Elle opta pour les cuisines où elle récurerait des casseroles et éplucherait des pommes de terre.

Laurie gagnait désormais quinze cents de l'heure et travaillait chaque jour de 5 heures du matin à 1 heure de l'après-midi.

Un soir de mai, Laurie et Laura étaient couchées et discutaient dans la pénombre. Elles avaient entrebâillé la fenêtre de quelques centimètres pour aérer les lieux.

– C'est étrange, dit Laurie. Mais j'épluchais des patates et leur odeur m'a rappelé la maison. Ça t'arrive ?

– Bien sûr, répondit Laura. Ce sont les choses les plus simples qui manquent le plus, quand on est ici. Pouvoir répondre au téléphone.

– Conduire une voiture.

– Lancer un raid contre le frigo !

– S'asseoir dehors à la nuit tombée. J'adorais m'installer sous la véranda, les soirs d'été... humer l'odeur des lilas... écouter les grillons...

– La sensation qu'on éprouve quand on palpe un billet de banque !

– De quoi parlons-nous, au juste ?

– Hein ?

– Qu'est-ce qui nous manque le plus ? Et ne me réponds pas que ce sont les hommes !

– Quoi, alors ?

– Pourquoi n'avons-nous pas parlé de l'intimité ? On lit nos lettres d'amour, nous devons demander une autorisation pour nous déplacer ! Nos affaires et nos corps sont fouillés... Seigneur ! Que j'aimerais vivre dans un monde sans fouilles corporelles, sans talkies-walkies qui gueulent constamment, sans gardiennes qui font des rondes et qui braquent le faisceau de leur torche dans nos yeux à chaque heure de la nuit !

– Tu as raison.

– Intimité ! Voilà le mot que je voudrais hurler sur les toits. Voilà ce qui me manque le plus.

28

Les couleurs de la vérité

Dans les interviews qu'il accordait aux journalistes Fred affirmait toujours qu'il attendrait Lawrencia Bembenek jusqu'à la fin des temps. Mais pour lui l'éternité se résumait à un trimestre.

Quand des amis l'informèrent que Fred jouait au mari modèle mais sortait avec d'autres femmes, Laurie refusa de les croire. Elle ne commença à prêter crédit à leurs propos que lorsqu'elle remarqua que ses parents s'abstenaient de venir la voir lorsqu'ils savaient que Fred serait également présent.

Sa mère lui apprit que son mari dépensait beaucoup d'argent et découchait chaque soir, alors que Laurie avait décidé de porter la tenue de la prison pour faire des économies sur le plan vestimentaire et apporter ainsi sa modeste contribution au règlement des frais de justice. Virginia ajouta qu'il venait d'acheter de nouvelles enceintes pour sa chaîne hi-fi et de renouveler sa garde-robe.

Son père, qui travaillait avec Fred, déclara que la situation devenait intolérable.

– Il se tourne les pouces et ça m'exaspère. Nous décidons de nous mettre au boulot à 8 heures. Je me lève, je me douche et je m'habille pendant qu'il prend son petit déjeuner. Mais quand je suis prêt il est plongé dans la lecture du journal et je dois charger seul le pick-up.

Deux heures plus tard, Fred n'était toujours pas arrivé sur le chantier :

– La plupart du temps il vient me rejoindre à 2 heures de l'après-midi et la journée est fichue. J'ai essayé de lui faire entendre raison, mais ça ne sert à rien.

– Il joue la comédie, dit sa mère. S'il m'arrive de lui reprocher quelque chose, il s'énerve et on ne peut plus rien en tirer.

Son père précisa que Fred avait beaucoup changé depuis qu'elle était en prison. Cet homme l'exaspérait, alors qu'il l'avait trouvé au début assez sympathique.

– Et si tu ne l'avais pas rencontré tu ne serais pas ici, conclut Mme Bembenek.

Mais le 19 avril 1982, Fred adressa à Eisenberg une lettre dans laquelle il disait aimer Laurie et implorait l'avocat de trouver le véritable meurtrier de Christine. Il le remerciait pour son amitié et sa ténacité. Il se qualifiait « d'homme simple » qui n'avait d'autre désir que de passer toute son existence au côté de sa femme. Il ne recherchait ni la richesse ni la célébrité, même s'il reconnaissait qu'il eût souhaité disposer d'un peu plus d'argent. Il promettait de faire tout son possible pour obtenir la libération de Laurie.

Fred ajoutait : « Vivre loin de Bambi est pour moi de plus en plus pénible. » Mais il l'aimait tant qu'il patienterait jusqu'à ce qu'elle pût bénéficier d'une mise en liberté conditionnelle, autrement dit onze ans.

Il terminait sa lettre en demandant à Eisenberg de lui téléphoner lorsqu'il serait de passage à Milwaukee afin qu'ils puissent aller « boire quelques verres » et « Bon sang ! Faire éclater la vérité ! ».

Quand Fred vint la voir, Laurie lui parla des accusations que ses parents avaient portées contre lui et exigea des explications. Il affirma qu'il n'aurait même pas eu de quoi payer ses shampooings et ses timbres. Elle lui avait demandé de lui apporter une photo où ils étaient ensemble, mais il avait une fois de plus oublié.

Fred téléphonait très souvent en Floride et faisait facturer tous ses achats de bois au père de Laurie. Quand elle lui parla de ses dépenses, tant professionnelles que personnelles, il rétorqua avec colère :

– Il faut bien que je décompresse un peu de temps en temps ! Je suis dans une prison, moi aussi.

Elle en fut outrée. Il avait fait débiter des dîners et des vêtements coûteux sur la carte Visa de Laurie, qui recevait les relevés en prison.

– Ne me dis plus jamais ça ! gronda-t-elle. Juste après m'avoir raconté que tu as fait du ski nautique avec ton copain George Marks et que tu es allé à une soirée d'anniversaire puis dans une boîte de nuit, tu as le culot de me débiter des conneries pareilles ? J'aimerais bien être dans une prison aussi dorée que la tienne, crois-moi !

Des amies de Laurie le virent en compagnie d'une fille de dix-huit ans qui ressemblait à « lady Di ». Quand il revint la voir et qu'elle remarqua un bracelet en or à son poignet, il déclara que c'était « un cadeau ».

La première semaine de juin, il passa lui annoncer qu'il allait partir pour la Floride. Il espérait entrer dans la police de Miami.

Au fond, Laurie fut soulagée d'apprendre son départ. Il voulait emporter le lit, les vêtements, les valises et le chien de Laurie, mais les Bembenek s'y opposèrent. Il s'appropria malgré tout un grand nombre d'objets qui appartenaient à sa femme.

Juste avant son départ, Fred fut interviewé par un journaliste du *Milwaukee Sentinel*. Il refusa de préciser où il comptait s'installer puis déclara :

– J'espère que la police de Miami ne tiendra compte que de ma valeur, pas de la femme que j'ai épousée.

Quand il téléphona de Floride à Laurie, il lui annonça qu'il passait son temps à nager et jouer au tennis. Il n'avait pu entrer dans la police, s'ennuyait et se retrouvait à court d'argent.

La semaine suivante il lui rendit une visite inopinée. Il était très bronzé, avait laissé pousser ses cheveux et portait un T-shirt rouge et un minuscule short en satin assorti. Quand il expliqua à Laurie qu'il avait pris l'avion, elle lui demanda où il s'était procuré l'argent nécessaire.

– J'aurais dépensé la même somme en restant sur place, répondit-il.

– Comment ça ?

– En nourriture et carburant.

– Tu aurais fichu en l'air trois cents dollars de bouffe et d'essence ?

– J'ai tapé ma mère de cent dollars. Je n'ai donc eu à en débourser que deux cents. Et j'ai quatre chantiers prévus pour la fin de la semaine.

– Tu jettes ton fric par les fenêtres.

– Je te soupçonne de ne plus m'aimer.

– Je te l'écris chaque jour, ça ne te suffit pas ?

– La qualité compte plus que la quantité.

– Tu te réfères au contexte ?

– N'emploie pas tes grands mots avec moi, hurla Fred. Je ne suis plus un gosse.

– Que voudrais-tu, alors ? Que je t'écrive des poèmes ?

– Ne sois pas sarcastique. Tu te fiches de moi !

– Tu manques de confiance en toi et tu es bien trop exigeant.

– Tu essaies de te défiler.

– Certainement pas. J'ignore ce que tu attends de moi.

– La vie est dure, loin de toi.

Il précisa qu'il aurait demandé le divorce le jour de son inculpation, s'il ne l'avait pas aimée.

– J'ai parfois l'impression que je ne sers qu'à régler les honoraires de ton avocat, ajouta-t-il. Pour toi, j'ai tout perdu, ma maison, mes gosses, mon travail...

– Tais-toi, Fred, tais-toi pour l'amour de Dieu ! Mes parents ont hypothéqué leur maison pour verser trente mille dollars à Eisenberg, alors que tu n'as rien déboursé ! J'aimerais savoir de quoi tu parles. Le jour où je t'ai rencontré tu avais déjà dû renoncer à ta foutue baraque et à tes mômes, et tu t'étais déjà grillé auprès de tes supérieurs... alors, ferme-la !

Finalement, Fred se leva et l'embrassa au sommet du front.

– Dommage, j'aurais pu te donner tant d'amour.

Il se détourna et sortit du parloir. Moins de trois jours plus tard il lui téléphonait pour implorer son pardon, mais elle le surprit à nouveau en flagrant délit de mensonge. Elle lui demanda d'envoyer un peu d'argent à ses parents qui avaient des difficultés financières et il rétorqua qu'il était sans un sou. Or Laurie savait que son père lui avait envoyé pour des milliers de dollars de chèques en règlement des travaux qu'ils avaient effectués ensemble. Fred avait également dit à Laurie qu'il venait de toucher douze mille dollars d'une assurance sur la vie.

– Et cette assurance ? Tu ne devais pas encaisser un gros paquet ?

– Oh, ça ? C'était une erreur. Une police au nom de mon père. Un simple quiproquo.

Puis elle apprit par ses parents que les chèques qu'il leur avait remis en règlement de ses factures étaient sans provision et qu'il avait encaissé un remboursement de trop-perçu d'impôt sur le revenu lui étant destiné en imitant sa signature.

En juillet 1982, cinq mois après son incarcération, son mari lui adressa une lettre remarquable de concision :

« Bonne chance. Adieu. »

Laurie ne le reverrait jamais, mais il reviendrait parfois à Milwaukee sans avertir ses fils ou sa famille. Laurie écrivit à Eisenberg pour lui faire part de son intention de divorcer.

Son avocat lui conseilla d'attendre. Il craignait que cela ne pût compromettre leurs chances d'obtenir la révision de son procès.

Eisenberg interjeta appel le même mois. Il fondait sa demande sur le fait que le juge Michael J. Skwierawski avait enfreint son obligation d'impartialité et pris constamment le parti de l'accusation lors des audiences. Il précisait que le D.A. avait « eu un comportement inadmissible » en faisant allusion à des éléments qui ne figuraient pas dans le dossier et concluait qu'en raison de nombreux témoignages contestables il convenait de revenir sur la condamnation de sa cliente.

Laurie était optimiste, elle croyait encore ce que lui disait Eisenberg. C'était l'espoir de recouvrer sous peu la liberté qui lui permettait de se raccrocher à la vie.

En octobre, elle demanda à nouveau à son avocat d'intenter une action en divorce. Des amis avaient rencontré son mari et sa maîtresse à Milwaukee. Fred leur avait confié qu'il n'avait pas l'intention de réclamer la garde de ses enfants.

« Vous m'avez conseillé d'attendre la décision de la cour d'appel mais ce salopard utilise entre-temps ma carte de crédit pour aller au restaurant et s'acheter des toilettes ! écrivit-elle. Et il essaie de se donner le beau rôle en disant que j'ai gâché son existence ! J'aimerais pouvoir révéler au monde entier ce qu'il me fait subir !

Je souffre de mon impuissance alors qu'il se pavane et dresse les gens contre moi. Que puis-je faire ? N'est-il pas possible d'invoquer l'adultère ? Je suis si blessée et frustrée. Je voudrais qu'il soit ici à ma place. Ce ne serait que justice ! »

En octobre, Laurie fut la première condamnée à perpétuité de Taycheedah à être autorisée à suivre des cours de l'enseignement supérieur dans le cadre du programme extérieur de lettres d'une université locale. Elle passait désormais de nombreuses heures à la bibliothèque de la prison, tant pour étudier que pour chercher des réponses à ses problèmes légaux.

Laurie quitta le Q.H.S. et commença à suivre les cours tout en continuant de faire des travaux de nettoyage et d'aider dans les cuisines. Elle essayait d'oublier qu'elle risquait de passer dix ou vingt années de sa vie à Taycheedah pour un crime qu'elle n'avait pas commis.

29

Injustice

La deuxième semaine de février 1983, la cour d'appel du Wisconsin confirma l'arrêt du tribunal criminel. Elle estimait qu'il n'y avait pas eu vice de procédure, tant lors de l'audience préliminaire que du procès, et que la fouille du placard de Lawrencia Bembenek à l'université Marquette après son arrestation ne pouvait être considérée comme illégale.

Elle rejetait en outre les plaintes portées par Eisenberg contre le D.A. et le juge.

Laurie en fut atterrée. Elle avait espéré bénéficier d'un nouveau procès et recouvrer sa liberté. Donald Eisenberg n'avait tenu aucune de ses promesses.

Laurie céda au désespoir. Elle n'avait plus aucun avenir à attendre au bout de ces journées et de ces nuits interminables. Elle se répétait sans cesse que rien de tout cela ne lui serait arrivé si elle n'avait pas rencontré et épousé Elfred Schultz.

Son mari était retourné en Floride, et quand il fut informé des conclusions de la cour d'appel il déclara à qui voulait l'entendre que la place de Laurie était en prison.

Après avoir proclamé sa dévotion et sa loyauté envers elle, il avait brusquement changé d'avis. Il venait de comprendre que Laurie Bembenek était l'assassin de Christine.

– Elle a tué une femme que j'ai aimée, que j'aime encore et que j'aimerai toujours. Elle a en outre essayé d'étrangler un de mes fils.

Cette décision de justice fut commentée par les médias et Fred téléphona à une station de radio de Milwaukee pour dire que si Laurie ne s'était jamais laissée aller à des confidences, elle lui avait tenu des propos troublants avant et après son arrestation. Il ajouta qu'il lui avait envoyé une lettre de rupture, et quand l'animateur lui demanda s'il avait une petite amie il éclata de rire. Mais il finit par reconnaître qu'il n'avait pas à craindre de souffrir de la solitude lorsqu'il revenait à Milwaukee.

Fred déclara encore qu'il était ruiné et vivait dans un dénuement complet. Il travaillait comme contremaître dans une entreprise de construction.

Laurie commençait à se demander, tant en privé qu'en public, si Fred ne savait pas beaucoup plus de choses qu'il ne l'avait déclaré. Elle commençait également à douter de la probité de son avocat.

– Fred a collaboré avec Eisenberg pour organiser ma défense, et s'il n'est pas étranger au meurtre de son ex-femme, qui peut savoir s'ils n'ont pas sciemment dissimulé certains faits ? dit-elle à sa mère.

Elle décida d'étudier elle-même les aspects légaux de l'affaire et en mars 1983, après avoir passé des heures dans la bibliothèque de la prison, elle adressa à Eisenberg une liste de questions.

Elle voulait savoir pourquoi il n'avait pas fait citer des témoins importants pendant l'audience préliminaire, pourquoi il ne s'était pas renseigné sur les douze mille dollars de cette police d'assurance, pourquoi il n'avait pas insisté pour faire comparaître Horenberger et démontrer ainsi que Judy Zess s'était parjurée. Elle lui demandait aussi s'il avait vérifié l'alibi de Fred la nuit du meurtre et par quel moyen elle pourrait se faire rembourser au moins une partie de l'argent que cet homme lui avait volé.

Pendant qu'elle attendait une réponse, elle suivait ses cours, écrivait des poèmes, faisait des dessins pour égayer les murs du parloir et répondait à son courrier. La population de Milwaukee n'avait pas oublié l'ex-flic qui passait les plus belles années de sa vie en prison. Sitôt qu'on reparlait de l'affaire à la télévision ou dans les journaux, Laurie recevait un monceau de lettres de soutien ainsi que quelques dons.

De nombreux Américains moyens qui s'interrogeaient sur le système judiciaire de leur pays écrivaient également au D.A. Michael McCann pour lui parler de leurs inquiétudes. « Si une telle chose a pu arriver à cette femme, ça risque de m'arriver aussi. »

Le 20 avril Virginia adressa un courrier à Eisenberg pour lui faire part de la déception que leur inspirait son travail. Les Bembenek étaient ruinés et désespérés. Elle lui reprochait sa lenteur et le fait qu'il attendait désormais plusieurs jours avant de répondre à leurs coups de fil.

« Nous avons le cœur brisé chaque fois que nous voyons Laurie, écrivait-elle. Sous un masque de calme et d'assurance elle est fragile et vulnérable. »

Mme Bembenek implorait de faire quelque chose car elle ne pensait pas que sa fille pourrait supporter dix années d'incarcération.

Deux mois après le rejet de l'appel, la Cour suprême de l'Etat annonça qu'elle refusait de se pencher sur cette affaire et n'accompagnerait sa décision d'aucun commentaire. Laurie ne l'apprit pas par son avocat mais par une tierce personne.

Eisenberg lui avait demandé de se soumettre à un interrogatoire pendant lequel sa voix serait analysée. Il savait que les tribunaux déclaraient irrecevables les résultats des tests d'un détecteur de mensonges, mais la méthode était différente et il espérait obtenir gain de cause. Le principe était le même dans les deux cas mais c'était en étudiant les intonations de la voix que le spécialiste tirait ses conclusions. Un examinateur agréé demanda à Laurie si elle avait tué Christine Schultz ou si elle détenait des informations sur le meurtre.

Les résultats démontrèrent que Lawrencia Bembenek était innocente de l'assassinat de Christine Schultz et ignorait ce qui s'était passé.

Deux interjections en appel avaient été rejetées mais elle pourrait encore s'adresser à la Cour suprême des Etats-Unis s'ils réussissaient à démontrer qu'il y avait eu des vices de procédure lors du procès.

Elle informa Eisenberg que des amies du Boston Store avaient vu Judy Zess et Tom Gaertner dans ce magasin.

« Ça signifie que Tom a déjà été libéré sur parole, et donc que le D.A. a tenu ses engagements envers eux », conclut-elle.

Le mois suivant elle demanda à travailler pendant l'été dans l'équipe de maintenance extérieure. Elle pensait que prendre l'air lui serait salutaire.

Le psychologue de la prison lui dit de ne pas entretenir trop d'espoirs car des responsables de ce centre de détention la considéraient comme potentiellement dangereuse depuis le rejet de ses appels.

Eisenberg décida alors de présenter à E. Michael McCann tous les faits découverts depuis la fin du procès. Selon l'avocat, McCann était un *prosecutor* intègre.

Lors de leur entretien, McCann lui promit de prendre en considération tous ces nouveaux éléments.

Bill Watson, l'enquêteur engagé par Eisenberg, suivait toujours diverses pistes. Après avoir rencontré Elaine Samuels, le médecin légiste qui avait été cité comme témoin lors du procès, il communiqua à l'avocat une information d'une importance capitale. Le 10 août 1983, Samuels rédigea une attestation sur l'honneur de trois pages, un document qui aurait dû en toute logique permettre d'obtenir la libération de Lawrencia Bembenek.

Samuels se déclarait troublée par des irrégularités commises dans le cadre de l'enquête sur le meurtre de Christine Schultz. Les services du coroner n'avaient été appelés sur les lieux du crime que deux heures après qu'il eut été perpétré et à leur arrivée le cadavre était déjà dans un sac en plastique, ce qui n'était pas conforme aux usages. Elle ajoutait qu'on avait partiellement délié les mains de la victime, ce qui pouvait avoir détruit des indices.

Elle avait téléphoné pour demander qu'un policier vînt assister à l'autopsie mais n'avait vu personne. « C'était bien la première fois », écrivit-elle. Au cours de l'autopsie elle avait effectué des prélèvements de poils bruns et de fibres textiles, mais d'aucun poil blond ou roux. Tous les cheveux étaient identiques à ceux de Christine Schultz. Et si au cours du procès le D.A. lui avait attribué la découverte de cheveux blonds, cette information était erronée.

« Je ne trouve aucune explication à leur présence dans

une enveloppe qui ne les contenait pas lorsque je l'ai scellée. »

Elle avait été citée comme témoin dans trois cent cinquante procès criminels et s'il lui était déjà arrivé d'avoir des doutes quant au bien-fondé d'une décision de justice, elle était cette fois fermement convaincue qu'il s'agissait d'une erreur judiciaire. « J'ignore qui a commis cet homicide, précisa-t-elle, mais je sais que ce n'est pas Lawrencia Bembenek. »

Quand les journaux parlèrent de la déclaration de Samuels, plus de seize cents personnes signèrent une pétition pour réclamer la réouverture du dossier.

Mais McCann se préoccupait pour l'instant d'assurer sa nomination à un poste plus élevé et il se contenta de déclarer qu'il se pencherait sur la question le plus rapidement possible.

En septembre, Laurie décida de s'adresser personnellement à cet homme. Dans une lettre de trois pages elle lui posait de nombreuses questions et exposait ses opinions. Elle disait que le procès n'avait pas été équitable et que le juge Skwierawski avait autorisé l'accusation à utiliser des témoignages et des pièces à conviction contestables. La présentation d'une photographie en noir et blanc pour démontrer qu'elle possédait un jogging vert en était un parfait exemple.

Les règles d'éthique avaient été souvent ignorées, au cours de son procès. Kramer s'était référé à des éléments qui ne figuraient pas parmi les pièces à conviction. Entre autres choses, il avait dit qu'une amie de Judy Zess déclarait avoir vu des photos du voyage de noces de Fred et Laurie et remarqué un fil d'étendage de voyage. Mais cette femme n'avait pas été citée à comparaître et aucune photo n'avait été présentée à l'appui de ses dires.

Skwierawski n'avait pas tenu compte du fait que les détectives avaient fouillé son placard de l'université Marquette sans disposer d'un mandat et qu'on n'avait pas respecté les délais de garde à vue lors de sa détention provisoire.

Laurie attendait toujours une réponse à sa lettre quand on l'autorisa à rendre visite à son père qui venait de subir une intervention chirurgicale. Escortée par plusieurs gardiens, elle alla le voir à l'hôpital pendant sa convalescence. Elle put lui parler longuement avant d'être ramenée à Taycheedah.

Puis Judy Zess lui fit un cadeau de Noël inattendu. Dans une déposition d'une heure et demie reçue par Eisenberg le 23 décembre 1983, Zess reconnaissait que la police de Milwaukee avait exercé des pressions sur elle. Eisenberg l'avait contactée après qu'elle eut envoyé à Laurie une carte postale.

Zess déclarait que les policiers lui avaient dicté les termes de sa déposition, en échange de quoi ils s'étaient engagés à aider son mari, Tom Gaertner, alors accusé de trafic de drogue. Au cours de sa déposition, ils avaient en outre isolé des phrases de leur contexte pour leur donner plus d'impact.

– Laissez-moi trouver un exemple, concluait Judy. Quand ils m'ont demandé si je pensais que Laurie avait plaisanté en disant qu'elle voulait « se débarrasser » de Christine, ils ont exigé que je réponde par oui ou par non. Je ne pouvais être catégorique ni dans un sens ni dans l'autre, mais ils voulaient que je leur dise : « Non, je crois qu'elle était sérieuse. »

L'interrogatoire avait été conduit par le lieutenant

Ruscitti qui l'avait poussée à déclarer : « Oui, ce fil d'étendage est le même que celui que j'ai vu chez elle. » Sans lui laisser l'opportunité de préciser que ce n'était pas une certitude absolue et en l'incitant à croire que « le même » était l'équivalent de « ressemblait ».

– Il s'est passé la même chose quand j'ai identifié l'arme de Freddy. Je savais que c'était un .38 Smith & Wesson à canon court, mais pas s'il s'agissait de ce revolver. Ils se ressemblent tous.

Elle ajoutait que les policiers n'avaient couché par écrit que ce qui confirmait leurs hypothèses. Aucun sténographe n'avait été présent pour transcrire ces interrogatoires.

Elle affirmait qu'à sa connaissance Laurie Bembenek n'avait jamais possédé un jogging vert.

Selon Judy, Tom Gaertner aurait pu lui aussi entrer dans l'appartement où se trouvait « l'arme du crime ». Elle avait une clé de la porte et Tom aurait pu l'utiliser ou « la confier à quelqu'un ».

Les flics lui avaient affirmé que Laurie essayait de la faire accuser à sa place. « Diviser pour mieux régner » était une vieille technique de la police.

Ils avaient également fait vibrer une corde sensible. Une sœur de Judy avait été assassinée et le coupable n'avait jamais été trouvé. Ils lui avaient affirmé que sans son témoignage la mort de Christine resterait impunie. En outre, si elle leur disait ce qu'ils voulaient entendre ils avertiraient Tom en cas de rafle de la brigade des stupéfiants.

– Je n'ai dit que la stricte vérité, mais mes propos ont été sortis de leur contexte et des passages ont été mis en évidence pour faire croire que Laurie voulait tuer cette femme alors qu'elle aurait simplement déclaré : « J'aimerais que sa pension alimentaire soit révisée à la baisse. »

Judy pensait en outre que Durfee avait menti en déclarant que Laurie et Fred s'étaient isolés pour discuter après le meurtre.

Elle était convaincue que Fred avait échangé les armes, qu'il détenait la pièce manquante du puzzle.

– Freddy est certainement impliqué dans cette affaire. Si on se demande à qui profite le crime, c'est bien à lui. Le voilà débarrassé de son ex-femme, de ses gosses et de Laurie.

Elle précisait qu'un des jurés faisait partie de ses amis et qu'il aurait dû être en conséquence récusé.

Quand Laurie prit connaissance de la déposition de Judy Zess elle sentit l'espoir renaître. Mille neuf cent quatre-vingt-quatre serait peut-être l'année de sa libération, l'année où la vérité triompherait enfin.

30

L'attente

Ses amis, sa famille et son avocat lui affirmaient que tout finirait par s'arranger mais Laurie perdait à nouveau espoir. Elle supportait mal cette attente.

Pour rendre les journées moins longues, elle les divisait en trois parties séparées par les repas.

– Il est trop destructeur de considérer le temps comme un tout, disait-elle. Il faut vivre jour après jour et heure après heure en évitant de penser à ce que nous réserve l'avenir.

Fin 1983 et début 1984, Laurie était minée par une grave dépression nerveuse. Elle vivait en prison depuis près de vingt et un mois et ne prêtait plus attention à son apparence. Elle se coiffait rarement et ne se regardait jamais dans un miroir. Elle disait à ceux qui s'en étonnaient qu'elle n'était plus « qu'un zombie ».

Elle dut son salut à Mike Levine, un psychologue qu'elle alla consulter sitôt après avoir pris conscience qu'elle pleurnichait et parlait toute seule. Elle était sur le point de perdre la raison.

Laurie n'avait jamais ouvert son cœur à personne.

Même ses parents ignoraient qu'elle était sur le point de craquer. Sans aide, elle eût rejoint les douzaines de détenues qui avaient perdu le fil d'une réalité qu'elles ne se sentaient plus le courage d'affronter.

Levine la compara à une bouteille de soda qu'on avait secouée.

– Il faut que le gaz s'échappe, lui dit-il. Vous devez parler de ce que vous éprouvez. Vous donnez l'impression de tenir le coup, mais c'est faux. Vous êtes sur le point d'exploser.

Laurie se confia à Levine, qui lui fit comprendre qu'il était normal de craquer après tant d'épreuves. Dès lors, elle extériorisa sa colère, ses chagrins et sa frustration en écrivant des poèmes. L'un d'eux, *Souvenirs des sens*, remporta le premier prix d'un concours ouvert aux détenues de toutes les prisons du pays.

SOUVENIRS DES SENS

Pensées d'un doux foyer
engendrées par la fragrance
de l'herbe qui vient d'être coupée et que charrie le [vent
visages qui s'estompent, nuits estivales,
concerts de jazz et brasseries bondées
chauds planchers que baigne le soleil.
L'esprit combat la morne réalité
avec des souvenirs.
Des idées, privées de signification
parce qu'on ne peut les mettre en pratique.
J'espère malgré tout
car je redoute de m'enfermer
dans le désespoir conditionné.
Tristesse – aux assauts incessants comme
ceux de l'océan qui rogne le rivage.

Laurie parla à nouveau de son intention de divorcer à Eisenberg, qui lui conseilla de s'adresser à Robert M. Weidenbaum, un excellent avocat qui était de surcroît un ami personnel. Laurie accepta et précisa qu'elle voulait en finir le plus vite possible.

La première semaine de mars, presque deux ans après qu'elle eut été jugée coupable du meurtre de Christine Schultz, McCann déclara qu'il ne rouvrirait pas le dossier Bembenek. Il avait lu le rapport d'Elaine Samuels et estimé que si quelques irrégularités avaient en effet été commises elles n'étaient pas de nature à entraîner la révision de ce procès.

Mais peu après que McCann eut pris cette décision, Bill Watson fit une découverte intéressante. Il avait interrogé un policier de Milwaukee, Michael Brophy, qui déclarait avoir vu Durfee et Fred dans un bar de la ville, le *Monreal*, de 2 heures à 2 h 30 le 28 mai 1981, le matin où Christine Schultz avait été assassinée.

Or les deux détectives avaient déclaré qu'ils s'étaient alors rendus sur les lieux d'un cambriolage. Brophy précisait en outre que Fred s'était absenté pour aller passer un coup de téléphone.

Eisenberg annonça à Laurie qu'il utiliserait les déclarations de Brophy, d'Elaine Samuels et de Judy Zess pour tenter d'obtenir un nouveau procès. Laurie supposait qu'il se servirait de toutes les informations dont il disposait. Elle ne pouvait savoir que son avocat s'intéressait moins à prouver son innocence qu'à sauver sa carrière. Eisenberg avait en effet été informé fin mars que la Cour suprême de l'Etat envisageait de le rayer du barreau suite à une plainte portée contre lui pour conflit d'intérêts.

En 1980, Eisenberg avait assuré la défense de Barbara Hoffman, une femme accusée d'avoir commis deux empoisonnements au cyanure. Il avait réussi à la faire acquitter pour un de ces crimes mais elle avait été reconnue coupable de l'autre. A la même époque, Eisenberg représentait également un certain Samuel Cerro qui était inculpé de trafic de drogue. Ce Cerro détenait des informations sur un des meurtres dont Hoffman était accusée et l'avocat aurait dû refuser de se charger des deux affaires.

Laurie connaissait Barbara Hoffman. Cette femme était elle aussi incarcérée à Taycheedah et Laurie avait souvent écrit à Eisenberg afin de lui dire qu'elle s'inquiétait pour sa santé mentale.

Le 1er avril, l'avocat fut informé qu'il était rayé du barreau pour une période de six mois, ce qui l'obligeait à renoncer à toutes ses affaires en cours. Laurie fut prise de panique. Il devait présenter les pièces à l'appui de la demande de révision de son procès lors d'une audience qui s'ouvrirait dans seulement quelques jours.

Weidenbaum était passé à Taycheedah pour s'entretenir avec elle de la procédure de divorce et elle lui demanda de la représenter. Il accepta et sollicita un report d'audience de trente jours qui lui fut accordé.

Les parents de Laurie mirent ce délai à profit pour contacter James Morrison, l'avocat qui avait assisté Laurie lorsqu'elle avait porté plainte pour discrimination contre les services de police de Milwaukee. Morrison exerçait désormais à Washington, mais il accepta de collaborer dans la mesure de ses possibilités. Il déclara aux Bembenek qu'il n'avait pas oublié leur fille, que les charges retenues contre elle étaient ridicules et qu'il était fermement convaincu de son innocence.

Eisenberg suggéra à Laurie de faire également appel à Thomas Halloran, un avocat de Milwaukee avec qui il lui arrivait de collaborer. Halloran accepta l'affaire et Morrison se déclara prêt à l'aider.

Les deux hommes avaient besoin de temps pour tout préparer et ils interrompirent à titre provisoire la procédure en cours. Laurie avait entre-temps vu le dossier constitué par Eisenberg pour appuyer cette demande et en avait été sidérée. On aurait pu croire qu'il s'y était pris à la dernière minute. Les pages ne se suivaient pas et on trouvait des feuilles de toutes les dimensions. Pour la première fois, elle était heureuse qu'un report d'audience ait été décidé.

Lawrencia Bembenek entama une procédure de divorce le 29 juin 1984. Elle était alors âgée de vingt-quatre ans et avait passé vingt-cinq mois de sa vie en prison. Elfred Schultz, cet ex-policier reconverti dans le bâtiment, avait quant à lui trente-cinq ans et menait une nouvelle vie à Bokeelia, en Floride.

Au début de l'été, Halloran passa plusieurs fois la voir pour lui dire qu'il espérait entamer une nouvelle procédure avant la fin du mois d'août. Laurie se demandait si elle sortirait un jour de prison, si quelqu'un essaierait encore de démontrer son innocence.

Elle ne pouvait savoir qu'à Milwaukee, à seulement cent kilomètres de là, vivait un homme qui s'était fixé pour but de combattre l'injustice. Ira B. Robins, un détective privé, était sur le point de s'intéresser à l'affaire Bembenek.

31

Tuyaux et pot d'échappement

Ira Robins entra dans le garage et s'avança jusqu'au bord de la fosse. Le mécanicien leva les yeux pour le fixer. Grand d'un mètre quatre-vingt-cinq et pesant cent douze kilos, Robins faisait penser à un grizzly et attirait les regards.

– Eh, fit-il d'une voix grondante, le silencieux que vous avez changé le mois dernier s'est fait la malle. Vous ne pourriez pas me réparer ça, pour me permettre de rouler un mois de plus ?

L'autre homme ne put s'empêcher de rire. Robins lui apportait souvent son vieux tas de ferraille qui tombait en morceaux.

C'était en septembre 1984. L'automne commençait à céder du terrain face à l'hiver. Robins en était ravi. Il aimait les extrêmes, les matinées très fraîches et les après-midi très chauds.

Robins venait de démarrer dans sa Thunderbird de 1971 quand il avait entendu le silencieux rouler sur la chaussée. Il avait stoppé pour récupérer la pièce et la lancer sur la banquette arrière parmi des gobelets en polystyrène et des vieux journaux. Un détective privé devait faire preuve d'une discrétion incompatible avec une vieille guimbarde aussi bruyante qu'un Boeing 747.

– Amenez-la, dit le garagiste. Je parie que vous l'avez fait exprès pour pouvoir tailler une bavette avec moi.

Robins était à son aise, ici. Un ex-flic tel que lui savait que les garages de ce genre servaient de lieu de rendez-vous à des types peu recommandables. Le mécanicien devait être informé d'un tas de choses dont il lui parlerait peut-être. Robins avait de nombreux contacts dans la pègre et il était expert pour gagner la confiance des dealers, des proxénètes, des voleurs et des types pour qui travaillait tout ce beau monde.

Ce jour-là, ce fut le mécanicien chargé de rafistoler son vieux tas de ferraille qui lui apprit quelque chose. Allongé sous le véhicule, il posa à Robins une simple question :

– Vous êtes au courant, pour l'affaire Bembenek ?

– Bon sang, tout le monde en a entendu parler. Vous avez du nouveau ?

Robins avait naturellement entendu parler de l'ex-flic et ex-serveuse du *Club Playboy*. Il savait qu'elle était en prison depuis plus de deux ans et qu'elle avait des centaines de supporters convaincus qu'elle était victime d'un coup monté. Robins s'était parfois interrogé à son sujet.

Tout était absurde, dans cette affaire, et des amis policiers lui avaient laissé entendre que ce n'était pas le coupable qui moisissait en prison. Son esprit analytique se mit au travail et son interlocuteur manifesta de la nervosité sitôt qu'il lui demanda des précisions.

– Eh bien, j'ai entendu dire qu'on avait mis cette perruque dans les chiottes pour faire tomber Bembenek, déclara le garagiste en s'éloignant. C'est tout. Une simple histoire de moumoute.

L'homme s'esquiva et Robins décida de ne pas insister. Il ne s'occupait pas de cette affaire et il pourrait toujours revenir poser des questions s'il le jugeait utile.

Le silencieux tenait avec des bouts de fil de fer et Robins retourna à sa planque en fin d'après-midi. Il gara son épave près d'un grand entrepôt, loin des réverbères, puis il surveilla les ouvriers qui allaient prendre leur voiture après avoir terminé leur journée. Il remercia le Ciel de ne pas devoir vivre ainsi.

Il attendit une heure, deux, trois. Il savait qu'un de ces types finirait par sortir en emportant quelque chose qui ne lui appartenait pas. La glace était baissée et l'air lourd et nauséabond lui apportait les relents caractéristiques des secteurs industriels de Milwaukee.

Robins pensait à sa conversation avec ce mécanicien, à Lawrencia Ann Bembenek.

Il n'était pas du genre à accepter que quelqu'un fût condamné à tort. Pour lui, la justice n'était pas un vain mot. Et il était bien placé pour savoir que les flics pouvaient faire ce qu'ils voulaient, y compris trafiquer des preuves. Il avait été témoin de telles pratiques et se demandait si ce n'était pas ce qui s'était passé au cours de cette enquête.

Il avait vu de nombreuses photos de Lawrencia Bembenek dans les journaux, mais quand il fermait les yeux il ne se rappelait que vaguement son visage. Les questions se bousculaient dans son esprit. Etait-elle coupable ? N'était-ce pas une innocente qu'on avait envoyée en prison ?

32

Nuits de décembre

Lawrencia Ann Bembenek n'aurait pu entrer dans sa vie à un moment plus opportun. Agé de quarante-deux ans, Robins venait d'ouvrir une agence de détective privé et de divorcer après seize ans de mariage. Tout ce qui constituait son existence s'était brusquement effondré.

Tout d'abord son travail. Flic à Wauwatosa depuis quatorze ans et demi, son métier était toute sa vie. Pour un juif qui avait grandi comme lui dans les rues de Chicago, devenir policier représentait beaucoup plus qu'un salaire régulier. Il était le fils unique d'Albert Robins, un homme qui avait été pendant plusieurs années officier de police auxiliaire de la ville de Chicago. Ses récits de cette époque avaient été à l'origine de la vocation d'Ira.

– Mon père sera toujours mon héros, avait-il confié à son ami Jim Strauss au tout début de sa carrière dans la police. Il m'a appris à croire en la justice et à tout faire pour qu'elle soit rendue.

Après son service militaire, Robins revint à Chicago et entra à la Chicago Northwestern Railroad Company pour chasser les clochards, les vagabonds et les voleurs des terrains appartenant à cette compagnie de chemins de fer. Il bénéficia d'une promotion et fut transféré à Milwaukee. Trouvant sa nouvelle affectation sans intérêt, il devint détective dans un grand magasin, puis policier dans la petite ville de Wauwatosa.

Robins s'efforçait d'être un bon flic mais il finit par démissionner le 21 mai 1981, sept jours après l'assassinat de Christine Schultz.

Pendant quatorze ans et demi Robins avait entendu ses collègues l'appeler « sale youpin » et insulter les femmes et les représentants des autres minorités. Il avait vu des rapports disparaître et des collègues se conduire d'une façon indigne. Ecœuré, il finit par renoncer au seul travail qui lui plaisait vraiment.

Après avoir remis sa démission il alla retrouver sa femme, Sharon, et un ami dans un petit restaurant.

– Je n'en peux plus, dit-il à Sharon en retirant son insigne de son portefeuille. Je ne peux plus travailler dans ces conditions.

Il donna son revolver personnel au restaurateur et précisa :

– Je n'en aurai plus besoin.

Robins porta plainte pour discrimination contre les services de police. Il obtint gain de cause mais ne cessa pas pour autant de regretter ce métier.

La perte de son emploi sema le chaos dans son existence et son couple. Il se sépara de Sharon après seize ans de vie commune. Il investit ses économies dans un restaurant et les perdit. En 1984 il n'était plus qu'une épave. Si Robins et Sharon divorcèrent à l'amiable, il dut se charger d'annoncer la mauvaise nouvelle à leur fils, alors âgé de quatre ans.

Puis Robins s'installa dans un minuscule appartement de l'East Side. Il souffrait d'avoir perdu sa famille et la vie de policier lui manquait. Il effectuait quelques enquêtes pour le compte d'un avocat, mais c'était insuffisant pour vivre. Il décida de proposer ses services en tant que détective privé et passa l'annonce suivante :

DES ENNUIS AVEC LA POLICE ?

Si vous avez été injustement arrêté ou soupçonné d'un crime, je suis votre homme. Je me charge d'effectuer des contre-enquêtes. Avec mes vingt-cinq ans d'expérience, je suis qualifié et agréé en tant que témoin assermenté et je peux aller n'importe où, n'importe quand, même s'il y a du danger.

Suivait l'adresse où on pouvait le joindre vingt-quatre heures sur vingt-quatre.

Cette publicité fut efficace. Il avait des clients de tous les milieux. Robins venait en aide à tous ceux qui étaient rejetés par la société. Ce n'était pas parce qu'on avait un casier judiciaire qu'on était pour autant coupable, ne cessait-il de répéter. Robins aimait défendre les parias mais il aimait surtout remporter des victoires.

Pour son quarante-troisième anniversaire, le 12 décembre 1984, Robins décida de se pencher sur l'affaire Bembenek. C'était plus fort que lui. Il n'avait pas cessé d'y penser depuis que le garagiste lui avait parlé de cette perruque. Son sixième sens lui avait adressé de nombreux messages, et il les avait écoutés.

Pendant que Robins célébrait son anniversaire en buvant un bloody-mary dans son bar préféré, Lawrencia Ann Bembenek était assise sur son lit de la prison de Taycheedah, à cent kilomètres de là, à Fond-du-Lac, Wisconsin.

Cette nuit n'était guère différente des centaines d'autres qu'elle avait déjà passées au même endroit, vêtue de la même robe, dans le même enfer. Elle était en prison depuis deux ans et demi.

L'air froid et humide de l'hiver filtrait dans la petite cellule. Comme toujours, la nuit fut interminable et hantée par des rêves et des souvenirs lointains et étrangers. Ses prières n'avaient pas été exaucées, mais elle fit une ultime tentative. Elle lança un appel désespéré, un cri du cœur – de l'âme – pour que quelqu'un, quelque part, lui vînt en aide.

33

La deuxième victime

Robins eut tôt fait de comprendre qu'il avait eu raison de s'intéresser à cette affaire. Les rumeurs étaient nombreuses. Tous ses informateurs avaient quelque chose à lui dire. Robins et Laurie avaient tous deux été victimes de pratiques discriminatoires, lui parce qu'il était juif et elle parce qu'elle était une femme. Ce n'était tout de même pas une raison pour incarcérer quelqu'un, bon sang !

La dernière semaine de janvier, Robins s'assit à son bureau et téléphona à Thomas G. Halloran, l'avocat de Laurie Bembenek. Cet homme ne sembla pas particulièrement intéressé quand Robins lui déclara qu'il avait des informations à lui communiquer mais il accepta malgré tout de le recevoir à son cabinet.

Robins trouva Halloran antipathique sitôt qu'il le vit. Et dès qu'il l'entendit parler il comprit que cet avocat ne se préoccupait guère du sort de sa cliente.

Il lui parla de la perruque et des rumeurs de coup monté et Halloran ne fit pas de commentaires. Il lui déclara cependant que l'assistance d'un détective privé pourrait lui être utile. Bien qu'un de ses assistants, Bill Roddick, fût déjà chargé de l'affaire, l'avocat décida d'organiser une rencontre entre Robins et les parents de Laurie puis il lui communiqua les noms de deux témoins qu'il serait souhaitable d'interroger. Quand il sortit du cabinet d'Halloran, Robins comprit qu'il lui serait impossible de reculer. Le mystère Bembenek le fascinait.

Il fit la connaissance des Bembenek la semaine suivante, dans le bureau de l'avocat. Il les trouva immédiatement sympathiques, mais ils étaient visiblement mal à l'aise en sa présence. Il était évident qu'ils ne savaient plus à qui ils pouvaient encore se fier.

Robins, qui se targuait d'être franc et honnête, ne se laissa pas rebuter par leur attitude. Il comprenait ce que devaient éprouver des gens dont la fille avait été déclarée coupable d'un meurtre alors qu'elle protestait de son innocence.

– Je vous communiquerai toutes les informations que je découvrirai, leur dit-il. Je prends l'engagement de ne pas vous mener en bateau et de ne pas ménager mes efforts pour obtenir des résultats.

Les Bembenek lui remirent un chèque de quatre cents dollars et lui en promirent un autre de six cents dollars. Robins se leva, leur serra la main et sortit sans saluer Halloran.

Il avait d'autres affaires en cours, et ce fut finalement son assistant qui s'en chargea pendant qu'il consacrait de plus en plus de temps à son enquête sur le meurtre de Christine Schultz. Il téléphona à Laurie mais ce serait seulement en août 1985, après avoir travaillé près d'une année pour elle, qu'il la rencontrerait.

Il devait entre-temps lire tous les documents relatifs à l'affaire. Halloran lui avait interdit d'emporter quoi que ce soit, et il trouvait une telle attitude étrange. Il avait en outre constaté que Roddick répétait à l'avocat tout ce qu'il lui disait.

Robins mit à profit les absences d'Halloran pour faire

des photocopies des minutes du procès, des rapports de police et des dépositions des témoins.

Halloran préparait une demande de révision du procès fondée sur une théorie compliquée élaborée par un certain Jacob Wissler. Depuis qu'il avait lu un article sur Laurie dans le *Milwaukee Journal* du 8 septembre 1983, Wissler était obsédé par cette femme. Il lui avait écrit des lettres d'amour, promis une bague avec des diamants et proposé de régler une partie des honoraires de ses avocats. Il se disait riche et prêt à tout pour obtenir sa libération. Il omettait simplement de préciser qu'il entendait par là créer de toutes pièces une histoire abracadabrante de tueur à gages.

Lorsqu'il revenait sur terre, Wissler admettait qu'il n'était en fait qu'un petit escroc, mais il s'était fixé pour but de gagner l'amour de Laurie en lui offrant la liberté.

Laurie qui se demanderait bientôt si elle n'avait pas sombré dans la folie. Quand Wissler alla lui rendre visite à Taycheedah, plusieurs appels avaient été rejetés et elle ne connaissait pas encore Robins. Elle attendait désespérément que quelqu'un décide de démontrer qu'elle n'était pas une meurtrière.

Wissler commença par gagner la confiance de Virginia et de Joe Bembenek, désormais aussi désespérés que leur fille.

– Faites tout ce que vous pouvez pour elle, lui dirent-ils.

Wissler et Roddick, l'assistant d'Halloran, décidèrent de tendre un piège au détective Michael Durfee, le coéquipier d'Elfred Schultz la nuit du meurtre. En janvier 1984, ils le contactèrent et lui proposèrent vingt-cinq mille francs s'il leur disait tout ce qu'il savait sur cette affaire. Quand Durfee reçut leur télégramme, il en informa ses supérieurs puis téléphona à Wissler pour leur fixer un rendez-vous au *Ramada Inn* de Michigan Street, à Milwaukee. Il s'abstint naturellement de préciser qu'il serait muni d'un émetteur et placé sous surveillance.

Un D.A. adjoint du comté de Milwaukee, Michael Malmstadt, étudia les clauses du contrat que Wissler et Roddick voulaient faire signer à Durfee et décida de ne pas entamer contre eux des poursuites pour tentative de corruption de fonctionnaire. Peut-être avaient-ils voulu en toute bonne foi découvrir de nouveaux éléments à même d'innocenter Bembenek.

Cette idée avait fait long feu et Wissler en eut une autre. Il décida de verser vingt mille dollars à un meurtrier déjà condamné à perpétuité s'il avouait avoir également assassiné Christine Schultz. Un homme avait le profil idéal pour tenir ce rôle : Joseph M. Hecht III, un tueur à gages reconnu coupable du meurtre de Carolyn Hudson. Le 14 octobre 1983, il avait tué cette femme de policier en lui tirant cinq balles dans la poitrine sous les yeux de sa fille de quatorze ans. Après sa condamnation, Hecht avait précisé que ce n'était pas le premier meurtre sur commande qu'il commettait.

Laurie et ses parents avaient entre-temps commencé à comprendre quelle était la véritable nature de Jacob Wissler. Devenu jaloux, il accusa Laurie de coucher avec un gardien puis mit en vente la maison des Bembenek dans un quotidien de Milwaukee. Son comportement devenait de plus en plus bizarre. Il se fit passer pour un policier et harcela et menaça des témoins.

La demande de révision du procès de Laurie fit l'objet d'une audience et Hecht fut appelé à la barre. Il invoqua le cinquième amendement qui l'autorisait à garder le silence pour ne pas risquer de s'incriminer lui-même.

Après avoir déclaré qu'il ferait sauter Taycheedah,

Wissler disparut. Les autorités délivrèrent contre lui un mandat d'amener.

Pendant que Wissler voyageait en Europe, Laurie était toujours en prison et essayait de comprendre pourquoi seuls des cinglés s'intéressaient à elle. Puis cet homme adressa des déclarations délirantes à Halloran.

« J'ai voulu provoquer la perte de celle que j'aime et que je hais à la fois. Si je me suis emporté contre Laurie, si j'ai dit des choses abominables et essayé de réduire à néant ses chances de bénéficier d'un nouveau procès, c'était par dépit amoureux et frustration de n'avoir pu posséder la plus belle de toutes les femmes. »

Wissler disait qu'elle l'avait repoussé et qu'il s'était vengé en sabotant son appel.

« Laurie, autrefois charmante, élégante et fière, n'était plus pour moi qu'une silhouette blême et spectrale, écrivit-il. Comme si elle manquait de nourriture. Et de soleil... Je désirais lui nuire, faire croire que j'avais soudoyé Joe Hecht afin qu'elle reste en prison et ne puisse trouver un autre homme. »

L'appel fut naturellement rejeté et quand Wissler voulut regagner les U.S.A. un douanier le reconnut à la frontière canadienne et il fut arrêté.

La Cour suprême de l'Etat découvrit alors qu'Eisenberg avait représenté des clients en Californie depuis sa radiation du barreau, et elle rendit cette sanction définitive. Cet homme ne pourrait plus jamais exercer et il dut se reconvertir. Il devint directeur d'une compagnie de transport aérien de Floride.

Pendant qu'Halloran perdait son temps avec Wissler, Hecht et Roddick, Robins lisait les minutes du procès et les rapports de la police, plus de six cents pages en tout.

Il releva rapidement des faits importants qu'Eisenberg et les autres semblaient avoir négligés.

Premièrement, quand le laboratoire de criminalistique avait examiné l'arme de service d'Elfred Schultz, celle qu'il avait eue sur lui la nuit du meurtre, on avait trouvé dans le canon du sang du groupe A, le même que celui de Christine Schultz. Or, la police n'avait pas fait procéder à des analyses pour tenter de déterminer sa provenance.

Robins savait qu'Eisenberg et même Laurie en avaient été informés, mais ce fait pourtant capital n'avait pas été utilisé par la défense.

Deuxièmement, le détective Drew Halvorsen avait effectué des prélèvements sur des taches de sang au sommet de l'escalier. Halvorsen l'avait fait analyser et tout laissait à supposer que c'était du sang humain. Que ce fût celui de Christine était à exclure, étant donné qu'elle n'était pas sortie de sa chambre après le début de l'agression, mais nul ne s'était donné la peine de chercher quelles pouvaient être ses origines, bien qu'on eût également trouvé du sang sur l'arme de service de Schultz.

Troisièmement, Durfee déclarait avoir jeté le carnet sur lequel il avait pris des notes le jour du meurtre. En tant qu'ancien flic, Robins savait que les règlements imposaient à un policier de conserver de tels documents. L'article 69 des règlements des services de police de Milwaukee stipulait que « tous les représentants de l'ordre doivent avoir sur eux en permanence un carnet réglementaire dans lequel ils noteront les noms des suspects interpellés et tous les éléments pouvant être utiles lors d'un éventuel procès où ils seraient appelés à témoigner ».

Robins doutait que le carnet de Durfee eût véritablement disparu. Cet homme avait enquêté sur le meurtre de Christine Schultz et rédigé de nombreux rapports circonstanciés, ce qu'il n'aurait pu faire sans notes... des notes qu'il prétendait n'avoir jamais prises.

Sidéré par tant de négligences, Robins découvrit un fait encore plus troublant alors qu'il s'informait sur les pièces à conviction.

C'était le revolver personnel d'Elfred Schultz, le calibre 38 qu'il laissait à son domicile, qui avait été finalement identifié comme étant l'arme du crime. Or, juste après le meurtre, Durfee et Schultz avaient conclu qu'il n'avait pas été utilisé. Qu'on l'eût retenu comme pièce à conviction était inconcevable.

Sitôt après avoir examiné ce Smith & Wesson, Schultz l'avait apporté à un inspecteur qui l'avait convoqué. Il devait exister quelque part un compte rendu de cette entrevue.

C'était seulement vingt-deux jours après que Durfee eut vérifié ce revolver – et déclaré à plusieurs reprises qu'il n'avait pas été utilisé – qu'un expert avait estimé qu'il s'agissait de l'arme du crime.

Robins reprit sa lecture. Durfee avait dû relever son numéro de série.

Et le noter dans le carnet qu'il avait depuis « égaré », comprit-il.

Car cette information ne figurait nulle part.

Il pensa aussitôt à une substitution. N'importe qui, Fred Schultz inclus, avait pu échanger ce revolver avec celui ayant servi à commettre le meurtre. Tout dans cette affaire sentait le coup monté. Le plus surprenant, c'était que les avocats de Laurie n'avaient pas contesté la validité des preuves retenues contre elle.

Robins était à la fois en colère et joyeux. Il aurait les salopards qui avaient tout organisé pour que Lawrencia Bembenek fût accusée à leur place. Le moment était venu pour lui de rencontrer cette femme.

[illegible] rapports [illegible] prises.

[illegible] découvrit [illegible]

[illegible]

[illegible]

[illegible]

[illegible]

[illegible]

[illegible]

[illegible]

[illegible]

34

La belle et la bête

Entre Milwaukee et Fond-du-Lac la campagne est parsemée de fermes et de villages. Dans cette direction, la banlieue de Milwaukee forme une bande étroite et allongée, et les automobilistes qui la traversent laissent brusquement derrière eux les feux de circulation, les rues et les embouteillages pour se retrouver dans un milieu où règne une forte odeur de bouse de vache et où des hommes en chapeau à large bord conduisent des machines agricoles et les saluent de la main.

Robins n'était pas à son aise. Enfant des trottoirs et des ruelles, il ne s'aventurait que rarement hors de l'agglomération.

Dans le Wisconsin le mois d'août est toujours chaud et humide. La climatisation de son vieux tas de ferraille était récalcitrante et il finit par ouvrir la vitre. Il avait une heure devant lui pour décider de ce qu'il dirait à cette femme avec qui il s'était longuement entretenu par téléphone mais qu'il n'avait encore jamais rencontrée.

Il saurait très vite si elle lui cachait quelque chose. Tout laissait à supposer que Lawrencia Bembenek devait être innocente, mais Robins n'aurait de certitude qu'après l'avoir regardée droit dans les yeux.

Il savait qu'il pouvait se fier à son instinct. Il avait repéré de nombreux voleurs quand il était détective dans un grand magasin et démasqué plus d'un assassin lorsqu'il avait fait partie de la police. Il avait des questions à poser à Laurie et certaines choses à lui apprendre.

Il avait fréquemment dû rendre visite à des détenus et il ne supportait pas les portes verrouillées et les fenêtres munies de barreaux. Cela le déprimait.

Vue de loin, la prison de Taycheedah avait un aspect presque engageant dans ce cadre de prairies verdoyantes, de buissons et d'arbres. Le lac Winnebago brasillait à proximité. Il n'y avait pas de miradors et les visiteurs pouvaient se laisser abuser par le décor bucolique.

Mais Taycheedah était un centre de détention, un lieu où des femmes étaient enfermées dans de petites cellules et coupées du monde extérieur par des portes et des barbelés. On leur disait quand et quoi manger, quand se coucher et prendre leur douche, quelle tenue mettre. Elles n'avaient aucune intimité et des sonneries les faisaient sursauter à longueur de temps. Toute leur vie était régie par d'innombrables règlements.

Robins franchit une double porte en verre et traversa un vestibule.

– Je viens voir Lawrencia Bembenek, dit-il en se penchant vers les fentes d'un panneau de verre.

Il écrivit son nom et son adresse dans un registre, apposa sa signature et montra son permis de conduire.

– Lien avec la détenue ?

– Je suis détective privé et je travaille pour son avocat.

– C'est bon, attendez.

Le garde décrocha un téléphone. Robins s'écarta du guichet et pensa une fois de plus à cette femme.

Depuis qu'il s'occupait de son affaire il avait constamment entendu vanter sa beauté. Tous les hommes à qui il parlait de sa cliente ne se privaient pas de faire des allusions à la façon dont elle pourrait le récompenser de ses efforts.

Sans être d'une pruderie excessive, Robins ne supportait pas les plaisanteries sexistes, une tendance que ses problèmes au sein des services de police de Wauwatosa n'avaient fait qu'accentuer. Ses motivations étaient plus simples. Il ne pouvait tolérer l'injustice.

Un garde vint le chercher et il le suivit dans des corridors carrelés puis franchit une porte verrouillée. L'homme lui dit d'attendre dans une petite pièce d'environ deux mètres sur trois où il n'y avait qu'un bureau et deux chaises. Les détenus n'étaient autorisés à rencontrer en privé que leurs avocats et les assistants de ces derniers.

Laurie entra.

– Salut, Ira, dit-elle en tendant la main.

– Salut, lui répondit Robins.

Il la trouva immédiatement très sympathique.

Laurie était vêtue d'un jean, d'un sweat-shirt et de tennis. Elle remonta ses manches et s'assit. Ses cheveux étaient coupés court sur le devant et laissés longs sur la nuque, son maquillage très discret. Il dut reconnaître qu'elle était effectivement très belle.

– Nous nous sommes déjà rencontrés, fit-elle.

– Quand ?

– Il y a plus d'un an, quand vous vous occupiez de Kathy Braun. C'est une de mes amies.

– Oh, oui, je m'en souviens !

– Je travaillais aux cuisines pour parachever ma formation et être certaine de trouver du boulot quand je sortirais d'ici.

– Il est exact qu'on manque de spécialistes pour les corvées de chiottes et d'épluchage des patates.

– Je me rappelle que vous aviez des tennis blanches, les chaussures les plus criardes qu'il m'ait été donné de voir.

– J'essaie de soigner mon apparence.

Robins la trouvait spirituelle et gentille. Il avait rarement rencontré de femme aussi intelligente.

Laurie fut sidérée par tout ce qu'il savait sur son affaire. Les avocats qui étaient venus la voir ignoraient pour la plupart qu'Elfred Schultz possédait une arme de service et une autre personnelle. Même Eisenberg était moins informé que Robins.

Ce dernier avait des questions à lui poser. Il voulait tout connaître de sa vie. Il cala un calepin minuscule dans sa paume et prit des notes. Robins était un professionnel, il savait s'y prendre pour inciter quelqu'un à lui divulguer tout ce qu'il souhaitait apprendre.

– Les yeux sont révélateurs, expliquait-il aux débutants auxquels il enseignait ses méthodes d'investigation. Celui qui a quelque chose à cacher, celui qui a commis un acte répréhensible, détourne constamment le regard. Il est en outre fréquent qu'il fournisse des indices dans l'espoir de lancer l'enquêteur sur une fausse piste.

Laurie le fixait droit dans les yeux et ne disait rien qui lui eût permis d'orienter ses recherches. La coupable présumée du meurtre de Christine Schultz paraissait savoir encore moins de choses que lui sur ce crime.

– L'avez-vous tuée ? lui demanda-t-il.

– Non, je ne l'ai pas tuée.

– Je vous crois, Laurie.

Elle consacra les heures suivantes à lui faire le récit des cinq dernières années de son existence. En fin de journée, quand vint le moment de la laisser, Robins se pencha vers elle pour lui murmurer des propos qu'il n'avait encore tenus à personne :

– Je jure sur la tombe de mon père de découvrir la vérité et de vous faire bénéficier d'un procès équitable.

Il ne pouvait imaginer qu'il se lançait dans une entreprise qui l'accaparerait pendant des années.

Mais Robins était un homme de parole. Il avait pris un engagement et il porterait ce fardeau jusqu'au jour où Lawrencia Bembenek serait redevenue une femme libre.

35

Le cercle s'élargit

Lorsqu'il quitta Lawrencia Bembenek, Robins était certain que cette femme n'avait pas tué Christine Schultz. Non seulement il n'y avait aucune preuve concrète de sa culpabilité mais il avait l'intime conviction qu'elle n'aurait pu commettre un tel crime.

De retour à Milwaukee, son enthousiasme se heurta au scepticisme des Bembenek et d'Halloran. L'avocat ne se donnait pas la peine d'utiliser les faits nouveaux dont il l'informait et les parents de Laurie paraissaient douter de ses capacités.

Le sang sur l'arme de service d'Elfred et sur les murs, la disparition du carnet de Durfee et les vingt-deux jours écoulés avant qu'un expert ne déclare que le revolver personnel du mari de Laurie était l'arme du crime constituaient aux yeux de cet avocat des informations sans le moindre intérêt.

Robins décida de prendre la situation en main. Il emprunta une machine à écrire et, aidé par un ami, il rédigea des attestations sur l'honneur se rapportant à chacune de ces découvertes. Halloran accepta de les relire mais pas d'autoriser son personnel à y apporter des corrections. Robins travaillait dix-huit heures par jour.

– J'espère que McCann s'y intéressera un peu plus qu'Halloran, déclara Robins à une de ses connaissances.

Il adressa quatre de ces déclarations au D.A. Elles portaient principalement sur les liens que l'accusation avait établis entre le revolver et le meurtre. Le .38 personnel d'Elfred ne pouvait être selon lui l'arme du crime.

Mais trop de questions restaient encore sans réponses. Robins faisait remarquer que c'était Elfred Schultz qui avait demandé à ses supérieurs d'envoyer son Smith & Wesson au labo. En agissant ainsi, il détournait sur Lawrencia tous les soupçons qui pesaient sur lui.

Schultz avait déclaré qu'il ne possédait que deux revolvers et nul ne s'était donné la peine de vérifier ses dires. C'était cet homme qui avait porté le .38 en question au siège de la police, une arme qu'on lui avait rendue après examen.

Aucun détective n'avait perquisitionné chez Schultz, pas plus que chez les parents de Laurie. Il joignait une transcription de certaines déclarations que cet homme avait faites pendant le procès :

> QUESTION : Dans le cadre de vos fonctions, vous aviez plusieurs armes.
>
> RÉPONSE : Oui, c'est exact.
>
> QUESTION : Des armes de poing ?
>
> RÉPONSE : C'est exact.
>
> QUESTION : Combien en aviez-vous quand vous avez quitté votre ex-femme, Christine Schultz, pour aller vous installer chez M. Honeck ?
>
> RÉPONSE : Quand j'ai quitté Christine, j'en possédais cinq.

Robins voulait démontrer que Schultz avait pu conserver des revolvers dont Laurie ignorait l'existence puis procéder à un échange.

Il commençait à se faire une idée plus précise du véritable assassin de Christine Schultz mais aussi d'Halloran. Un après-midi, il posa sur le bureau de cet avocat une pile de dossiers et de livres qui dissimulaient un magnétophone. Il souhaitait découvrir les intentions de cet homme.

– Dès la fin de la procédure en cours je laisserai tomber l'affaire, lui déclara Halloran.

– Même si c'est sur un échec ?

– Quelle importance ? Je sais que c'est perdu d'avance. Le tout, c'est que j'encaisse mes honoraires.

Il était évident que le sort de Lawrencia ne le préoccupait guère.

– Eh bien, il faut que je vous laisse. Je dois apporter ces documents aux Bembenek, annonça Robins en récupérant les chemises et l'enregistreur.

Il était presque certain qu'Halloran téléphonerait aux parents de Laurie sitôt après son départ. Sans doute leur conseillerait-il de se méfier de lui, afin de se mettre en valeur et de leur faire croire qu'il méritait ses honoraires. Il agissait ainsi depuis qu'ils travaillaient ensemble, mais cette fois Robins pourrait révéler la vérité sur son compte car il avait des preuves à présenter à l'appui de ses dires.

Quand il arriva chez Joe et Virginia, l'accueil fut loin d'être chaleureux.

– Halloran vous a-t-il téléphoné, juste avant mon arrivée ?

– Oui, pourquoi ? demanda Virginia Bembenek.

– Je présume qu'il vous a affirmé qu'il faisait tout son possible pour obtenir la libération de Laurie ?

– C'est exact.

– Alors, écoutez la conversation que je viens d'enregistrer dans son cabinet.

Il passa la bande et les Bembenek baissèrent la tête, penauds.

– Nous aiderez-vous à prouver l'innocence de Laurie ? demanda finalement Joe.

– J'en ai toujours eu la ferme intention.

Cet après-midi-là, un nouveau lien se forgea entre Robins et les Bembenek. Ruinés et brisés, Joe et Virginia vivaient le même cauchemar que leur fille. Ils faisaient des voyages éprouvants pour lui rendre deux visites hebdomadaires. Laurie feignait d'avoir le moral mais ils n'étaient pas dupes et se rendaient compte qu'elle était au bord de la dépression nerveuse. Combien de temps tiendra-t-elle ? se demandait sa mère. Et nous ?

Robins les écouta parler de toutes ces années de colère, de frustration et de désespoir. Il avait en face de lui un couple de modestes retraités. Grand et posé, Joseph était un homme très doux. Sur les traits de son épouse on pouvait lire qu'elle avait vécu de bons et de mauvais moments, qu'elle était bonne et généreuse. Avant de les laisser, Robins les étreignit et leur fit la même promesse qu'à leur fille.

Peu après, Halloran cessa de prendre leurs appels. Quand Robins conseilla à Joe de lui dire qu'il avait une nouvelle affaire à lui confier, l'avocat s'empressa de répondre. Joe se demanda s'il existait dans cette ville un seul membre du barreau qui s'intéressait à autre chose qu'au montant de ses honoraires.

Robins accepta de travailler sans rémunération tant que les Bembenek n'auraient pu se renflouer. Ils avaient déjà dépensé cinquante mille dollars en empruntant de l'argent à des membres de leur famille et en hypothéquant leur maison.

Robins contacta alors plusieurs avocats pour leur demander s'ils étaient prêts à s'occuper de cette affaire, mais il n'en résulta rien de positif.

De retour d'un de ces rendez-vous, il mit en marche son répondeur, écouta la bande pendant un instant, pressa la touche d'arrêt et revint en arrière.

– Ne vous occupez plus de Bembenek, si vous tenez à la vie.

C'était la première menace de mort qu'il recevait. Il sourit, désormais certain d'être sur une piste. Il se rapprochait du but et quelqu'un s'inquiétait.

Parmi les appels qui suivirent certains devaient émaner de cinglés qui avaient lu son nom dans les journaux et d'autres de policiers conscients qu'il ne tarderait guère à découvrir la vérité. Il conserva tous ces enregistrements. Des voix étaient vaguement familières, d'autres pas. C'était une conséquence de son travail, il y était habitué.

Il reçut près de douze cents menaces, la plupart par téléphone. Certains jours, le même individu le rappelait sans cesse pour lui répéter qu'il était un homme mort. Il y avait également des lettres, et des inconnus l'abordaient dans la rue pour l'invectiver. Robins se demandait si l'assassin de Christine Schultz faisait partie de ces individus. Mais il n'était pas homme à renoncer pour si peu.

36

Dossiers escamotés

Début 1986, la cinquième année qu'elle passerait en prison, Laurie attendait toujours que la cour d'appel prenne une décision. Ira Robins savait qu'Halloran se désintéressait de son cas mais qu'elle ne pourrait changer d'avocat avant la fin de cette procédure et cela l'exaspérait.

En avril, le juge Janine P. Geske estima qu'une analyse des intonations de la voix ne pouvait être retenue en tant qu'élément suffisant pour permettre d'obtenir une révision de procès. La Cour suprême de l'Etat ne reconnaissait pas la validité de telles méthodes et il n'en serait pas fait mention lors de l'audience.

Laurie avait pourtant passé cette épreuve haut la main. Le spécialiste chargé du test était convaincu qu'elle n'avait pas tué Christine Schultz.

Robert Donohoo, le D.A. adjoint chargé de représenter la partie civile, se moquait de tout ce qu'Halloran lui présentait. Une telle attitude exaspérait Robins. Chaque fois qu'il lui remettait une attestation sur l'honneur, Donohoo la lisait avec mépris avant de lui demander :

– Et après ? Et après ?

Le détective lui rappela qu'il avait découvert de nombreux faits nouveaux et cita comme exemple le témoignage de Judy Zess.

– Elle a reconnu que la police avait exercé des pressions sur elle. Si les jurés en avaient été informés, il est certain qu'ils n'auraient pas rendu le même verdict.

Robins décida de mobiliser l'opinion publique. Il contacta des gens qui acceptèrent d'envoyer des lettres ou de téléphoner aux représentants de la municipalité, de l'Etat et du gouvernement fédéral. Ils écrivaient aux rédacteurs en chef des quotidiens, téléphonaient aux stations de radio locales et demandaient à Robins en quoi ils pourraient encore l'aider. Il avait entré tous leurs noms dans un fichier informatique et orchestrait des campagnes de soutien chaque fois qu'une telle action pouvait s'avérer utile.

On trouvait au sein de ce comité de soutien des gens de tous âges, de toutes professions et de toutes origines. Chose surprenante, la plupart de ces bénévoles s'intéressaient moins au sort de l'ex-« flic et Bunny du *Club Playboy* » qu'à une justice qui n'était pas ce qu'elle aurait dû être.

Bien qu'encouragée par leur soutien, Laurie savait qu'il serait insuffisant pour lui permettre de bénéficier d'un nouveau procès. Cinq années s'étaient écoulées depuis le meurtre de Christine Schultz et elle était toujours incarcérée à Taycheedah.

Fred Schultz s'était entre-temps remarié et avait lancé une société de construction désormais florissante. Lorsqu'on reparla de l'affaire à la télévision, tous purent voir des images d'un Fred bronzé qui pilotait un gros bateau au large des côtes de Floride.

Laurie était consciente de l'incompétence d'Halloran. Robins décida de lui dire que la demande d'un nouveau procès serait probablement rejetée mais il lui affirma qu'il resterait à ses côtés tant qu'elle n'aurait pas obtenu gain de cause.

Fin avril 1986, Laurie écrivit directement au juge Geske. Elle l'informa que l'accusation lui avait proposé une réduction de peine si elle plaidait coupable, mais qu'elle avait refusé parce qu'une innocente ne pouvait avouer un crime qu'elle n'avait pas commis.

« Je vous en conjure, ayez le courage de réparer cette injustice. Mes amis et mon propre mari m'ont trahie, les magistrats m'ont privée de liberté sans raison, mais j'ai encore foi en la justice. »

Elle précisa qu'elle ne voulait ni sympathie ni pitié, seulement trouver quelqu'un qui accepterait d'étudier son dossier sans aucun parti pris.

« J'ai refusé de plaider coupable parce que je n'avais pas commis ce crime épouvantable. Et cela m'a valu d'être condamnée à une peine quatre fois plus longue que si j'avais accepté. »

Elle expliqua que l'arrêt du tribunal avait brisé le cœur à ses parents et elle parla de sa solitude et de son désespoir chaque fois qu'elle voyait les siens repartir de Taycheedah.

Deux semaines plus tard le juge Geske rejeta sa demande.

Halloran s'était imaginé qu'il pourrait lui faire croire que Joseph Hecht avait été payé pour tuer Christine, mais après avoir signé une confession cet homme avait refusé de confirmer ses dires à la barre. Par ailleurs la déposition d'Eugene Kershek, cet avocat chargé du divorce de Christine Schultz qui affirmait que Fred avait menacé de mort cette dernière, avait été mise à la disposition de la défense. Si elle n'avait pas été utilisée lors du procès de Lawrencia Bembenek c'était à Eisenberg qu'il fallait adresser des reproches, pas à l'accusation.

Laurie déposa une demande de reconnaissance d'insolvabilité le même mois. Le cabinet d'Eisenberg lui réclamait encore trente mille trente-cinq dollars. Fred Schultz avait cédé à cet avocat sa part sur les biens de Christine mais des juges avaient estimé une telle transaction illégale et, comme Fred n'avait pas tenu ses engagements, Laurie devait régler ses honoraires. Son compte de détenue était créditeur de soixante-huit dollars quatre-vingt-trois alors qu'Eisenberg lui avait facturé jusqu'à cent cinquante dollars de l'heure.

Laurie avait eu le temps de se familiariser avec les procédures légales et acquis la réputation d'être un âpre défenseur des droits des détenues. Elle s'était jointe à d'autres femmes pour porter plainte contre l'administration en raison de la surpopulation carcérale. Elle œuvrait également à obtenir un accès au téléphone plus étendu pour ses camarades et à leur faire accorder des droits équivalents à ceux des hommes.

Ses codétenues savaient qu'elles pouvaient s'adresser à elle en cas de problème. La plupart ignoraient ce que leurs avocats faisaient pour elles. Laurie se chargeait des formalités et les informait de ce qu'elles pouvaient en espérer.

Depuis son arrivée à Taycheedah Laurie avait assisté à la levée d'écrou d'un grand nombre de femmes qui n'avaient joui de la liberté que très peu de temps avant de revenir dans ce centre de détention. Pour elles, c'était l'équivalent d'une porte tournante. La plupart purgeaient de courtes peines et à l'instant où Laurie commençait à mieux connaître sa compagne de cellule cette dernière était libérée. On la mit finalement avec quelqu'un qui resterait en prison aussi longtemps qu'elle.

Au début de l'été 1986, Laurie était devenue l'amie de Kathy Braun, une mère de famille mêlée à une affaire de drogue et condamnée à la réclusion criminelle à perpétuité pour meurtre. Ira Robins avait effectué une contre-enquête pour le compte de son avocat. Laurie et Kathy partageaient la même cellule et s'aidaient mutuellement à ne pas sombrer dans la folie. Laurie déclarerait un jour que leur amitié avait été son salut.

– Kathy était devenue mon soleil, dirait-elle. Nous étions comme deux sœurs. Nous partagions tous nos fardeaux, nos pertes, nos chagrins, et nous savions que nous ne serions plus jamais seules pour affronter l'adversité.

Un jour, Laurie et Kathy furent surprises par des gardiennes alors qu'elles utilisaient une teinture capillaire qui leur avait été fournie par des voies illégales.

– J'ai immédiatement déclaré que j'étais la seule fautive pour que Kathy ne soit pas également punie, déclarerait ensuite Laurie. Mais nous avons été prises d'un tel fou rire que nous avons cru qu'on allait nous passer par les armes.

Elles étudiaient ensemble des problèmes légaux, se prêtaient des livres, se protégeaient l'une l'autre contre la démence.

– Elle m'a fait comprendre qu'il était indispensable de conserver un certain sens de l'humour pour pouvoir survivre, dirait Laurie. C'est Kathy qui m'a appris à me moquer de moi, du système, des prélèvements d'urine à 3 heures du matin, de la nourriture froide. Et si je n'arrivais pas à en rire, elle était là pour me rappeler qu'il était également normal d'en pleurer.

Plus le temps s'écoulait plus elle regrettait d'avoir épousé Fred Schultz. Elle se reprochait surtout d'avoir cru en cet homme et en Eisenberg. Robins estimait qu'elle n'aurait pu trouver plus mauvais avocat. Il s'intéressait à présent au rôle que Fred avait joué dans l'organisation de sa défense.

Un jour, il lui déclara :

– Si on prend en compte tous les éléments – l'arme, les mobiles et les dissimulations de la police –, le suspect numéro un était Fred, pas vous.

Et en tant que tel, il n'aurait jamais dû collaborer avec Eisenberg et lui donner de l'argent. Le rôle d'un avocat consistait à démontrer que le crime dont sa cliente était accusée avait pu être commis par d'autres personnes, dont Fred, mais Eisenberg s'en était abstenu. Il y avait là un parfait exemple de conflit d'intérêts.

– Par ailleurs, Fred Schultz a été renvoyé sur les lieux du crime et a participé à l'enquête. Il est même allé identifier le cadavre à la morgue, ce qui est inconcevable quand on sait que la police doit éloigner le plus rapidement possible les suspects pour les empêcher de toucher aux pièces à conviction.

Robins était convaincu que les autorités dissimulaient quelque chose et que Fred Schultz savait quoi. Il relut ses dépositions et écouta l'enregistrement d'un entretien qu'il avait eu le 17 juillet 1981 avec Bill Watson, l'enquêteur d'Eisenberg.

Schultz avouait qu'il avait essayé certaines drogues, dont la cocaïne, puis Watson lui demandait :

– Savez-vous si Honeck était un pervers ?

– Oh, vu que vous travaillez pour Eisenberg je peux

bien vous dire qu'il avait une petite amie que je me tapais pendant qu'il se faisait tailler une pipe.

Un soir, il était sorti avec Honeck pour boire un verre et ils avaient « ramené deux putes à la maison » pour se livrer aux mêmes pratiques.

Schultz déclarait encore que l'inspection des services avait dépensé trente-deux mille dollars pour sa « surveillance » et que ses supérieurs avaient souhaité se débarrasser de lui autant que de Lawrencia.

George Marks, le propriétaire du *George's Pub and Grub*, l'avait informé que le téléphone de Judy Zess était placé sur écoute et lui avait conseillé de surveiller ses paroles lorsqu'il appelait Judy. Il n'en avait pas parlé à Laurie.

Puis Fred Schultz expliquait à Bill Watson que le 28 mai, une heure avant le meurtre, lui et Durfee avaient fait la tournée de certains bars. Bien qu'en service, il voulait encaisser les sommes que leurs propriétaires lui devaient pour des travaux de menuiserie qu'il avait effectués pour eux.

Ils étaient ensuite allés au *Matador*, un restaurant de l'East Side situé hors de leur secteur, pour la simple raison que « les serveuses étaient sympa ». Ses souvenirs s'embrouillaient vers 2 heures du matin. Il avait dû consulter ses notes avant de pouvoir répondre qu'ils avaient reçu un appel concernant un cambriolage.

Robins reprit les rapports rédigés par Fred et Durfee sur les événements du 27 et du 28 mai. Il remarqua qu'ils en avaient écrit de nouveaux, plus circonstanciés, trois semaines plus tard. Pour Robins, il n'existait qu'une seule explication : l'inspection des services avait ouvert une enquête et leurs supérieurs s'étaient efforcés de dissimuler quelque chose.

Durfee a-t-il voulu protéger Schultz ? se demanda Robins. Où diable étaient ces deux hommes entre 1 heure et 2 heures du matin, la nuit du crime ?

Ce n'étaient pas les seules questions auxquelles Robins cherchait une réponse. Il eût également aimé savoir ce qui s'était passé dans la salle de conférences de l'inspecteur quelques heures après la mort de Christine Schultz. Selon Laurie, Fred avait emporté son revolver personnel dans un attaché-case pour passer à la morgue. Ensuite, Durfee avait dit à Fred que leurs supérieurs les attendaient et ils étaient montés avec la mallette pendant qu'elle attendait au rez-de-chaussée.

Robins chercha un compte rendu de cette réunion mais n'en trouva aucun. Nul n'en avait parlé lors du procès, mais Robins savait que les détectives avaient rencontré un ou plusieurs de leurs chefs et qu'ils avaient dû parler de l'arme personnelle de Schultz. Quand Robins écrivit aux services de police pour réclamer des informations sur cette entrevue avec Durfee, Schultz et leurs supérieurs, il reçut une bien étrange réponse.

Suite à votre demande d'informations sur ce qui s'est passé le matin du 28.5.81 dans la salle de conférences de l'inspecteur au siège de la police de Milwaukee, la raison pour laquelle le détective Elfred Schultz Jr a comparu devant un comité d'enquête et ce qui s'est dit lors de cette réunion, nous sommes au regret de vous informer que nous n'avons aucun document indiquant qu'une telle réunion ait effectivement eu lieu.

Le mystère entourant le revolver personnel de Fred continuait de s'épaissir. Robins se demandait en outre pourquoi Eisenberg ne s'était pas renseigné sur l'origine d'une douille vide qui avait été remise à Monty Lutz, le technicien du labo de criminalistique chargé de déterminer quelle était l'arme du crime.

Le 18 juin 1981, Lutz avait envoyé les détectives Schultz et Gauger lui chercher des balles de treize grammes dans la boîte de munitions découverte chez Christine. Le projectile extrait du cadavre, et apporté au labo le lendemain du meurtre, était une balle de treize grammes fabriquée par la Speeris Company, des munitions fournies des années plus tôt à tous les policiers.

Fred en remit six à Lutz, plus une douille vide. L'expert utilisa le revolver personnel pour tirer trois de ces balles et celui de service pour tirer les trois autres, puis il compara leurs rayures avec celles de la balle extraite par le légiste du corps de la victime et finit par conclure que l'assassin s'était servi de l'arme personnelle de Fred.

Quant aux balles tirées par l'arme de service, elles n'avaient aucun point commun avec celle retenue comme pièce à conviction. Il procéda ensuite à un examen au microscope des marques visibles sur la douille de la munition utilisée auparavant et constata qu'elles ne correspondaient pas à celles qu'auraient pu laisser les percuteurs des deux revolvers qu'on lui avait remis. Il en découlait que cette balle avait été tirée par une troisième arme. Robins pensa immédiatement qu'il devait s'agir du Smith & Wesson que Durfee avait examiné le 28 mai 1981. Fred Schultz – ou quelqu'un d'autre – avait ensuite disposé de vingt-deux jours pour procéder à un échange.

Eisenberg n'en avait pas parlé lors du procès, alors que les jurés n'auraient jamais déclaré Laurie coupable de meurtre avec préméditation s'ils avaient su cela.

Robins estimait qu'il était grand temps de trouver à Laurie un avocat valable. Il était certain qu'elle bénéficierait d'un nouveau procès car il pouvait désormais démontrer que sa défense avait laissé à désirer.

[illegible] du fils de [illegible] [illegible] [illegible] [illegible] [illegible] l'arme du crime.

Le 18 mai 1981, [illegible] avait envoyé les [illegible] Schultz et Lauwers [illegible] comparer des balles de [illegible] [illegible] dans la boîte de [illegible] [illegible] dans [illegible] [illegible] [illegible] et [illegible] au [illegible] du meurtre, qui [illegible] de trois [illegible] [illegible], sur le Sprague [illegible], [illegible] [illegible] [illegible] [illegible].

[illegible] plus tard [illegible] l'expert utilisa le [illegible] pour [illegible] des balles. [illegible] [illegible] compara leurs [illegible] avec celles de la balle extraite par le [illegible] du corps de [illegible] et [illegible] conclure que l'assassin [illegible] [illegible] une autre arme [illegible].

Quant aux balles tirées par l'arme de service, elles n'avaient [illegible] point commun avec celle [illegible] comme pièce à conviction. Il [illegible] [illegible] [illegible] [illegible] sur la balle de [illegible] [illegible] et [illegible] [illegible] [illegible] pas à celles qu'avaient [illegible] les [illegible] des deux [illegible] [illegible]. [illegible] [illegible] que cette balle avait été tirée par une [illegible] arme [illegible] [illegible] qu'il [illegible] [illegible] au [illegible] Wasson. [illegible] avait examiné le 18 mai 1981 [illegible] Schultz [illegible] [illegible] [illegible] [illegible] pour [illegible] [illegible].

[illegible] n'était pas [illegible] [illegible] [illegible], alors que [illegible] [illegible] [illegible] [illegible] coupable [illegible] [illegible] [illegible] [illegible].

[illegible] [illegible] qu'il était grand temps de [illegible] [illegible] [illegible] [illegible] [illegible] d'un nouveau procès. Il [illegible] [illegible] [illegible] [illegible] [illegible].

37

Des poires et des avocats

Peu après Noël 1986, Robins reçut un coup de téléphone de Martin E. Kohler, un jeune avocat qui se bâtissait une excellente réputation en dépit d'une timidité excessive. Cet homme le chargea d'aller réclamer dix-huit mille dollars d'honoraires que lui devait un client à la réputation douteuse. Il savait que Robins n'hésiterait pas à s'aventurer dans des quartiers mal famés et qu'il ne se laisserait pas intimider. Quand le détective lui apporta cette somme, il en profita pour lui demander d'assurer la défense de Lawrencia Bembenek.

L'affaire intéressait Kohler. Il estimait que Laurie avait de bonnes chances d'obtenir gain de cause s'ils déposaient une nouvelle demande de révision du procès. Il proposa un marché à Laurie. S'ils gagnaient, elle lui verserait cinquante mille dollars. S'ils perdaient, elle ne lui devrait rien. Il était certain de pouvoir la faire sortir de Taycheedah.

Restait à récupérer tous les dossiers que détenait Halloran. Robins soupçonnait cet homme de ne pas lui avoir communiqué la totalité des pièces. Ce fut Kohler qui téléphona à son confrère pour lui annoncer qu'il reprenait l'affaire et avait besoin de tout ce qui s'y rapportait.

Bien que chargé par Kohler d'aller prendre les dossiers, Robins envoya un ami afin qu'Halloran ne pût savoir qu'il y aurait accès. L'ami en question lui rapporta un monceau de papiers.

Robins y trouva une note écrite par la secrétaire d'Eisenberg. Une serveuse du *Sally's Steak House* de Milwaukee avait téléphoné au cabinet de l'avocat pour l'informer qu'un enquêteur de l'inspection des services était passé interroger le personnel de cet établissement. Il voulait se renseigner sur le compte de Fred Schultz, alors suspecté du meurtre de son ex-femme. Eisenberg ne s'était pas donné la peine de suivre cette piste mais cela démontrait que des soupçons avaient pesé sur Schultz.

Robins trouva également des douzaines de lettres que Laurie avait adressées à son avocat. Le ton en était pathétique, elle était convaincue qu'Eisenberg réussirait à obtenir sa libération.

Il était évident que Fred Schultz avait joué un rôle capital dans l'organisation de la défense de sa femme. Bien qu'impliqué dans l'affaire, il avait assisté à la plupart des entretiens entre Eisenberg et sa cliente.

Puis Robins prit connaissance des notes que Laurie avait transmises à son avocat au cours de son procès. « Pourquoi faites-vous ceci, pourquoi ne dites-vous pas cela ? » Un flot de questions apparemment restées sans réponses.

Il y avait encore la lettre d'un journaliste du *National Enquirer* qui tenait à remercier Eisenberg pour l'avoir aidé à écrire « un papier sur Laurie ». Robins rechercha cet article, intitulé : LA MEURTRIÈRE RÉCLAME UNE PENSION ALIMENTAIRE PENDANT QU'ELLE PURGE SA PEINE et lut qu'il l'avait qualifiée « d'assassin inaccessible à la pitié ».

Nul n'aurait pu nier que l'avocat n'avait pas servi les intérêts de sa cliente en collaborant à la rédaction d'un tel texte.

Robins aidait Kohler à réunir des preuves à l'appui de leur demandc ct avait des problèmes financiers de plus en plus sérieux. Il effectuait à l'occasion d'autres enquêtes afin de pouvoir régler son loyer mais consacrait la majeure partie de son temps à l'affaire Bembenek. Il fut expulsé d'un logement, puis d'un autre. Quand il se retrouva dans l'incapacité de régler la pension alimentaire de son ex-femme, il décida d'aller la voir.

– Je sais que tu pourrais me faire envoyer en prison, dit-il à Sharon. Mais tu me connais, il me serait impossible de renoncer. Si ce n'est pas moi qui m'en charge, qui le fera ?

Sharon était elle aussi convaincue de l'innocence de Laurie et elle le libéra de toute obligation financière tant qu'il n'aurait pas à nouveau des revenus décents. Elle travaillait et vivait chez son père. Il lui promit de tout lui rembourser un jour.

Quand Lawrencia Bembenek serait à nouveau une femme libre.

Il parlait fréquemment de cette affaire avec Sharon et David, alors âgé de sept ans. Il voulait convaincre son fils qu'il finirait par faire éclater toute la vérité, que lorsqu'on croyait vraiment en quelque chose rien ne pouvait empêcher la réalisation de ses rêves.

– Je ne peux pas t'emmener en vacances là où vont tes amis ni t'acheter des cadeaux coûteux, lui dit Robins. Mais je veux que tu saches que ce n'est pas le plus important dans la vie.

Au cours du printemps 1987, l'amour que Robins portait aux siens fut mis à rude épreuve. Les menaces anonymes cessèrent d'être dirigées contre lui pour se porter sur son fils.

– Nous savons où est David, lui dit-on. Nous allons nous en occuper et tu ne le reverras jamais.

Mais Robins était prêt à tout pour protéger sa famille et il ne se laissa pas intimider.

– Vous me faites penser à certains flics. Vous êtes bien trop lâches pour vous en prendre à moi.

Il recevait désormais des appels à toute heure du jour ou de la nuit. C'étaient toujours des voix d'hommes qui l'insultaient et le menaçaient.

– A qui pourrais-je demander de l'aide... à la police ? demanda Robins à Marty Kohler. Le simple fait d'y penser me donne envie de rire.

Robins réagit aussitôt. Pendant six semaines d'affilée il alla se poster près de la maison où vivaient sa femme et son fils. Muni de revolvers qu'il transportait dans un des sacs en plastique « pour ne pas risquer d'être accusé de dissimulation d'armes », il se tapissait dans les buissons à côté de la fenêtre de la chambre de David, bien décidé à tirer sur quiconque essaierait d'entrer. Et si c'était un flic, il viserait la tête parce qu'il se serait certainement muni d'un gilet pare-balles.

Mais nul ne se manifesta et il renonça finalement à ses surveillances nocturnes. Il recevait toujours des appels, et bien que la Compagnie des téléphones eût placé son poste sur écoute il fut impossible de déterminer leur provenance.

En mai 1987, la cour d'appel de l'Etat confirma la décision prise par le juge Geske en mai 1986. Elle estimait qu'il n'existait pas suffisamment de faits nouveaux pour justifier une révision du procès. Laurie était en colère et déprimée. Elle se confia à Robins et lui demanda :

– Est-ce que je sortirai un jour d'ici, Ira ? Pourquoi sont-ils tous ligués contre moi ? Pourquoi refusent-ils de tenir compte de tout ce que nous avons appris ?

– La justice a été bafouée, Laurie. Les flics dissimulent quelque chose et ça commence à puer. Si McCann croit que je vais renoncer, il se trompe.

Il prit l'engagement de poursuivre son enquête. Il lui rappela la promesse qu'il lui avait faite de continuer ses recherches jusqu'au jour où elle sortirait finalement de prison.

Pendant que Robins essayait de découvrir la vérité, Laurie étudiait pour obtenir une licence ès lettres et défendait les droits des détenues. Elle savait sous quelle forme rédiger les documents légaux et se défoulait en couchant ses pensées par écrit. Dans un poème sans titre de 1987 elle résuma ses sentiments et ses peurs :

Tous les doigts d'une main ne peuvent plus suffire
pour compter les années que j'ai passées ici.
Par un matin glacial, dans une pièce sombre,
j'ai levé le regard sur un arbre dénudé
et trouvé que ses branches ressemblaient
à des veines tendues vers le ciel
et j'ai compris
que je ne supportais plus une pareille vie.

On pourrait supposer
qu'après tant d'années où j'ai été sujette
à tant de pratiques dégradantes,
après avoir été dévêtue et fouillée
au cours de mes menstrues

(à l'évidente joie de gardiennes lesbiennes),
après avoir dû utiliser les toilettes
devant tant d'inconnues,
après avoir été éveillée au milieu de la nuit
pour pelleter la neige ou uriner dans un bocal...
Après des années de privations sensorielles
de sodomie mentale,
de harcèlements
de réprimandes
de surveillance
de gêne
de solitude
d'isolement
d'humiliations
d'avilissement
d'accusations
de critiques
d'abattement
d'intimidations et de désespoir

on pourrait supposer
qu'on finit par s'accoutumer aux brimades –
quand on nous ordonne d'une voix forte
de ne pas nous laisser embrasser par un visiteur,
quand on nous ordonne d'exécuter un travail [inutile
puis qu'on nous retient deux jours sur notre pécule
à cause d'un léger retard,
quand on nous transfère d'une cellule à l'autre,
et qu'on nous confisque un paquet de biscuits,
mais cette oppression absurde ne fait que devenir
bien plus insupportable encore.

Je ne veux plus me demander
combien de fascistes tarés lisent mes lettres
(et si elles arriveront à destination)

être suivie par le regard froid des caméras
privée de sexe
et de tout choix, dans le vacarme constant
des sonneries, des clés et des talkie-walkies.

Je découvre qu'il est au-dessus de mes forces
d'observer les enfants au-delà du grillage
et de les écouter crier aux détenues :
« Maman ! Je ne veux pas te quitter ! »
Je n'ai pas eu de fils, mais je me sens comme elles.
Je détourne les yeux, le plus vite possible,
Je refuse de voir,
Je ne supporte plus la paranoïa, l'angoisse, le [désespoir.

Depuis quelque temps
il me serait facile de fuir cette réalité,
mais je sais qu'en ce cas ils seraient vainqueurs.
Je ne ferais qu'échanger ce monde angoissant
contre des psychotropes et une cellule capitonnée.
Alors je puise dans ce qui me reste de courage
afin de continuer,
pour l'instant.

Au début de l'hiver 1987, Robins se rendait avec Kohler au State Office Building lorsqu'ils furent abordés dans un couloir par un avocat qui les conduisit à l'écart et posa son attaché-case.

– Je sais ce que vous avez entrepris. Je tenais à vous dire que nous sommes nombreux à soutenir votre action.

Il prit un bout de papier et y écrivit deux noms.

– Tenez, vous devriez vous renseigner sur ces hommes, ajouta-t-il avant de les laisser.

Robins déplia la feuille et resta bouche bée. Il venait de lire « Frederick Horenberger » et « Daniel L. Gilbert ».

– Marty, ce sont les types qui ont été condamnés

pour le cambriolage dont Judy Zess a été victime, et on a interpellé un Danny L. Gilbert sur la voie express juste au-dessus de la maison de Christine Schultz peu après son assassinat !

Il devait exister un lien entre ces deux individus et la mort de cette femme. Horenberger connaissait Judy Zess, il avait été déclaré coupable d'agression et de vol à son encontre quelques mois après le meurtre, et il avait adressé à Eisenberg une attestation sur l'honneur dans laquelle il affirmait que Laurie avait été victime d'un coup monté.

Ce n'était certainement pas tout, se dit Robins. Il devait encore exister autre chose.

Robins alla consulter les dossiers d'Horenberger et de Gilbert au greffe du tribunal. L'avocat d'Horenberger n'était autre que Robert Weidenbaum, l'homme qui s'était chargé du divorce de Laurie et avait collaboré à la demande de révision de son procès. C'était Eisenberg qui l'avait recommandé à Laurie.

Daniel L. Gilbert était bien l'autre homme qu'on avait arrêté pour l'agression perpétrée contre Judy Zess. Pouvait-il s'agir également de l'individu qu'on avait interpellé non loin de chez Christine Schultz le 28 mai 1981 ? Robins entreprit aussitôt des recherches pour retrouver ce camionneur.

Il découvrit qu'un Daniel L. Gilbert travaillait pour une société de routage de l'Illinois. Il n'avait pas d'adresse, seulement une boîte postale, et ses employeurs refusèrent de fournir la moindre information sur son compte. Robins laissa son numéro de téléphone, mais Gilbert ne le rappela pas.

Pendant qu'il essayait de joindre cet homme, Robins apprit que deux détectives de Milwaukee avaient été le voir pour l'interroger. Ils avaient conclu que ce n'était pas l'individu qui avait été impliqué dans le vol perpétré contre Judy Zess. Robins essaya de découvrir s'il existait entre eux un lien de parenté mais ne put obtenir la coopération des services de police.

Les rapports entre ces divers personnages étaient très compliqués. Weidenbaum avait travaillé pour Eisenberg et assuré la défense d'Horenberger – un témoin clé dans l'affaire Schultz – lors de son procès pour le vol dont Judy Zess – elle aussi mêlée à l'affaire Schultz – avait été victime.

Robins découvrit que pendant le procès d'Horenberger Weidenbaum avait à deux reprises contacté Daniel L. Gilbert, malgré l'opposition de l'avocat de ce dernier. Weidenbaum avait fait l'objet d'un blâme de la Commission d'éthique.

Robins demanda à Laurie si elle avait autorisé Weidenbaum à consulter ses dossiers. Ce n'était pas le cas.

Qu'il y ait eu conflit d'intérêts lui semblait incontestable.

– Eisenberg accepte de l'argent du mari d'une femme accusée du meurtre de son ex-épouse alors qu'il figure lui aussi sur la liste des suspects, dit Robins à Kohler. Eisenberg l'autorise à assister à toutes ses entrevues avec sa cliente et ne le met pas une seule fois en cause en dépit du fait que de fortes présomptions de culpabilité pèsent sur lui.

Kohler et Robins décidèrent de réclamer une révision du procès en se fondant sur ce conflit d'intérêts. Kohler demanda à Robins de chercher des talons de chèques démontrant que Fred avait contribué au règlement des honoraires d'Eisenberg et toutes autres preuves de collusion entre les deux hommes. Il lui fit délivrer une autorisation de consultation du compte bancaire de Fred et Robins trouva un chèque de mille cinq cents dollars tiré à l'ordre d'Eisenberg le 15 février 1982.

Tout en poursuivant son enquête, Robins servait de porte-parole à Laurie. Il communiquait aux médias la totalité des faits nouveaux mais aucun journaliste ne s'intéressait à la recherche de la vérité sur le meurtre de Christine Schultz.

Mi-1987, Robins communiqua à une chaîne de télévision locale la liste de tout ce qu'il avait découvert depuis le début de sa propre enquête. Il citait les principaux personnages impliqués dans l'affaire et les liens qui les unissaient. Robins avait par exemple appris entre-temps que Fred Schultz et Horenberger avaient été associés. George Marks, le propriétaire du *George's Pub and Grub*, les avait mis en contact et ils avaient ensuite effectué ensemble divers travaux.

– Marks connaissait Elfred Schultz, Horenberger et l'autre homme impliqué dans le cambriolage dont Judy Zess a été victime, dit Robins aux journalistes et aux personnalités réunis dans les studios de Canal 12.

Il y avait Marty Kohler, ainsi que Bob Donohoo – le Monsieur « Et après, et après ? » des services du D.A. –, ainsi que Dave Begel responsable de l'information à Canal 12, Mark Siegrist un journaliste, et Michael Malmstadt qui travaillait également pour le bureau du D.A. et ne quittait pas Robins des yeux.

Ce dernier démontra qu'Elfred Schultz connaissait tous ceux qui avaient été liés de près ou de loin au meurtre : Marks, Horenberger, Weidenbaum, Eisenberg, Judy et Honeck.

Mais Donohoo répondait à chaque argument par ses sempiternels *et après ?* et Robins comprenait qu'il était dans une impasse. Tous avaient une opinion préconçue et refusaient d'en démordre.

Finalement, ils firent une pause. Tout en mangeant un sandwich, Robins fixait Donohoo en se disant : La justice finit toujours par triompher, espèce de salopard. Tôt ou tard, tout le monde saura qui vous êtes vraiment.

38

Coups montés

En août 1988, Laurie Bembenek fêta à Taycheedah son vingt-neuvième anniversaire. Elle avait déjà passé plus de deux mille trois cents jours en prison.

Des amies de Milwaukee lui écrivirent pour lui parler d'une réunion d'anciennes élèves du lycée. De vieilles camarades avaient eu des bébés, obtenu des diplômes et des promotions. L'une d'elles était allée en Europe, une autre venait d'acheter une maison et de régler la dernière traite de sa voiture.

Tout cela pendant que Laurie nettoyait les toilettes, fabriquait des plaques minéralogiques, lessivait les sols et essayait de résister à la séduction de la folie. L'amitié de quelques détenues et la poésie étaient pour Lawrencia Bembenek les principales sources de réconfort. Sa nostalgie ne s'estompait pas et un matin où elle souffrait tout particulièrement de la solitude elle s'assit sur son lit pour écrire *Images figées*.

Dans une pièce sombre comme un grenat
mes pensées se retournent et s'affrontent ;
un retour vers une époque révolue
filtrée par le prisme de la maturité,
questions :
qu'ai-je donc appris ?
je pleure toujours un chien qui n'est plus,
les années passent
et je vois les miens de moins en moins souvent.

Enfant,
je rêvais que je pouvais voler
Parfois, je me contentais de filer
à quelques centimètres au-dessus du trottoir,
les bras tendus, comme un aéroplane.
Ce soir, j'ai éprouvé la même chose
quand j'ai regardé par la fenêtre
la clarté jaunâtre qui succède à l'orage
et qui fait miroiter la route noire humide.
Des éclairs léchaient un arc-en-ciel ventru
dont les côtés s'affaissaient jusqu'au sol.

Ma mère.
Elle est toujours aussi fraîche
que les pivoines gorgées d'eau de pluie
à côté de la balançoire de l'arrière-cour.
Et j'imagine le vent qui agite les branches
au-dessus de sa tête, dans le parc.
Elle porte un chemisier vieillot qui laisse dé-
[couverts
Ses bras entre lesquels je pouvais me réfugier.

Je téléphone à des amies et j'entends
des bruits domestiques en fond sonore
et je suis assaillie par un désir mélancolique

de revivre le passé.
Mais me voici trop lasse, perdue et effrayée
et la seule chose que j'attends encore
ce sont les voyages oniriques indolores
qu'apporte le sommeil aux gens emprisonnés.

Elle réussissait à conserver un certain sens de l'humour et, avec Kathy Braun, il lui arrivait de se maquiller de façon outrancière pour parader dans les couloirs en feignant d'être des déléguées Avon. Elles fourraient des vêtements sous leurs sweat-shirts pour jouer aux femmes enceintes. En bref, elles ne reculaient devant rien pour se changer les idées.

Mais ce n'était pas une vie. Laurie avait cessé de vivre longtemps auparavant.

– Je me contente d'exister, dirait-elle à une amie qui l'interrogerait sur ce sujet. J'ai passé ici ce qui aurait dû être mes plus belles années. C'est un enfer. Il n'y a rien de comparable. Je peux en parler, bien sûr, mais il faut l'avoir vécu pour savoir ce que c'est.

On continuait de lui écrire pour lui proposer de l'aider. La plupart de ces gens ne l'avaient jamais rencontrée. Ils avaient découvert l'affaire par les médias et étaient convaincus de son innocence. Certains écrivaient au gouverneur. D'autres exerçaient des pressions au niveau local ou gouvernemental. Tous ceux qui avaient entendu parler de Lawrencia Bembenek ne pouvaient oublier son tragique destin.

Fin 1987, Robins et Kohler l'informèrent qu'ils allaient réclamer une fois de plus la révision de son procès mais que leurs chances d'obtenir gain de cause étaient minces car peu de faits étaient véritablement nouveaux. Ses avocats précédents en avaient eu connaissance. Ils devraient uniquement se baser sur le fait qu'ils n'en avaient pas fait bon usage.

Mais en consultant les dossiers et en interrogeant à nouveau les témoins, Robins avait malgré tout découvert des informations supplémentaires.

Par exemple que Christine Schultz avait fait l'objet de filatures pendant au moins trois mois avant sa mort. Des voitures se garaient devant chez elle à toute heure du jour ou de la nuit. D'autres la suivaient. Elle avait déclaré à plusieurs témoins qu'elle pensait être surveillée par l'inspection des services.

Robins avait également appris que le 4 décembre 1982 Stu Honeck avait téléphoné à Virginia et Joe Bembenek pour leur parler du meurtre de Christine.

– Il m'a déclaré que trois cent mille dollars de drogue avaient disparu de la maison de Ramsey Street la nuit du meurtre, s'était souvenu Joe Bembenek.

Honeck avait en outre ajouté qu'Elfred Schultz devait se shooter.

Quand Robins en parla à Laurie, elle se souvint qu'Honeck avait également téléphoné à ses parents pour leur demander ce qu'étaient devenues les plantes vertes de Christine. Il souhaitait savoir qui les avait récupérées. Or, Robins n'ignorait pas que de nombreux dealers dissimulaient leur marchandise dans des pots de fleurs afin de tromper le flair des chiens.

– Ce serait un mobile pour le meurtre et le cambriolage, déclara Robins. Qu'Eisenberg ne se soit pas servi de cette information me sidère.

Robins avait besoin de preuves. Il téléphona à Honeck et lui déclara que les Bembenek avaient enregistré son appel, le jour où il leur avait parlé de ces drogues. Quand Robins prit l'engagement de lui remettre la bande magnétique, Honeck confirma ses propos précédents. Et, si cette cassette n'existait que dans l'imagination du détective, il avait pris soin de mettre en marche un magnétophone avant de composer le numéro de cet homme.

Il était désormais possible d'établir un rapport entre le meurtre et le vol perpétré chez Zess. Horenberger savait que Gaertner était un dealer et c'était certainement de la drogue qu'il avait espéré trouver dans le logement de Judy Zess.

Il existait en effet de nombreux points communs entre les deux affaires :

1. L'agresseur portait une perruque auburn.
2. Les victimes avaient été bâillonnées.
3. Elles avaient été menacées par une arme, utilisée à bout portant.
4. Il s'agissait dans les deux cas d'un revolver calibre 38.
5. Leurs mains avaient été liées.
6. Pour le vol, le coïnculpé était un certain Daniel L. Gilbert. Peu après le meurtre de Christine Schultz un certain Danny L. Gilbert avait été interpellé par la police parce que son véhicule était garé sur la voie express, juste à côté de la maison de la victime.
7. On était entré dans les deux logements sans effraction.
8. Les lieux avaient été saccagés.
9. On parlait de drogue dans les deux cas.
10. Il y avait eu violences.
11. Elfred O. Schultz Jr avait vécu avec les deux victimes.
12. Le détective Frank Cole de la police de Milwaukee était témoin à charge dans les deux affaires.

Robins apprit par des amis de Christine Schultz qu'Eisenberg avait eu connaissance d'autres informations capitales avant le procès. Il savait par exemple que Christine avait peur de son ex-mari parce qu'il l'avait brutalisée à plusieurs reprises. Elle avait confié à Eugene Kershek, l'avocat qui s'était chargé de son divorce, que Fred avait menacé de la tuer. Par ailleurs, une des petites amies de cet homme l'accusait de l'avoir frappée.

L'appel que Kohler interjeta en décembre 1987 paraissait à première vue parfait. L'avocat mettait en exergue le conflit d'intérêts. Eisenberg savait que l'arme du crime appartenait à Fred et que ce dernier avait eu sur lui une clé de la maison de Christine. Bien que conscient de leurs problèmes de couple, l'avocat avait organisé le remariage de Laurie et de Fred. Il avait accepté de l'argent de ce dernier bien qu'il eût figuré sur la liste des suspects.

Kohler parlait des liens existant entre Eisenberg, Weidenbaum et Horenberger, entre Horenberger et Fred, entre Fred et Eisenberg. Il énumérait les similitudes entre les affaires Zess et Schultz et rappelait que plusieurs témoins avaient vu un individu correspondant à la description d'Horenberger rôder non loin de chez Christine. Il soulignait les anomalies se rapportant au revolver et à la perruque. Pour résumer, il démontrait que c'était Elfred Schultz et non Lawrencia Bembenek qui aurait dû être inculpé.

Sitôt après que Kohler eut transmis cette demande au juge Robert W. Landry, le D.A. adjoint Donohoo déclara qu'il n'y avait dans tout cela aucun fait véritablement nouveau et qu'il ferait en sorte que le pourvoi soit rejeté.

Pendant que les avocats se préparaient à ce nouvel affrontement, Laurie, Kathy Braun et Thonda Ambuehl – une autre codétenue –, assistées par l'avocat Diane Schwerm Sykes, portaient plainte contre l'Etat en raison de la surpopulation et des conditions de détention à Taycheedah. Leurs droits constitutionnels étaient bafoués. On comptait deux cent quarante-sept femmes dans une prison conçue à l'origine pour n'en recevoir que cent vingt-six.

La justice avait été saisie de la demande de révision du procès mais Robins continuait son enquête. Il ne négligeait aucun des coups de téléphone qu'on lui adressait. Un jour, il alla retrouver dans un restaurant une femme qui affirmait détenir une information capitale. Dès qu'il arriva, elle lui déclara :

– Lawrencia n'est pas coupable.

Robins était impatient d'entendre la suite, mais ce fut seulement après qu'il eut commandé leurs repas qu'elle lui annonça :

– Christine Schultz m'a dit qui était son assassin.

– Quand ?

– La semaine dernière.

Robins reporta son attention sur son assiette et ne dit plus un mot.

En 1988, il trouva un nouveau moyen d'attirer l'attention. Il confectionna deux panneaux qu'il fixa sur les côtés de sa voiture. On y lisait : E. MICHAEL McCANN – LES CITOYENS DU COMTÉ DE MILWAUKEE VEULENT UN D.A. HONNÊTE ET INTÈGRE OU SON REMPLACEMENT, suivi de sa signature.

Désormais, des gens l'arrêtaient pour l'interroger sur l'évolution de l'affaire ou lui proposer de l'aider. Dans les grandes artères de Milwaukee, des véhicules s'alignaient derrière le sien pour défiler dans un concert d'avertisseurs. Robins savait qu'il bénéficiait du soutien du public. La plupart des gens pensaient que Laurie Bembenek avait été victime d'une erreur judiciaire, mais restait à savoir si des juges accepteraient d'admettre qu'un des leurs avait pu se tromper.

39

La longue marche

L'optimisme de Robins était contagieux et Laurie ne put s'empêcher de le croire lorsqu'il lui dit :

– Nous présentons enfin un dossier complet. Cette fois, nous obtiendrons gain de cause.

Leurs espoirs s'envolèrent quand le juge Landry, considéré comme le magistrat le plus expérimenté de l'Etat, se dessaisit de leur requête pour la confier à Michael Skwierawski, l'homme qui avait présidé le procès de Lawrencia Bembenek.

– Je ne dirai jamais assez de mal de cet individu, déclara Robins dans le cadre de diverses interviews. Tout au long des audiences il n'a cessé de mettre des bâtons dans les roues à Eisenberg, et il a accordé à l'accusation des passe-droits que tout autre juge aurait refusés. S'il était aveugle à l'époque, je doute que sa vision ait pu s'améliorer depuis.

Toutefois, l'intégrité d'Eisenberg avait été entre-temps remise en cause et cet avocat était toujours radié du barreau. Le conflit d'intérêts était incontestable.

L'audience débuta le 9 mai 1988. Le juge Landry avait prévu qu'elle durerait trois jours et Kohler déclara à Skwierawski qu'il lui démontrerait que Laurie Bembenek n'avait pas bénéficié d'un procès impartial.

Donohoo se leva pour exprimer le point de vue de l'accusation.

– Nous estimons qu'il n'y a pas eu conflit d'intérêts.

Laurie fut appelée à la barre et déclara qu'elle avait placé toute sa confiance en Eisenberg. Elle précisa qu'elle ne l'avait rencontré seule qu'à trois reprises et que les autres fois c'était toujours Fred qui s'était entretenu avec lui.

– J'étais mal placée pour parler de la plupart des sujets, expliqua-t-elle. Tout cela concernait l'ex-femme de Fred, l'arme de Fred, les enfants de Fred. En outre, le policier c'était lui, pas moi.

Elle reconnut qu'elle avait manqué d'autorité.

– Mais je ne me doutais de rien. J'étais profondément déprimée et je voyais en eux mes deux seuls alliés. Je... je ne me suis pas méfiée. Je ne me posais pas de questions. J'avais tellement besoin de croire qu'ils me viendraient en aide.

Kohler avait prévu de faire comparaître divers experts le premier jour de l'audience, mais le juge Skwierawski autorisa Donohoo à faire venir à la barre des témoins à charge qui avaient effectué un déplacement important. Kohler n'émit pas d'objections, en dépit du fait que cela bouleversait ses projets et n'était pas conforme aux usages. La défense aurait dû en effet présenter ses arguments la première car elle était dans cette action la partie requérante.

Cependant, Robins croyait qu'ils avaient plusieurs jours devant eux. Il ignorait ce que le juge avait dit à Kohler avant le début de l'audience, quand il l'avait convoqué dans son cabinet.

Après avoir entendu les témoins à charge, Skwierawski annonça un ajournement d'un mois. Robins était furieux. Il lui semblait que tout avait été décidé à l'avance. L'assistante de Kohler, Ann Reilly, déclara qu'elle avait elle aussi l'impression que tout ceci n'était qu'une simple formalité.

En juin, quand l'audience reprit, Kohler put enfin faire comparaître ses témoins : des légistes convaincus qu'Eisenberg n'aurait pas dû assurer la défense de Lawrencia Bembenek.

Thomas G. Cannon, ancien professeur de droit à l'université Marquette et ex-membre du Comité d'éthique de Milwaukee, directeur de la Société d'assistance légale et associé d'un cabinet d'avocats, déclara qu'il existait suffisamment d'éléments pour permettre de considérer Fred Schultz comme étant le principal suspect du meurtre de son ex-femme. Selon cet homme respecté par tous ses pairs, Eisenberg avait omis de prendre de nombreux faits en considération.

Tout d'abord, l'arme du crime appartenait à Fred Schultz qui avait proféré des menaces de mort à l'encontre de la victime et qui avait au moins trois mobiles pour l'assassiner : un intérêt financier, le dépit dû au fait qu'elle habitait sa maison et la jalousie engendrée par sa liaison avec Stu Honeck.

Schultz avait les clés du logement de son ex-femme, on avait trouvé sur son holster des taches de sang du même groupe sanguin que celui de Christine, il avait eu accès aux lieux du crime en tant qu'enquêteur, ses supérieurs l'avaient considéré comme suspect et il s'était prévalu du cinquième amendement lorsqu'il avait comparu comme témoin lors du procès.

– J'en conclus que Lawrencia Bembenek n'a pas bénéficié de l'assistance juridique que lui garantissaient les constitutions des Etats-Unis et du Wisconsin.

Deux autres experts en questions légales, les avocats

Michael K. McChrystal et Stephen E. Kravit, partageaient son point de vue sans réserve.

– Lawrencia Bembenek avait confiance en son avocat, dit Kravit. Elle a cru – à tort, malheureusement – qu'Eisenberg défendrait ses intérêts alors qu'il ne songeait en fait qu'à protéger son mari, le patron, celui qui se chargeait de régler ses honoraires.

Les déclarations des trois experts étaient catégoriques et toutes favorables à Laurie.

McChrystal, qui avait contribué à l'élaboration du code de déontologie des avocats du Wisconsin, estimait qu'Eisenberg aurait dû refuser d'assurer la défense de Laurie Bembenek pour deux raisons : l'existence d'un conflit d'intérêts évident dû aux liens qui l'unissaient à Horenberger et Fred Schultz, et le fait qu'il avait communiqué des informations confidentielles à Weidenbaum, l'avocat d'Horenberger.

– Autant de choses qui ont fortement nui à la défense de Mme Bembenek, déclara McChrystal en guise de conclusion. Les intérêts divergents étaient si importants qu'ils ont faussé tout le déroulement du procès.

Juste au moment où Kohler commençait à marquer des points, Skwierawski annonça une nouvelle suspension de séance.

Robins avait l'impression que tous dormaient, ici, le juge inclus. Il savait qu'il était difficile d'établir un lien entre les faits lorsque les témoins n'étaient pas cités dans un ordre logique. Il était convaincu que ces ajournements avaient pour but de laisser à Donohoo le temps de disséquer tous les témoignages.

Chaque fois que Laurie était conduite au tribunal elle devait subir des humiliations : fouilles corporelles, transports interminables dans un fourgon où elle était enchaînée à d'autres prisonniers. En août, quand l'audience reprit et qu'elle fut conduite pour la troisième fois au tribunal, elle se retrouva à côté d'un malade mental qui proféra des menaces à son encontre tout au long du trajet.

On l'enferma dans une cellule adjacente au cabinet du juge, un réduit pas plus grand qu'un placard. Kohler vint lui annoncer que tout était prêt. Skwierawski avait une autre affaire à régler mais l'audience débuterait dans une vingtaine de minutes.

Une heure s'écoula. Finalement, Ann Reilly passa la voir pour lui dire que ce serait un peu plus long que prévu. Laurie continua d'attendre. Elle entendit la secrétaire du juge téléphoner à sa mère :

– M'man, c'est moi. Ecoute, Bembenek est ici et je passerai ce soir à la télévision. Ne me rate pas. Excuse-moi mais je dois y aller. Au revoir.

Deux heures plus tard un shérif adjoint vint la chercher pour la conduire dans une autre cellule. Des heures supplémentaires s'écoulèrent. Elle décida finalement de téléphoner à ses parents et à Marty Kohler, mais personne ne décrocha. Finalement, son avocat la contacta pour lui annoncer qu'il y avait eu un contretemps et qu'elle devrait retourner à Taycheedah.

– J'aimerais lui botter le cul, dit-elle à Robins en se référant à Kohler. Il ne fait rien. Il n'émet pas la moindre objection.

Robins était du même avis mais il n'aurait pu intervenir à la place de l'avocat qui refusait toujours de lui dire ce qui s'était passé entre lui et le juge, le jour où Skwierawski l'avait convoqué dans son cabinet. Mais depuis lors Kohler était taciturne et gardait un profil bas.

Quand le magistrat demanda aux deux parties de lui remettre leurs conclusions dans un délai donné, Kohler respecta la date limite mais pas Donohoo. Robins et Laurie étaient furieux. Kohler ne protesta pas. Puis Donohoo s'autorisa un nouveau retard que Kohler accepta sans rien dire.

Fin septembre, Laurie n'avait plus qu'un seul désir : en finir au plus vite. Elle ne voulait plus retourner à Milwaukee. Elle était parfaitement consciente que Skwierawski ne leur accorderait jamais gain de cause. Elle avait vu juste. En octobre 1988 ce magistrat estima qu'Eisenberg avait assuré convenablement sa défense sans tenir compte du fait qu'on l'avait depuis radié du barreau et que tous les experts réunis par Kohler étaient d'un avis contraire.

Selon lui, rien ne démontrait qu'un conflit d'intérêts avait privé l'accusée d'un procès équitable. Kohler annonça aussitôt qu'il ferait appel de cette décision. De retour à Taycheedah, Laurie eut cependant des victoires d'un autre ordre à célébrer.

La question du surpeuplement et des conditions de détention fut réglée hors des tribunaux. L'Etat s'engagea à réduire la population carcérale si la plainte était retirée.

Les détenues bénéficieraient en outre d'une protection médicale vingt-quatre heures sur vingt-quatre, les différences de traitement entre les hommes et les femmes seraient réduites, au moins six pour cent d'entre elles pourraient travailler en prison et le programme de désintoxication des droguées et des alcooliques serait intensifié.

Puis un inspecteur de l'Etat estima qu'un des surveillants de l'atelier de sérigraphie avait commis des fautes professionnelles graves en harcelant Laurie à maintes occasions. Le gardien Dave DePrey avait en effet écrasé un beignet sur son visage et craché dans son café. Il lui avait ordonné de boire du soda au citron en lui disant que c'était de l'urine et l'avait insultée. Il dut lui présenter des excuses.

Elle fut transférée de l'atelier de sérigraphie au standard téléphonique, où on venait de créer un service de renseignements à la disposition des particuliers qui souhaitaient obtenir des informations sur la loterie de l'Etat. Elle consacrait le reste de son temps à étudier en vue d'obtenir sa licence.

Robins travaillait toujours avec Kohler, mais leurs rapports étaient tendus. Aux yeux de Robins, Kohler avait trahi sa cliente. Leur dossier très complet et les témoignages des experts auraient dû leur permettre d'obtenir gain de cause.

Kohler restait l'avocat officiel de Laurie, mais Robins rencontrait chaque jour un autre homme de loi de Milwaukee, Robert Sosnay, qui croyait lui aussi en l'innocence de Laurie.

– Etre en prison est une chose et être coupable en est une autre, déclara Sosnay à un journaliste local. Mais être à la fois en prison et innocent est tout simplement inadmissible.

Sosnay, un fumeur invétéré de petite taille et assez corpulent, devint rapidement le conseiller légal de Robins. Chaque fois que le détective devait écrire une lettre, s'engager sur une nouvelle piste ou porter une accusation contre les services du D.A., Sosnay s'assurait au préalable qu'il ne risquait pas d'être attaqué pour diffamation. Robins était convaincu qu'avec l'aide de cet homme Laurie serait finalement réhabilitée. Il attendait 1989 avec espoir.

– Ce sera une bonne année, déclara-t-il un jour à Sosnay. Nos adversaires ne pourront pas continuer de mentir jusqu'à la fin des temps.

40

Ciné, télé et comité

Les médias reparlèrent de l'affaire début 1989, pour la sortie du film *Used Innocence* que le réalisateur James Benning avait tourné sur Laurie. Il n'était pas destiné à une diffusion nationale et fut projeté dans les salles d'art et d'essai et quelques universités. Peu de spectateurs le virent, mais il fit l'objet de critiques dans des journaux et des revues de tout le pays.

Originaire du Wisconsin, Benning était un cinéaste d'avant-garde qui avait déjà deux autres films à son actif. Enseignant à l'Institute of Arts de Californie, il avait vu en 1986 une photo de Laurie dans un quotidien et avait été fasciné par sa beauté. Il lui avait écrit et leurs échanges épistolaires avaient été à l'origine d'une solide amitié. Il était allé lui rendre visite et, convaincu de son innocence, il avait décidé d'utiliser le septième art pour plaider sa cause.

Used Innocence ne bénéficia pas d'un accueil favorable de la critique. Janet Maslin qualifia dans le *New York Times* les convictions de Benning « touchantes » mais ses thèses peu convaincantes. Elle écrivit : « Benning a foi en son sujet et est pétri de bonnes intentions, mais tout s'arrête là. » D'autres critiques lui reprochaient de s'être concentré sur Laurie, et non sur les circonstances qui lui valaient d'être en prison.

Il n'y avait aucune vedette à l'affiche de ce film tourné à Milwaukee et en grande partie composé d'extraits de la correspondance que Benning et Laurie avaient échangée.

Un nouveau pourvoi en révision était en préparation. Robins le pensait voué à l'échec, mais son pessimisme était tempéré par le fait qu'on reparlait de l'affaire grâce à *Used Innocence*, que Laurie ne fut pas autorisée à voir et qui ne fut projeté que deux soirs à l'université du Wisconsin.

Après avoir commencé à traiter de l'affaire et des irrégularités qui l'entouraient, Benning avait brusquement changé d'avis.

– Je devais rester objectif et chercher la clé de l'énigme, être à la fois un journaliste et un détective pour démontrer que Laurie avait été victime d'un coup monté, disait-il.

Mais sa rencontre avec elle avait bouleversé sa vie. Sa compagne l'avait quitté et il en avait eu le cœur brisé.

– J'ai alors tout repris de zéro, d'une façon différente. Laurie et la condition carcérale me fascinaient. J'ai perdu toute objectivité. Relater son drame ne me suffisait plus, je devais révéler plus de choses sur elle. Et sur moi.

Laurie avait espéré que cette œuvre porterait sur l'erreur judiciaire et non sur ses rapports avec le réalisateur. Il lui faudrait encore attendre que quelqu'un décide d'effectuer une véritable enquête sur la mort de Christine Schultz.

Début 1989, un journal marginal de Milwaukee, le *Shepherd Express*, publia une série d'articles rédigés par Robins qui ravivèrent l'intérêt du public pour l'affaire Bembenek.

Un après-midi, alors qu'il était dans les locaux de la rédaction, Robins entendit la secrétaire parler par téléphone de photos de policiers qui dansaient nus en public. Il savait que Laurie avait remis à l'inspection des services de tels clichés pris lors des pique-niques du *Tracks*. Il bondit pour arracher le combiné des mains de la jeune femme.

Il eut en ligne une ex-petite amie du propriétaire de cette taverne qui déclarait avoir vu bien d'autres photos. Robins était convaincu que ces dernières devaient contenir une partie de la réponse au mystère qui entourait la mort de Christine Schultz.

Il avait vu celles que Laurie avait transmises aux services de police de Milwaukee en 1981, y compris des clichés de Fred Schultz posant nu dans un parc de la ville. Robins savait que des douzaines de flics avaient participé à ces orgies. C'était suffisant pour qu'on ait voulu se débarrasser d'elle en la faisant accuser d'un crime qu'elle n'avait pas commis.

Au cours des semaines suivantes il découvrit que le propriétaire du *Tracks*, Peter Wolberson, avait été condamné à trois reprises pour trafic de drogue, qu'il avait confié à Fred Schultz divers travaux de menuiserie et qu'il possédait au moins un immeuble de huit appartements en copropriété avec le lieutenant William Vogel, le responsable de l'enquête judiciaire sur l'assassinat de Christine Schultz. Robins doutait que les liens entre Fred, Vogel et le propriétaire du *Tracks* ne soient que de simples coïncidences.

Il déclara à Sosnay :

– Si des flics haut placés et mouillés dans des histoires

de drogue, de jeu clandestin, et d'orgies organisées par le *Tracks* ont appris que Laurie détenait des photos d'eux se livrant à ces bacchanales, ils avaient des raisons de vouloir la réduire au silence en lui faisant porter le chapeau pour ce meurtre.

Une chaîne de télévision locale avait prévu de diffuser des reportages sur l'affaire Bembenek. Robins collabora avec les journalistes de la W.V.T.V. et fut agréablement surpris par le premier volet de la série. Mais le lendemain il ne reconnut pas l'émission qu'il avait eu l'occasion de visionner dans les studios. Les commentaires avaient été édulcorés et tout ce qui se rapportait aux activités douteuses de certains policiers avait purement et simplement disparu.

Robins contacta Duane Gay, le responsable du montage, qui lui apprit que McCann avait exercé des pressions et que le directeur de la station avait menacé de prendre des sanctions contre lui et les producteurs de l'émission si les références aux forces de l'ordre et au *Tracks* n'étaient pas coupées.

Malgré cette autocensure la série remporta le prix Associated Press de la meilleure enquête de l'année 1989. Mais Robins était plus convaincu que jamais que la vérité sur le meurtre de Christine Schultz restait encore à découvrir.

Le 17 avril 1989, Kohler déposa un nouveau pourvoi en révision auprès de la cour d'appel du Wisconsin. Il reprenait dans ce dossier de vingt-cinq pages les arguments réfutés par Skwierawski.

Le juge Robert Landry déclara publiquement qu'il s'interrogeait sur la façon dont son collègue avait traité l'affaire Bembenek. Il précisa qu'il s'était dessaisi du dossier sur requête du D.A. et que plus il découvrait de nouveaux éléments, plus il était troublé.

– J'ai l'impression que nous ne saurons jamais ce qui s'est véritablement passé, dit-il.

Il regrettait que Laurie Bembenek eût été aussi confiante et estimait qu'elle aurait dû porter plainte contre Skwierawski pour conflit d'intérêts.

En privé, d'autres magistrats déclaraient eux aussi à Robins que sa cliente n'avait pas bénéficié d'un procès équitable.

– Ne laissez pas tomber, concluaient-ils. Nous sommes nombreux à espérer que vous ferez triompher la vérité.

Sitôt après le dépôt de l'appel, le comité de soutien à Laurie organisa des réunions dans tout Milwaukee. Robins était le fondateur de l'Association des amis de Lawrencia Bembenek. Ses membres – la mère de Laurie et quelques-uns de ses proches – se réunissaient pour chercher des moyens de financer les frais de justice et organiser des campagnes d'envoi de lettres.

Ils avaient récolté environ deux mille dollars, une somme loin d'être suffisante pour régler un passif de cent cinq mille dollars. Les parents de Laurie étaient ruinés. Ils ne pouvaient rémunérer le travail de Robins et devaient environ vingt-cinq mille dollars d'honoraires d'avocats.

La situation du détective privé n'était pas brillante. Il s'était finalement installé dans un sous-sol, chez un ami, et il allait travailler dans le bureau de Sosnay. Quand les Bembenek touchaient un peu d'argent, ils lui donnaient vingt ou trente dollars pour son essence et sa nourriture.

Laurie passait quant à elle beaucoup de temps à la bibliothèque de Taycheedah. Assistée par Ann Reilly et Robins, elle rédigeait une plainte contre le juge Michael Skwierawski. Elle demandait à la Commission judiciaire du Wisconsin de se prononcer sur l'attitude de ce magistrat lors de la procédure d'appel. Elle dressa une liste des irrégularités qu'il avait commises :

« Il a exempté le D.A. de se plier aux procédures habituelles, aux délais et aux ordres du tribunal, tout en exigeant que la défense s'y soumette. Les suspensions de séance, reports et ajournements décidés par Skwierawski ont empêché mon avocat de présenter ses arguments sous une forme cohérente et ont été ruineux en dédommagement des témoins et autres frais. »

L'audience, qui aurait dû durer deux jours, avait été morcelée en seize comparutions. Elle expliqua en détail à quel point les transferts entre Taycheedah et le tribunal avaient été éprouvants pour elle.

« Ces voyages étaient des causes de tension, d'avilissement, de peur et d'humiliation, écrivit-elle. J'étais soumise à des fouilles corporelles à l'aller comme au retour. Des détenus des deux sexes se retrouvent dans ces fourgons... je devais côtoyer des hommes physiquement ou mentalement malades. Nous étions enchaînés les uns aux autres. C'était dégradant. »

Puis elle révélait un fait connu de peu de gens :

« Nous avions fait citer deux détenus que nous considérions comme suspects : Daniel L. Gilbert et Fred Horenberger. Je me suis retrouvée dans le même fourgon cellulaire qu'eux et cinq autres hommes. Ils étaient en colère contre moi et m'ont terrorisée à l'aller comme au retour. Gilbert est incarcéré à Waupun et Horenberger à Columbia. »

Elle rappela que le D.A. adjoint n'avait respecté aucun des délais fixés par le juge et elle joignit au dossier une déclaration de la secrétaire de Kohler qui avait entendu Skwierawski dire à un huissier, après qu'il eut rejeté la demande d'un nouveau procès :

– A présent, je vais enfin pouvoir m'occuper de choses sérieuses.

Robins déposait de son côté une plainte auprès de la Fire and Police Commission. Il savait que cette démarche avait peu de chances d'aboutir. Sur cent seize plaintes de citoyens contre les services de police et de lutte contre l'incendie, seules deux sanctions disciplinaires, d'ailleurs mineures, avaient été prises. Mais il voulait que ses protestations soient enregistrées.

Il avançait que depuis l'été 1980 le chef adjoint de la police de Milwaukee, Orval Zellmer, devait savoir que des policiers enfreignaient les lois de l'Etat et de la municipalité. Laurie Bembenek avait transmis à ses services des photos des pique-niques du *Tracks* prouvant que des représentants des forces de l'ordre s'étaient exhibés nus dans un lieu public, mais aucune sanction n'avait été prise à leur encontre. Zellmer avait fermé les yeux, alors qu'au moins quinze de ses hommes, des avocats et un juge avaient participé à ces orgies dans un parc municipal.

Zellmer ne pouvait ignorer que Michael Durfee avait enfreint de nombreux règlements internes. Ce détective s'était en effet débarrassé de son carnet et n'avait ni pris de notes sur le déroulement de son enquête ni signalé à ses supérieurs que Fred Schultz s'était livré à des démarches d'ordre personnel la nuit où le meurtre de son ex-femme avait été commis.

Stu Honeck avait lui aussi enfreint les règlements sans être inquiété. Il avait eu des rapports sexuels hors des liens du mariage, il s'était parjuré en affirmant qu'il n'avait pas de problème de boisson, il avait menacé un journaliste et dissimulé des informations relatives à des drogues qui pouvaient constituer le mobile de l'assassinat de Christine Schultz.

Il portait également plainte contre d'autres policiers dont Michael Durfee, tout en sachant qu'il n'y aurait aucune suite.

Le 15 août 1989, Ira Robins organisa une réception dans un hôtel de Milwaukee pour célébrer le trentième anniversaire de Laurie Bembenek. Des centaines d'amis, de supporters et de parents étaient présents, mais en dépit des ballons et des guirlandes nul n'avait le cœur à s'amuser. Alors que les convives apposaient leur signature sur une grande banderole qui serait remise à Laurie, Robins serrait des mains et répondait à des questions. C'était une foule bien disparate. Il y avait là des officiers de police et au moins un détective, deux avocats, le père d'un sénateur, des journalistes, des personnes âgées et un grand nombre de simples citoyens convaincus que Lawrencia Bembenek avait été victime d'une erreur judiciaire.

Robins avait promis de démontrer que la police avait eu un mobile pour organiser cette machination. Scotchées aux murs dans un angle de la salle, on pouvait voir des douzaines de photos de policiers nus. Le personnel de l'hôtel se joignait aux invités pour y jeter des coups d'œil. Quand Robins s'adressa à l'assistance, il déclara que c'était parce que Laurie était informée de leurs activités illégales qu'ils avaient voulu la réduire au silence.

– Elle détenait la preuve qu'ils enfreignaient la loi et ils ont purement et simplement décidé de se débarrasser d'elle en l'envoyant en prison !

Il parla de tout ce qu'il avait découvert, de la convocation dans la salle de conférences de l'inspecteur, du délai écoulé avant qu'on ne décide quel revolver était l'arme du crime, du carnet « perdu » par Durfee, de l'histoire de drogues.

– Une telle chose aurait pu arriver à n'importe lequel d'entre vous, conclut-il en désignant du doigt des membres de l'assistance. Une femme est incarcérée pour un crime qu'elle n'a pas commis et c'est à nous qu'il revient de la faire libérer.

A cent kilomètres de là, c'était le septième anniversaire consécutif que Laurie passait en prison.

41

La grande évasion

Peu après son trentième anniversaire Laurie était au parloir et bavardait avec quelques amis quand elle remarqua un homme en tenue de tennis blanche qui entrait dans la salle. Il alla s'asseoir près d'une codétenue, Mary Beth Kline.

Après le départ des visiteurs, Laurie aborda Mary Beth qui était à Taycheedah pour avoir trafiqué des ordonnances afin de se procurer de la drogue. Les deux femmes s'étaient parfois rencontrées à la bibliothèque de la prison.

– Qui est ce type en short blanc ? lui demanda Laurie.

– Mon frère, Nick Gugliatto.

– Pédé ou marié ?

– Ni l'un ni l'autre. Simplement divorcé. Tu lui as tapé dans l'œil, tu sais ? Il m'a demandé qui tu étais.

Elles se plaignirent d'être privées de sexe.

– Tu devrais lui écrire, suggéra Mary Beth.

– Certainement pas, répondit Laurie. Mais tu pourras lui dire que s'il prend l'initiative la réponse est assurée.

Dominic Gugliatto, un ouvrier âgé de trente-quatre ans et père de trois enfants, ne savait rien sur Lawrencia

Bembenek. Quand il révéla à ses amis qu'ils s'écrivaient, tous se moquèrent de lui :

– Tu es certainement le seul sur Terre à n'avoir jamais entendu parler de Bambi !

Ils échangèrent plusieurs lettres puis il lui proposa de passer la voir. Elle accepta et Nick Gugliatto devint très rapidement un habitué du parloir. Laurie gardait malgré tout ses distances car elle n'avait connu que trop de *losers* et elle savait qu'un homme restait rarement fidèle à une femme incarcérée.

– Le problème, c'est qu'ici les mâles sont une denrée rare, dit-elle. Et je l'ai remarqué à cause de sa tenue de tennisman.

Nick ne pratiquait pas ce sport mais il était d'une extrême gentillesse et elle commençait à s'attacher à lui. Il lui téléphonait, lui faisait des cadeaux et lui rendait plusieurs visites chaque semaine. Leurs conversations rompaient la monotonie de la vie carcérale.

– J'estime avoir autant le droit d'être heureuse avec un homme que toute autre femme, confia-t-elle à une amie. Nick est un type que je pourrais aimer, et auquel je tiens déjà.

Elle attendit des mois avant d'en parler à sa famille et à ses amis. Sa mère prit très mal la nouvelle.

– Comment peux-tu savoir qu'il n'est pas comme Fred ou Wissler ? Je ne veux pas que tu souffres encore. Sois prudente, je t'en conjure.

Mais Laurie était amoureuse de cet Italien brun et mince. Elle voulait faire durer tous les instants où elle pouvait lui parler par téléphone ou de vive voix. Lorsqu'il lui rendait visite ils étaient autorisés à s'embrasser à son arrivée et à son départ, et c'était pour elle quelque chose de merveilleux.

Sa plainte contre Skwierawski fut rejetée et la Police and Fire Commission ne donnait toujours pas suite à celle de Robins.

Mais, en octobre 1989, la cour d'appel de l'Etat demanda à la Cour suprême du Wisconsin une définition précise de l'assistance qu'un prévenu pouvait exiger de son avocat, afin de décider si Eisenberg avait ou non rempli tous ses devoirs envers sa cliente.

Kohler pensa que c'était bon signe, que les magistrats souhaitaient simplement obtenir l'aval d'une instance supérieure. Il s'en félicitait, car de nouveaux juges pourraient ainsi prendre connaissance de tous les éléments de l'affaire.

Le 8 novembre la Cour suprême se déclara incompétente pour statuer. Kohler continua malgré tout de penser que la cour d'appel pourrait encore se prononcer en leur faveur. Robins s'apprêtait quant à lui à suivre de nouvelles pistes.

Il écrivit à Michael J. Barron, juge principal de Milwaukee, et réclama l'ouverture d'une information contre X concernant les activités des services de police de cette ville depuis 1980. Robins demandait en outre que le juge Robert Landry fût chargé de l'enquête. Il avançait comme argument que cet homme avait exprimé son intention de prendre sa retraite et qu'il pourrait ainsi agir sans ménager qui que ce soit.

Dans le cadre d'une information contre X, le juge aurait accès à tous les dossiers des services de police et les enquêteurs placés sous ses ordres se verraient accorder carte blanche pour rechercher la vérité, une liberté d'action dont Robins rêvait depuis plus de six ans.

A l'appui de sa demande il rappelait tous les faits : des pique-niques du *Tracks* au refus de lui communiquer des informations à même d'innocenter Lawrencia Bembenek. Il souhaitait par ailleurs que le bureau du D.A. ne fût pas associé à l'enquête...

« ... car soit il s'est laissé abuser, soit il a pris une part active dans la dissimulation de certains faits, écrivait Robins. Les services du D.A. refusent d'admettre qu'ils ont fait placer sur écoute téléphonique un des principaux témoins à charge, Judy Zess (qui s'est depuis rétractée et a affirmé avoir fait l'objet de pressions de la police avant le procès), ils nient qu'une réunion s'est tenue dans la salle de conférences de l'inspecteur et refusent de prendre en considération les éléments que j'ai découverts depuis. »

Robins alla en outre dans les bureaux du maire de Milwaukee, John Nordquist, et du nouveau chef de la police, Phillip Arreola (qui avait remplacé Breier en 1989), afin d'exiger une enquête. Sans obtenir naturellement le moindre résultat.

En janvier 1990, Robins découvrit qu'on avait relevé des empreintes de deux types différents sur le lit de Christine Schultz et la porte de derrière de sa maison. Elles ne correspondaient pas à celles de Fred, Christine, Sean, Shannon ou encore Lawrencia Bembenek.

L'avocat d'un inculpé devait disposer avant l'ouverture du procès de toutes les pièces à conviction découvertes par les enquêteurs afin de pouvoir éventuellement les contester ou les utiliser. Bob Sosnay affirmait que la dissimulation de preuves était un motif suffisant pour obtenir la révision du procès.

Mais quand McCann en fut informé il se contenta de hausser les épaules et de rétorquer qu'on trouvait de nombreuses empreintes dans toutes les demeures et qu'il était plus convaincu que jamais de la culpabilité de Lawrencia Bembenek. En février, il déclara qu'il ne rouvrirait pas ce dossier pour quelques malheureuses empreintes. Son assistant, Donohoo, avança que ces éléments du dossier avaient certainement été communiqués à Eisenberg et que la comparaison par procédé informatique de ces empreintes avec celles contenues dans les fichiers de la police n'avait donné aucun résultat.

– Elles ne sont pas liées au crime, affirma-t-il.

Robins était écœuré. De nombreux procès avaient été révisés alors que les faits nouveaux étaient bien moins nombreux.

Peu après, il obtint deux informations intéressantes sur la personnalité de Fred Schultz.

Tout d'abord, une ancienne voisine de Fred et de Christine lui déclara qu'elle avait entendu le couple se disputer violemment. Après le départ de Fred, elle était descendue voir Christine qui lui avait dit en pleurant que son mari voulait la contraindre à participer à des échanges de partenaires. Quand elle lui avait demandé si Fred ne craignait pas qu'elle tombe enceinte d'un autre homme, Christine lui avait répondu qu'elle attendait déjà un enfant.

Ensuite, Laura Schwefel, une grande femme blonde, déclara à Robins que c'était elle que deux policiers et leurs épouses avaient vue vêtue d'un jogging vert en compagnie de Fred dans le hall d'un cinéma. Laura Schwefel appartenait elle aussi au M.P.D. et elle n'avait pas osé en parler à l'époque par crainte de perdre son emploi, et peut-être la vie.

La Police and Fire Commission annonça à Robins qu'elle ne pouvait enregistrer sa plainte parce qu'il n'était pas le principal intéressé. Seule Laurie serait habilitée à entamer une procédure, après sa sortie de Taycheedah.

Le juge Michael Barron, à qui Robins avait demandé d'ouvrir une information contre X, lui signala qu'il devrait réécrire sa requête sous forme d'attestation sur l'honneur. Robins leva les bras. Il avait l'impression de se heurter à des murs.

Profondément déprimée par toutes ces déconvenues, Laurie décida de se changer les idées en épousant Nick Gugliatto. Robins serait son témoin et si la gardienne-chef donnait son accord ils pourraient se marier en août dans la chapelle de la prison. Les parents de Laurie avaient finalement consenti à ce mariage. Ils étaient conscients de l'influence positive que cet homme avait sur leur fille.

Virginia Bembenek s'inquiétait car Laurie était désespérée. Elle avait été condamnée à une peine incompressible de onze ans et trois mois et pourrait en théorie solliciter une libération sous condition en 1993, mais on avait depuis l'arrêt du tribunal modifié les catégories de sentences et il ne lui serait en fait possible de recouvrer la liberté qu'après avoir passé au moins quinze années en prison.

– Grâce à Nick, je sais qu'il y a au moins quelqu'un qui tient à moi. J'ai quelque chose à espérer et à attendre, dit Laurie à une amie de Milwaukee.

La gardienne-chef autorisa leur mariage dans la chapelle de la prison et la date fut fixée au 5 août 1990. L'organisation de la cérémonie permit à Laurie d'oublier en partie ses soucis. Elle commanda une robe et des chaussures.

En mai, les médias parlèrent à nouveau de Lawrencia Bembenek. L'université du Wisconsin venait d'annoncer qu'elle ferait partie de la promotion 90. Hormis dans une matière, elle avait en effet terminé tous les cours nécessaires à l'obtention d'une licence ès lettres. Mais les autorités pénitentiaires refusèrent de l'autoriser à assister à la cérémonie de remise des prix et cette nouvelle l'atterra.

Elle rêvait de ce jour depuis qu'elle avait entamé ses études.

Le 20 juin, la cour d'appel rejeta le pourvoi en révision. Les magistrats concluaient que la contribution de Fred Schultz à sa défense avait été négligeable et qu'il était en outre normal qu'un mari participe financièrement à la défense de son épouse.

Laurie sombra dans une profonde dépression. Elle avait l'impression que le monde entier s'était ligué contre elle.

Combien de maris étaient suspectés d'un meurtre dont leur femme était accusée ? se demanda-t-elle. Laurie savait que les réponses aux questions qu'elle se posait seraient difficiles à trouver, mais elle savait également que Robins ne renoncerait pas. C'était toutefois insuffisant pour la réconforter.

Elle était en prison depuis huit ans et avait tout perdu, à l'exception de sa santé mentale et de Nick.

Ce fut à 21 h 25, le 15 juillet 1990, que les gardiens de la prison de Taycheedah s'aperçurent que la détenue Lawrencia Ann Bembenek n'avait pas regagné sa cellule.

42

Bambi face à son destin

A minuit, le personnel de Taycheedah avait fouillé tout le centre de détention et Lawrencia Bembenek manquait toujours à l'appel. La gardienne-chef, Nona Switala, fit utiliser les chiens et des gardiens découvrirent qu'une section de barbelés avait été abaissée à l'aide d'une ceinture. On signala également que le grillage d'une des lucarnes de la buanderie du sous-sol avait été repoussé. La dernière fois que des détenues avaient vu Laurie, elle faisait sa lessive.

Le matin du 16 juillet, tous parlaient de l'évasion de Lawrencia Bembenek. La police n'avait guère d'informations à fournir. Des empreintes de pas s'éloignaient vers une zone boisée proche de la prison mais nul ne savait où Laurie était allée. On laissait entendre qu'elle avait pu prendre la fuite en compagnie de son fiancé, Dominic Gugliatto, qui ne s'était pas présenté à son travail ce matin-là.

Les postes de police de tout le Wisconsin reçurent de nombreux coups de téléphone, mais la plupart des gens voulaient simplement informer les autorités qu'il ne fallait pas compter sur eux pour dénoncer Lawrencia Bembenek.

Les services du D.A. s'empressèrent d'annoncer

qu'une meurtrière s'était évadée et d'informer la police qu'ils suspectaient Robins de complicité. Des détectives ne tardèrent guère à le joindre pour lui demander quel avait été son emploi du temps.

Interviewé par des journalistes, Fred Schultz déclara qu'il craignait que son ex-femme ne vînt en Floride pour le tuer. Lorsqu'une femme fut assassinée dans cet Etat, il affirma que c'était l'œuvre de Laurie.

Les personnes convaincues de son innocence priaient pour elle. Des rumeurs selon lesquelles des policiers l'avaient éliminée pour l'empêcher de témoigner contre eux ne tardèrent guère à circuler. Quelqu'un téléphona pour annoncer que Laurie et Nick s'étaient réfugiés au Mexique. Un autre individu disait l'avoir vue dans le nord du Wisconsin, à proximité d'un terrain appartenant à Nick Gugliatto.

Mais Laurie Bembenek avait disparu. Le pick-up gris de Nick fut retrouvé trois jours plus tard sur le parking d'un grand magasin des faubourgs de Milwaukee. La police y releva des empreintes, mais aucune ne correspondait à celles de Laurie.

Les amis et les parents de Nick pensaient qu'ils étaient partis ensemble, parce qu'ils s'aimaient et étaient écœurés par le système judiciaire. Cinq jours après l'évasion les autorités, certaines que Gugliatto avait aidé Laurie, firent délivrer contre lui un mandat d'amener national.

La nouvelle se répandit dans tous les Etats-Unis et les médias reparlèrent de l'affaire. Des journalistes téléphonaient à leurs connaissances. Les parents de Nick organisèrent une conférence de presse et déclarèrent qu'ils soutenaient leur fils et croyaient fermement en l'innocence de Laurie. Ils espéraient que son évasion lui permettrait de bénéficier d'un nouveau procès.

Les jours s'écoulaient et tous restaient sans nouvelles de Gugliatto et de Bembenek. La police surveillait les proches et les parents de Laurie. Leurs téléphones furent placés sur écoute. Quand un camion de déménagement s'arrêta en face de chez Joe et Virginia, des policiers en civil jaillirent de toutes parts. Ils avaient cru que Laurie se dissimulait dans ce véhicule, qu'elle était venue rendre visite à ses parents.

Quelqu'un eut l'idée de faire imprimer des autocollants roses où était écrit FUIS, BAMBI, FUIS, puis un concurrent qui manquait un peu d'imagination en vendit des blancs avec FILE, LAWRENCIA, FILE. On proposa des Bembenek Burgers et un bar organisa un concours de sosies de Laurie. On vendait désormais des T-shirts sur lesquels on pouvait voir une ceinture qui pendait d'un fil de fer barbelé, avec en arrière-plan la jambe d'une femme qui disparaissait derrière des arbres.

Laurie n'avait pas informé Robins et Kohler de ses intentions. Ils déclarèrent aux autorités qu'ils ignoraient où elle était.

– J'espère seulement qu'elle est en sécurité, dit Robins lors d'un passage à la télévision. Mieux vaut parfois être en prison qu'en cavale.

Robins comprenait la réaction de Laurie, mais ils se trouvaient empêchés d'entreprendre d'autres actions sur le plan légal tant qu'elle était en fuite.

Il utilisa le regain d'intérêt du public pour réunir des milliers de signatures sur une nouvelle pétition réclamant une révision du procès et organisa une manifestation de soutien devant le bureau de McCann. Il s'adressa à environ cinq cents personnes – dont certaines portaient des masques à l'effigie de Lawrencia Bembenek – qui criaient :

– Nous exigeons un nouveau procès !

Une station de télévision locale effectua un mini-sondage. Le standard fut rapidement saturé. Une majorité écrasante de téléspectateurs étaient convaincus de l'innocence de Laurie.

Les Bembenek et Robins allèrent à New York pour participer au célèbre talk-show de « Geraldo ». Robins estimait que c'était un excellent moyen de sensibiliser l'opinion et d'obtenir des soutiens. Au cours de l'émission, Fred Schultz fit une intervention par liaison satellite en compagnie d'un invité surprise : Donald Eisenberg.

Ces deux hommes s'étaient unis. Eisenberg déclara qu'il était à présent convaincu de la culpabilité de Laurie. Geraldo présenta Fred comme « l'homme suspecté par certains d'avoir assassiné son ex-femme ». Quand il demanda à Virginia si elle pensait connaître le véritable coupable, elle désigna du doigt Fred Schultz sans la moindre hésitation.

– C'est lui qui avait le plus à y gagner, dit-elle.

De retour à Milwaukee, Robins se servit de cette publicité pour réclamer la démission de McCann, qui réagit en l'invitant à lui apporter tous les nouveaux éléments sur l'affaire et en précisant que ses bureaux étaient ouverts de 8 à 17 heures.

Début septembre Laurie avait déjà bénéficié de près de deux mois de liberté. Pour ses amis, c'était un bon présage. Plus le temps passait, plus les autorités auraient de mal à la retrouver.

Robins avait entre-temps poursuivi ses efforts et découvert une nouvelle piste. Il se rendit chez Sharon M. Niswonger, la voisine de Fred et de Laurie chez qui on avait trouvé la perruque, cette pièce à conviction accablante.

Elle lui parla d'un étrange incident survenu quelques

semaines après le meurtre. Judy Zess lui avait téléphoné pour l'inviter à l'accompagner au gymnase. Mme Niswonger en avait été surprise, car ces deux femmes ne se fréquentaient guère. Le même jour, Judy était passée chez elle, vêtue d'une robe et munie d'un sac de sport. Après avoir renouvelé sa proposition, Judy lui avait demandé si elle pouvait aller se mettre en survêtement dans les toilettes, où elle s'était enfermée avec son sac.

Après son départ, Mme Niswonger avait constaté que les W.-C. étaient bouchés et avait appelé un plombier. C'était cet homme qui avait retiré la perruque rousse de la canalisation. Nul n'avait vu Zess jeter ce postiche dans la cuvette hygiénique mais Robins était convaincu d'avoir levé une partie du mystère. Sharon Niswonger accepta de lui fournir une attestation sur l'honneur.

Peu après, George Marks, le propriétaire du *George's Pub and Grub*, admit que les détectives Durfee et Schultz avaient bu quelques verres en sa compagnie la nuit du meurtre, puis qu'ils avaient été tous les trois dans deux autres bars et que Schultz s'était absenté un moment aux alentours de 2 heures du matin.

– J'ai pensé qu'il était aux toilettes, dit Marks.

Il ajouta que Fred avait rencontré des amis, dont Fred Horenberger... l'individu condamné pour le vol avec coups et blessures perpétré contre Judy Zess que Robins suspectait d'être impliqué dans le meurtre. Marks précisa que c'était lui qui avait mis en contact les deux hommes et qu'ils s'étaient ensuite fréquemment retrouvés dans son bar.

Cette déclaration était capitale car elle établissait un lien entre Horenberger et Fred Schultz. Elle détruisait en outre l'alibi de ce dernier. Il avait affirmé lors du procès qu'il ne s'était à aucun moment séparé de Durfee et le témoignage de Marks démontrait que c'était un mensonge.

– J'ai toujours été persuadé que Durfee et Schultz n'avaient pas dit la vérité au sujet de leur emploi du temps, confia Robins à Sosnay. Ils disaient s'être occupés d'un cambriolage, mais le nom de la victime ne figurait pas dans leur premier rapport.

Robins consulta les fichiers de la police et relut les déclarations de Durfee et de Fred. Ils prétendaient avoir effectué une ronde, pris un repas puis enquêté sur ce vol. Mais Robins n'eut qu'à consulter les minutes du procès pour comprendre qu'Eisenberg savait qu'ils s'étaient en fait trouvés au *George's Pub and Grub*. L'avocat avait en effet interrogé à ce sujet Fred, qui s'était contenté de répondre qu'il était passé dans cet établissement sans toutefois préciser que c'était pour des raisons autres que professionnelles.

Kramer et ses assistants n'avaient pu ignorer eux non plus que Fred Schultz mentait. Seuls le principal intéressé et Durfee auraient pu dire où ils étaient allés et ce qu'ils avaient fait cette nuit-là.

Quand Robins réussit à se faire communiquer les rapports sur le cambriolage dont les deux détectives disaient s'être occupés, il découvrit que la moitié des pages avaient disparu. Robins se procura ce qui manquait par des moyens détournés, ce qui lui permit d'apprendre que l'enquête avait été en fait menée par deux hommes en uniforme.

Robins venait finalement de détruire l'alibi de Fred Schultz, mais les services du D.A. refusèrent de s'y intéresser. Pour eux, ce n'était pas non plus un fait nouveau.

Les semaines s'écoulaient mais l'affaire Bembenek suscitait toujours autant d'intérêt. Début octobre, Robins fut contacté par des journalistes du monde entier. La deuxième semaine du même mois, un reportage sur Laurie passa dans une émission de télévision consacrée aux « Ennemis publics numéro un ». Peu après, le F.B.I. fut contacté par un homme qui revenait du Canada et disait avoir vu dans un restaurant une serveuse qui ressemblait à Lawrencia Bembenek.

Suite à cette émission, le F.B.I. avait reçu des douzaines de coups de téléphone du même genre, mais cette piste n'était pas à négliger car la frontière canadienne était très proche du Wisconsin. Un enquêteur de la police montée fut envoyé dans un petit café de Thunder Bay, dans l'Ontario, une agglomération magnifique cernée de montagnes sur la berge du lac Supérieur.

Le policier interrogea la serveuse qui déclara s'appeler Jennifer Lee Gazzana. De retour au poste de police, il vérifia cette identité et découvrit qu'elle était fausse. Cette femme n'était autre que Lawrencia Bembenek. Elle vivait à Thunder Bay depuis son évasion, en compagnie de Nick qui travaillait quant à lui comme cuisinier sous le nom d'Anthony Gazzana. En plus de son emploi dans ce restaurant, Laurie donnait des cours d'aérobic dans un gymnase local.

Nick et Laurie bouclaient leurs valises quand ils furent appréhendés. Ils n'opposèrent aucune résistance aux forces de l'ordre et furent aussitôt conduits à la maison d'arrêt du district de Thunder Bay. Laurie pensait que les autorités canadiennes les extraderaient immédiatement mais un jour s'écoula, puis un autre.

Des journalistes et des photographes venus des Etats-Unis, d'Europe, du Canada et du Japon s'étaient regroupés devant la prison. Il y avait aussi les nouveaux amis canadiens de Laurie qui voulaient apporter leur soutien à celle qu'ils connaissaient sous le nom de Jennifer. Ils refusaient de croire qu'elle ait pu commettre un meurtre.

Louis Kebezes, son patron au *Columbia Grill & Tavern*, déclara qu'il avait en elle une confiance absolue.

– C'est une serveuse formidable, très appréciée de la clientèle. Elle est très gentille et tout le monde l'aime bien, ici.

Quelques jours après l'évasion, Laurie et Nick avaient loué un petit appartement à Jenny Beck, une femme qui prit également leur défense et affirma qu'ils étaient toujours prêts à aider leurs voisins.

On vint dire à Laurie de se préparer, car elle devait passer devant une commission chargée de décider de son extradition. Elle se changea, puis attendit trois heures. Finalement, un garde vint lui annoncer que l'entrevue avait été reportée. Certaine d'être renvoyée immédiatement aux Etats-Unis, Laurie n'avait pas jugé utile de joindre un avocat, mais ce report lui fit comprendre que tout n'était peut-être pas joué et elle demanda au garde de contacter un homme de loi.

Il revint lui annoncer qu'il n'y avait personne au domicile du premier de la liste et elle lui suggéra d'essayer le second, un débutant appelé Dave Dubinsky.

Quand il se fraya un chemin dans la foule de journalistes regroupés devant la prison, aucun d'eux ne se douta que ce jeune homme en jean pouvait être l'avocat de Lawrencia Bembenek.

Dubinsky lui demanda de lui raconter son histoire et prit de nombreuses notes. Il déclara qu'il acceptait de la représenter et qu'il parlerait de l'affaire à son supérieur, l'avocat Ron Lester.

Dubinsky revint la voir le lendemain.

– Tout ceci est sidérant, déclara-t-il. Vous devriez pouvoir prétendre au statut de réfugiée.

Pour la première fois depuis une dizaine d'années Laurie Bembenek eut l'impression que la chance acceptait enfin de lui sourire.

43

Prières exaucées

Les avocats de Laurie et de Nick demandèrent un report de l'audition afin d'avoir le temps de préparer leur défense. Dubinsky convainquit Ron Lester de l'assister et quand Laurie déclara qu'elle n'avait pas d'argent à cet homme très doux elle s'entendit répondre que c'était secondaire. Aux Etats-Unis ses avocats lui avaient facturé la moindre seconde consacrée à cette affaire. Ici, Dubinsky et Lester étaient attentionnés et songeaient avant tout à servir la justice.

En attendant de comparaître devant la commission, Laurie eut amplement le temps de se familiariser avec cette nouvelle prison et de se remémorer les trois derniers mois de son existence. Elle surprit ses amis en leur déclarant qu'elle avait été soulagée par son arrestation.

– Quand on s'évade, on ne fait que changer de cellule. Un fugitif doit constamment surveiller toutes ses paroles. Ce qu'il y a de bien, c'est qu'il n'a plus de passé et n'est plus jugé en fonction des rumeurs mais de ses actes.

Après leur arrivée au Canada, elle n'avait pas osé sortir seule de leur appartement.

– Ces années d'incarcération m'avaient à tel point

conditionnée que je me sentais désemparée. Pendant dix ans on m'avait dit quand je devais me laver, manger, dormir ou respirer.

Elle comparait ces mois de liberté à un beau rêve. Lorsqu'ils allaient au restaurant, elle commandait toujours des légumes frais, des plats auxquels elle n'avait pas goûté depuis une décennie.

– Les choix qui m'étaient proposés étaient tels que je ne savais plus où donner de la tête. Le simple fait de pouvoir me déplacer en voiture, c'était comme d'aller sur la Lune.

Après tant d'années vécues en vase clos, prendre un bus l'avait émue aux larmes.

– Toutes ces couleurs, ces gens, la liberté. C'était trop intense. Comme dans certains rêves. Tout me paraissait irréel.

Le soir venu, elle adorait s'asseoir derrière la maison et contempler le ciel.

Quand Nick n'allait pas à son travail ou à la pêche, ils faisaient de longues promenades. Laurie voulait caresser tous les animaux qu'ils rencontraient, humer toutes les fleurs. Elle vivait chaque jour aussi intensément que si c'était le dernier de sa vie.

Nick l'avait emmenée pêcher non loin de Thunder Bay. A la nuit tombée, une grosse lune semblable à une orange était venue surplomber le petit lac cerné de pins.

– Cette scène s'est gravée dans mon esprit, disait Laurie. Autrefois, elle ne m'aurait pas émue à ce point, mais il y avait longtemps que je n'avais rien vu d'aussi beau !

Et après dix années de solitude, dormir en ayant un homme à son côté était pour elle merveilleux. Mais elle ne pouvait faire partager ce qu'elle ressentait qu'à Nick. Elle souffrait de leur isolement et n'osait même pas tenir un journal intime.

– Sitôt après avoir écrit une phrase, je déchirais la feuille et la brûlais, pour ne pas laisser de trace. Mes parents me manquaient, je me demandais sans cesse comment ils se portaient.

Bien qu'à nouveau en captivité, elle pouvait se rappeler les couchers de soleil, les couleurs vives de l'aube et l'odeur des plats qui mijotaient. Ses souvenirs n'étaient plus estompés par l'écoulement du temps.

Mais de tous ses lieux de détention, la maison d'arrêt de Thunder Bay était le pire. La section des femmes se résumait à une simple cage à l'intérieur d'une grande salle. Il y avait trois cellules et trois lits, ainsi qu'une table métallique soudée aux barreaux. Contrairement aux hommes, elles n'étaient pas autorisées à travailler, et si elles disposaient d'un petit téléviseur elles ne pouvaient sortir jouer au loto et participer à des rencontres sportives comme les détenus de sexe masculin. Laurie devait palabrer pendant deux jours avant d'être autorisée à aller inhaler une bouffée d'air pur.

Téléphoner était interdit, mais on pouvait acheter des cigarettes et comme fumer était interdit partout ailleurs les gardiens se réunissaient dans cette section pour en griller une. Ils censuraient son courrier et lui faisaient effacer toutes les phrases qui ne recevaient pas leur approbation.

Si la plupart étaient assez gentils avec elle, deux d'entre eux – Brian McNeil et Dan Haig – lui posaient des problèmes. Un jour où Ron Lester vint la voir, Haig lui demanda :

– Quand est-ce que vous allez nous en débarrasser, bordel ? Cette bonne femme nous emmerde. Elle reçoit chaque jour une quarantaine de lettres et nous sommes obligés de les lire.

Laurie tomba malade. On enfermait ici des femmes sans domicile fixe porteuses de diverses maladies. Il fallut la bourrer d'antibiotiques et les responsables de la prison autorisèrent ses parents à lui rendre visite. S'ils ne purent s'empêcher de pleurer, sa mère fut heureuse de la serrer à nouveau dans ses bras.

En novembre, Laurie reçut une bonne nouvelle. Le ministre de l'Immigration canadien, Barbara McDougall, venait d'annuler un acte du mois précédent déclarant que Laurie constituait une menace pour la sécurité publique, un document qui l'empêchait de solliciter le statut de réfugiée.

Ron Lester contacta un homme qui avait contribué à la rédaction des lois canadiennes sur l'immigration, Frank Marrocco, un avocat de Toronto. Après un entretien avec Lester, il accepta de l'aider et se passionna pour l'affaire sitôt après avoir pris connaissance du dossier. Il déclara à Laurie que les tribunaux canadiens auraient purement et simplement rendu une ordonnance de non-lieu. Il avait trop de conscience professionnelle pour se désintéresser du sort d'une victime d'une erreur judiciaire.

Afin de lui permettre d'obtenir le statut de réfugiée, Marrocco et Lester devraient en premier lieu démontrer qu'elle avait fait l'objet de persécutions aux Etats-Unis.

– Il est évident qu'elle a été victime du système judiciaire U.S., déclara Marrocco à un journaliste. Et je ne veux pas qu'elle soit à présent victime du système d'immigration canadien. Notre pays ne doit pas se rendre complice de pareilles injustices.

Il demanda à Robins de lui communiquer tous les documents qu'il avait à sa disposition et le détective privé entassa tous les dossiers dans le coffre de sa vieille guimbarde, emprunta un peu d'argent à des amis et partit pour le Canada.

Les défenseurs de Laurie devraient surmonter de nombreux obstacles avant de pouvoir réclamer pour elle le statut de réfugiée. Il leur faudrait tout d'abord démontrer que le dépôt d'une telle demande se justifiait, autrement dit que les droits fondamentaux de leur cliente ne seraient pas respectés si elle était renvoyée dans son pays d'origine. Ils devraient ensuite plaider sa cause devant un juge et un représentant des services d'immigration. Si ces derniers estimaient que leurs craintes étaient fondées, ils l'autoriseraient à se présenter devant une commission habilitée à lui faire délivrer une carte de séjour.

Pendant que les avocats de Laurie organisaient sa défense, Nick fut renvoyé à Fond-du-Lac et inculpé de complicité d'évasion. Il bénéficia d'une mesure de mise en liberté provisoire jusqu'à son jugement prévu pour le mois de septembre, mais il dut retourner en prison après seulement quelques semaines car il lui était impossible de régler les intérêts mensuels de sa caution de dix mille dollars.

Laurie fut transférée dans un centre de détention proche de Toronto, la ville où auraient lieu les auditions. L'établissement était plus récent que la maison d'arrêt de Thunder Bay et elle bénéficiait ici de plus de privilèges. Il lui était désormais possible de téléphoner, de participer à diverses activités et de recevoir des visites deux fois par semaine.

En février 1991, Marrocco remit un dossier de quatre-vingt-onze pages aux responsables des services d'immigration. Il y précisait pour quelles raisons les autorités canadiennes ne devaient pas extrader Laurie. Il faisait un résumé de l'affaire et mettait l'accent sur le fait que sa cliente avait été condamnée sur de simples présomptions. Marrocco disséquait toutes les charges retenues contre elle – la perruque, l'arme, le jogging vert, les cheveux et les témoignages –, afin qu'on ne tînt pas compte de l'arrêt rendu par le tribunal de Milwaukee quand le moment serait venu de prendre une décision. Il parlait également des démêlés de Laurie avec la police de cette ville afin de démontrer que les autorités locales avaient eu d'excellentes raisons de vouloir se débarrasser d'elle.

Pendant que Marrocco défendait la cause de Laurie au Canada, une femme en faisait autant aux Etats-Unis : Mary Woeherer.

Cette avocate experte en anatomopathologie était convaincue qu'on avait substitué à la balle extraite du cadavre de Christine Schultz un projectile tiré par le revolver personnel de Fred Schultz. Elle pensa à une intervention du destin lorsqu'elle apprit que le nouveau professeur avec lequel elle partagerait sa chaire d'éthique médicale à la faculté du Wisconsin n'était autre que le Dr Chesley Erwin, un homme qui avait occupé le poste de médecin légiste en chef à Milwaukee à l'époque où Christine Schultz avait été assassinée et qui penchait lui aussi pour l'hypothèse d'une substitution.

Mary Woeherer, une petite femme blonde, se mit en rapport avec Robins. Elle précisa au détective privé et aux Bembenek que sa collaboration serait bénévole, qu'elle n'accepterait pas d'argent.

Robins et Woeherer contactèrent le Dr Elaine Samuels, le médecin légiste qui avait procédé à l'autopsie de Christine Schultz. Samuels était toujours convaincue qu'il y avait eu falsification des pièces à conviction et que Laurie Bembenek n'avait pas tué l'ex-femme de son mari. Elle apprit à Woeherer qu'après l'extraction de la balle elle avait écrit les trois initiales de Christine Jean Schultz sous le projectile. Or la pièce à conviction présentée au tribunal était marquée par six initiales.

Woeherer se fit communiquer des agrandissements des photos de la blessure qu'elle compara avec la gueule du canon de l'arme personnelle de Fred Schultz. Elle demanda ensuite à plusieurs experts si le trou pouvait être plus large que la gueule d'une arme utilisée à bout portant. Ils furent unanimes pour répondre que c'était impossible. Il en découlait que Christine Schultz n'avait pas été tuée avec le Smith & Wesson personnel de Fred.

Elle fit rédiger par deux experts des attestations se rapportant aux dimensions de la blessure et du canon. Le Dr John Hillsdon Smith, directeur des services de médecine légale du ministère de la Justice de l'Ontario, calcula que le canon du revolver personnel de Fred avait un diamètre de 13,29 mm alors que celui de la blessure était de 17,21 mm.

Aux Etats-Unis, un autre expert, le Dr Werner Spitz, examina l'arme et les photos de la blessure. Il fut lui aussi catégorique :

– La pièce à conviction présentée lors du procès de Lawrencia Bembenek comme étant l'arme du crime ne peut en aucun cas être celle dont on s'est servi pour tuer Christine Jean Schultz, affirma-t-il à des journalistes.

Mary Woeherer n'en resta pas là. Le Dr Samuels niait depuis toujours avoir trouvé sur le corps de la victime le cheveu qu'on avait par la suite attribué à la perruque auburn.

Woeherer écrivit : « Comme les témoins n'avaient pas assisté au procès, le Dr Samuels ignorait que ce cheveu avait été retenu comme pièce à conviction. C'est pour cela qu'elle n'a pu dire qu'il avait dû être placé par la suite sur le bâillon. »

Ils obtinrent finalement tous les rapports du laboratoire, des documents que Robins réclamait en vain depuis près de sept ans. Pour une raison inexplicable, la police et le D.A. donnèrent leur accord. En consultant les dossiers Woeherer constata que plusieurs individus avaient eu accès aux pièces à conviction.

Il eût été facile de prélever un cheveu sur un des uniformes de Laurie puis de le placer sur le foulard. Woeherer était absolument certaine que Laurie avait été victime d'un coup monté.

– C'est effrayant, dit-elle. On se demande combien de gens sont impliqués et jusqu'où va la corruption. Ce qui est en jeu, c'est toute l'existence de Laurie Bembenek. Elle doit sortir de prison. Elle s'y trouve depuis bien trop longtemps pour un crime qu'elle n'a pas commis.

Woeherer remarqua que les examens effectués pour déterminer si Christine avait subi des violences sexuelles étaient incomplets. Le labo avait trouvé des traces d'un fluide pouvant être du sperme et Robins savait qu'au début de l'enquête la possibilité que Christine eût été victime d'un viol avait été retenue. La découverte de Woeherer relançait cette hypothèse.

En avril, le juge canadien Carmen DeCarlo estima que les raisons avancées par Lawrencia Bembenek pour invoquer le droit d'asile étaient fondées. Marrocco avait donc le champ libre pour démontrer que Laurie devait être autorisée à demeurer au Canada. L'audience fut reportée au mois de juin pour lui laisser le temps de réunir ses témoins.

Dès qu'elle débuta, James Morrison, l'avocat qui avait autrefois assisté Laurie pour porter plainte contre les services de police de Milwaukee, fut appelé à la barre. Morrison, qui exerçait désormais à Washington, déclara que Laurie Bembenek avait été un témoin capital dans l'action intentée contre la municipalité de Milwaukee. Une action que son inculpation avait interrompue.

Il confirma que Laurie avait fait l'objet de mesures discriminatoires et qu'elle représentait une menace pour les policiers corrompus.

Quand Robins lui succéda à la barre, il consacra des heures à expliquer en détail chacune des découvertes qu'il avait faites au cours des sept dernières années. Il présenta l'attestation sur l'honneur du Dr Samuels et affirma que la police dissimulait encore des pièces à conviction. Un spécialiste des interrogatoires sous détecteur de mensonges du ministère de la Défense canadien, John McClinton, vint déclarer que Laurie avait passé haut la main un tel test.

Les témoins de Marrocco étaient des personnages éminents et quand l'audience fut suspendue jusqu'en août, Laurie avait d'excellentes raisons d'espérer qu'on lui accorderait le statut de réfugiée. Elle avait finalement pu faire entendre sa version des faits et Marrocco s'était engagé à obtenir sa libération sous caution.

A Milwaukee, Robins et Woeherer réclamaient à la police une pièce à conviction capitale : un album de photos censé avoir été trouvé sur les lieux du crime et portant diverses empreintes.

Le 28 juin 1991, lors d'une audience houleuse, le juge William J. Shaughnessy ordonna avec colère aux services de police de leur remettre « immédiatement » cet album de photos et toutes les informations y afférentes.

Robins et Woeherer eurent alors accès aux archives et furent choqués par ce qu'ils découvrirent.

Cet album, dont l'existence n'avait été révélée que plusieurs semaines après le meurtre, portait les empreintes de Fred Schultz et de Carl Ruscitti. Cela établissait un lien entre ces deux hommes et Christine Schultz, et pour Robins et Woeherer le fait que le lieutenant Ruscitti ait été chargé de superviser l'enquête et que Fred ait pu y participer démontrait qu'il s'agissait bien d'une machination ourdie par les autorités.

Cet album contenait des photographies d'hommes et de femmes nus. Il y avait aussi un cliché d'une femme flic en uniforme et d'un avocat de Milwaukee. Mais bien que le juge eût ordonné à la police de leur communiquer tous les éléments, il était évident que des photos avaient disparu, de même que des relevés d'empreintes.

Les services de police avaient refusé de leur communiquer cette pièce à conviction en invoquant des raisons d'intérêt personnel, mais aucun policier n'était identifiable. Soit des clichés avaient été subtilisés, soit leur avocat avait usé d'un prétexte fallacieux pour ne pas remettre cet élément du dossier.

Etait joint un long rapport sur une enquête que l'inspection des services avait menée sur Elfred Schultz. Fred avait eu à répondre de nombreuses infractions au règlement lorsque les enquêteurs l'avaient convoqué le 10 décembre 1981... le jour où il avait remis sa démission.

On lui reprochait d'avoir fourni des déclarations mensongères sur son statut marital, épousé illégalement Laurie et menti lors d'une déposition datant du mois de septembre 1981. Il avait alors déclaré qu'il n'était pas armé lorsqu'il allait à son travail et en revenait... et il eût bien été le seul policier à sortir sans son arme.

Pour Robins, le fait que le M.P.D. eût refusé de communiquer ces dossiers équivalait à une dissimulation de preuves.

– Si Laurie l'avait su avant son procès, elle aurait été acquittée, dit-il à des journalistes. Cela démontre que

Fred Schultz a menti sous serment, mais on l'a laissé malgré tout témoigner en lui accordant de surcroît une immunité totale.

Robins savait qu'il lui restait à trouver les photographies et les relevés d'empreintes qui avaient disparu.

– Que nous cachent-ils ? demanda-t-il à Woeherer. Qu'ignorons-nous encore ?

44

Affaire à suivre

Ira B. Robins consacra presque tout le week-end des 20 et 21 juillet 1991 à rédiger une déclaration qu'il concluait en réclamant l'ouverture d'une information contre X.

Le 22 juillet, Robins apporta le document à Mary Woeherer, qui disposait déjà d'une attestation fournie par le Dr Erwin à l'appui de sa demande. Ils passèrent des heures à tout relire et corriger, puis Woeherer écrivit au juge William Shaughnessy afin de réclamer une investigation sur la façon dont l'affaire Lawrencia Bembenek avait été jugée. Elle précisait à ce juge qu'il trouverait dans les documents joints des informations démontrant que des éléments de preuve avaient été falsifiés, qu'il y avait eu complot et que la police avait commis des fautes graves.

Ce fut Robins qui porta la demande d'ouverture d'une information contre X au bureau du juge.

Le 26 juillet, Mary Woeherer fut informée que le juge William J. Haese avait été désigné pour déterminer s'il convenait d'y donner suite. Woeherer transmit des documents à Haese et demanda à ce que l'enquête fût confiée à un prosecutor attorney et à un enquêteur indépendants, étant donné que les services du D.A. devraient fournir des explications sur leur attitude, s'ils n'étaient pas incriminés.

Un éditorialiste du *Milwaukee Journal* favorable à une telle procédure déclara : « C'est le seul moyen de déterminer la culpabilité ou l'innocence de la police et de Bembenek. Ouvrir une information contre X est devenu indispensable pour assainir l'atmosphère. »

Quand des journalistes téléphonèrent chez Fred Schultz, en Floride, ils s'entendirent répondre que cet homme vivait et travaillait désormais au Koweït. Mais des semaines plus tard des confrères canadiens réussirent à le joindre et il leur déclara en riant qu'il n'avait jamais quitté le pays.

La deuxième semaine d'août 1991, Laurie fut entendue dans le cadre de la procédure d'obtention du statut de réfugiée. Elle portait la même robe que pour son procès de 1982 et n'avait pas été autorisée à se maquiller ou à se friser les cheveux. Elle était épuisée et blême.

Quand Frank Marrocco lui demanda si elle avait tué Christine Schultz, ce fut en le fixant droit dans les yeux qu'elle répondit :

– Non, absolument pas.

Elle précisa qu'elle avait été constamment humiliée à l'Ecole de police puis au cours de son entraînement sur le terrain. Elle ajouta qu'elle était certaine que ces brimades avaient été délibérées parce qu'elle défendait des idées féministes et que ses collègues s'imaginaient qu'elle savait plus de choses qu'elle n'en connaissait vraiment sur leurs activités répréhensibles.

L'audience fut ajournée jusqu'à la deuxième semaine de septembre, mais elle serait en fait reportée au 17 octobre 1991 en raison des grèves importantes qui paralyseraient alors la totalité du pays, soit un an après sa capture à Thunder Bay.

Dès son retour au centre de détention, une codétenue s'en prit à elle et la menaça de mort.

– Sitôt après avoir appris que j'avais fait partie de la police elle est venue m'annoncer qu'elle me buterait d'un coup de couteau, dirait Laurie à une amie du Wisconsin.

Elle avait ici des alliées mais aussi des ennemies, car des prisonnières voyaient en elle une femme flic et des gardiennes considéraient qu'elle avait terni la réputation des forces de l'ordre.

– J'essaie de leur faire comprendre que si je suis en prison c'est parce que j'ai été victime d'un coup monté, mais c'est inutile. On peut prendre quelqu'un en grippe simplement parce qu'il porte des baskets.

Dans le Wisconsin, Nick Gugliatto attendait dans la prison de Fond-du-Lac le 4 septembre, le jour où il serait jugé pour complicité d'évasion. Nick, qui avait fait couvrir un vieux tatouage au bras par le prénom *Lawrencia* juste avant d'être incarcéré, renvoya son avocat quelques semaines avant son procès. Cet homme venait en effet de lui conseiller de se blanchir en accusant Laurie d'avoir tout organisé. Nick refusa de la trahir et ce fut l'ami de Robins, Bob Sosnay, qui accepta de le représenter.

Le procès dura moins d'une journée. Divers témoins avaient vu Nick à Fond-du-Lac et dans les environs de cette agglomération le jour de l'évasion de Laurie, mais nul ne l'avait aperçu en sa compagnie. Sosnay fit remarquer au juge que le seul témoin, Lawrencia Bembenek, était au Canada et ne reviendrait peut-être jamais aux Etats-Unis. En outre, Laurie et Nick n'avaient jamais parlé en public de leurs projets.

Après une heure de délibérations les jurés le déclarèrent coupable et il fut reconduit à la prison de Fond-du-Lac pour attendre la sentence qui serait prononcée la première semaine d'octobre 1991.

Le père de Nick était désormais rongé par l'amertume. Il disait aux journalistes que Laurie Bembenek avait franchi seule la clôture de Taycheedah et qu'il était injuste de déclarer son fils complice de cette évasion.

Laurie ne fut pas surprise par la condamnation de Nick. Ils pouvaient s'écrire mais pas se parler, car tant au Canada qu'aux Etats-Unis un détenu ne pouvait téléphoner qu'en P.C.V.

Le 12 septembre 1991, Laurie était dans l'atelier de loisirs du centre de détention de Toronto-Ouest et peignait un tableau quand on vint la chercher. La loi canadienne offre aux détenus une opportunité hebdomadaire d'exposer à un responsable les raisons pour lesquelles ils estiment pouvoir bénéficier d'une mesure de libération sous caution. Toutes ses demandes avaient été rejetées et elle avait cessé de voir l'utilité de telles rencontres.

– Peindre est désormais ma seule activité, confierait-elle à une amie. Quand le gardien est venu me chercher, je lui ai demandé si je ne pouvais pas me dispenser d'y aller parce que je venais d'ouvrir tous mes tubes.

Mais le gardien insista et Laurie fut conduite auprès d'un agent des services d'immigration qu'elle n'avait encore jamais rencontré. Carmen DeCarlo était chargée de son cas, mais cette femme faisait grève comme des centaines d'autres Canadiens et son remplaçant accepta aussitôt d'autoriser sa libération sous caution.

– Tout s'est passé si vite que je suis restée muette pendant une minute, raconterait Laurie. Je pleurais et essayais de me convaincre que je ne rêvais pas.

Cet homme se fit l'écho de la majorité des Canadiens

en lui déclarant qu'il la croyait innocente. D'autres responsables n'étaient pas du même avis et ne tarderaient guère à réclamer du tribunal fédéral l'annulation de cette décision, mais le lendemain Laurie Bembenek put finalement sortir du centre de détention.

– Tant de choses m'étaient arrivées que je n'arrivais pas à croire que j'étais légalement une femme libre, pour la première fois depuis dix ans.

Sa caution avait été fixée à dix mille dollars et elle devrait se présenter quotidiennement aux services d'immigration, mais ce jour-là ses avocats passèrent la chercher en voiture et elle sortit enfin de prison. Frank Marrocco avait pris des dispositions pour qu'elle fût logée dans une maison d'accueil du centre de Toronto, un refuge administré par la Elizabeth Fry Society, une association qui avait pour but d'aider les femmes ayant des démêlés avec le système judiciaire. Les parents de Laurie prirent aussitôt l'avion à destination du Canada.

Laurie passa ses premières heures de liberté avec ses avocats, qui lui déclarèrent qu'ils devraient réaliser des miracles pour qu'elle ne retourne pas en prison, car les autorités de Fond-du-Lac avaient entamé une procédure d'extradition.

– J'étais morte de fatigue. La veille au soir la surexcitation m'avait empêchée de trouver le sommeil, dirait Laurie à une amie. J'ai mangé un bout de pizza puis je suis restée quelques heures avec mes parents avant de m'effondrer.

Le lendemain matin, Laurie se leva à 6 heures pour participer à des entrevues avec ses avocats. En début d'après-midi elle était de retour en prison. Un *prosecutor* fédéral agissant au nom de l'Etat du Wisconsin avait obtenu des autorités canadiennes un mandat d'amener et la police montée l'avait reconduite au centre de détention.

– C'est de la cruauté mentale, déclara Laurie lorsqu'elle fut de retour dans sa cellule. On me libère et le lendemain on me prive à nouveau de liberté. Il ne me reste qu'à espérer que la vérité finira par être révélée et que je serai relaxée... pour de bon, cette fois.

Les autorités canadiennes devraient se prononcer sur la demande d'extradition en novembre. Les fonctionnaires des services d'immigration lui confirmèrent que l'audience concernant l'obtention du statut de réfugiée reprendrait le 17 octobre comme prévu.

Le 4 octobre 1991, Nick fut condamné à un an de détention qu'il purgerait à la prison du comté de Fond-du-Lac et au remboursement des frais d'extradition qui s'élevaient à deux mille cinq cents dollars. Nick déclara alors :

– Dieu m'est témoin que si j'avais su ce qui en résulterait je n'aurais jamais accepté d'aider Laurie à s'évader.

Il ajoutait qu'il l'aimait toujours mais qu'il n'aurait jamais cru que tant de gens, dont ses parents, souffriraient à ce point de son évasion et de sa propre disparition.

Au Canada, Laurie fut soulagée d'apprendre que Nick avait été condamné à une peine somme toute légère. Il avait été passible de dix mille dollars d'amende et de cinq ans de réclusion.

– Sans lui, je n'aurais sans doute jamais pu franchir la frontière et avoir cette opportunité de clamer mon innocence, dit-elle à une amie. A présent, il ne me reste plus qu'à faire ce que je n'ai cessé de faire depuis qu'on m'a arrêtée pour un crime que je n'ai pas commis. Attendre et espérer.

Le 11 octobre, le juge William J. Haese déclara qu'il avait pris une décision concernant la demande d'ouverture d'une information contre X sur la façon dont l'enquête se rapportant au meurtre de Christine Schultz avait été conduite. Il précisa qu'il l'annoncerait officiellement le lundi suivant.

Le 14 octobre à 8 h 45, Robins, Woeherer et deux membres du comité de soutien à Laurie s'assirent au fond du tribunal pour attendre le juge. La salle était bondée de journalistes et de cameramen. Les parents de Laurie n'étaient pas venus, car ils redoutaient leur réaction en cas de rejet de la demande.

– Un nouveau revers serait trop dur à supporter, avait dit Virginia.

Quand Haese prit la parole, on aurait pu entendre une mouche voler. Le juge n'avait fait part de ses intentions à personne. Lorsqu'il annonça qu'il avait décidé d'ouvrir une information contre X, Robins et Woeherer eurent des difficultés à contenir leur joie. A l'autre extrémité de la salle le D.A. adjoint Bob Donohoo garda la tête basse.

Haese précisa que cette procédure avait été réclamée par Robins et Chesley Erwin, l'ancien médecin légiste en chef du comté de Milwaukee.

– En raison des doutes qui planent sur certaines pièces à conviction, l'accusation de meurtre portée contre Lawrencia Bembenek et sa condamnation, seule une telle procédure pourra permettre aux plaignants et aux autres parties concernées de présenter tous les éléments dont ils disposent afin de déterminer s'il existait véritablement des charges suffisantes pour déférer cette femme devant un tribunal criminel.

Haese nomma ensuite le responsable de l'enquête, l'avocat E. Campin Kersten. Il rappela qu'une information contre X aurait dû normalement être menée par les services du D.A. mais que comme les investigations porteraient également sur eux il convenait de désigner un *prosecutor* indépendant.

Kersten, un sexagénaire grisonnant, précisa que ce serait en fin de compte à Haese de décider quelles accusations il convenait de retenir.

– Cette enquête n'a pas pour but de déterminer si Lawrencia Bembenek est coupable ou innocente, dit Kersten. Notre tâche consiste à déterminer si les investigations sur le meurtre de Christine Schultz ont été conduites dans les règles et si Lawrencia Bembenek n'a pas été condamnée suite à des interventions criminelles.

Il ajouta qu'en ce cas le verdict rendu à son encontre devrait certainement être modifié.

Haese déclara que l'enquête serait menée à huis clos. Il craignait en effet que des témoins n'hésitent à se présenter s'ils savaient que leurs dépositions seraient rendues publiques. Il précisa que dans le cadre d'une information contre X, Kersten pourrait assigner à comparaître qui il voudrait et se faire délivrer toute information dont il estimerait avoir besoin.

Robins était fou de joie. Il attendait depuis longtemps qu'une enquête fût effectuée par quelqu'un qui n'avait pas été mêlé de près ou de loin à cette affaire. Il dit aux journalistes qu'il était « pratiquement certain » que Kersten trouverait des preuves des interventions criminelles ayant eu lieu au cours de l'enquête sur le meurtre de Christine Schultz.

Quand Laurie apprit la nouvelle, elle téléphona à une amie pour lui dire :

– Après tant d'années, je n'arrive pas à le croire. J'essaie de me convaincre qu'il en résultera quelque chose de positif tant pour moi que pour la justice, mais c'est difficile.

Moins de deux semaines plus tard, Robins et Woehe-rer découvrirent dans les archives de la police un rapport de l'inspection des services daté du 19 novembre 1981.

Des enquêteurs avaient dit à Kenneth Hogopian, ex-inspecteur des détectives, qu'ils détenaient la preuve qu'Elfred Schultz avait commis plusieurs délits, dont le non-respect d'un ordre de justice lui enjoignant de ne pas se remarier avant expiration d'un délai de six mois après son divorce, le fait de s'être parjuré et d'avoir participé aux pique-niques du *Tracks*.

Ces détectives, les lieutenants Craig Hastings et James Kelly, avaient demandé au D.A. de poursuivre Schultz en justice pour parjure. Toujours selon ce rapport, McCann leur avait répondu : « Voulez-vous la tête de Bembenek ou celle de Schultz ? » avant de les congédier et de leur dire de prendre un autre rendez-vous s'ils souhaitaient poursuivre l'affaire.

A présent que les archives de la police étaient mises à leur disposition, Robins déclara publiquement que si les informations concernant Schultz avaient été communiquées aux avocats de Laurie avant l'ouverture du procès, le verdict aurait été radicalement différent.

Au Canada, les avocats de Laurie accusèrent Donohoo d'avoir fourni des informations aux services d'immigration canadiens afin d'obtenir le rejet de sa demande de statut de réfugiée, alors qu'il aurait dû se cantonner à un rôle de simple observateur.

Ces accusations figuraient dans une demande d'habeas corpus déposée par les avocats de Laurie. L'habeas corpus a pour but de garantir les citoyens contre un emprisonnement sans cause démontrée et ils voulaient contraindre les autorités canadiennes qui souhaitaient l'extrader à prouver qu'elle avait effectivement commis un crime. Une tâche impossible à mener à bien.

En octobre et novembre, les audiences concernant sa demande de statut de réfugiée et la procédure d'extradition furent reportées. Laurie déclara à des amis et à ses parents qu'elle avait l'impression de participer à un « spectacle de cirque ». Elle passait des heures en cellule à attendre des ajournements qui permettraient à ses avocats de mieux se préparer à plaider sa cause.

Le 30 novembre l'enquête menée aux Etats-Unis prit un tour inattendu et dramatique. Frederick Horenberger, alors âgé de quarante ans, se suicida d'un coup de revolver. Cet homme, que Robins considérait comme le principal suspect du meurtre de Christine Schultz, avait dévalisé avec un complice une boulangerie. Pourchassés par la police, les deux hommes avaient abandonné leur camionnette et s'étaient enfuis à pied dans un quartier résidentiel. Horenberger était entré dans une maison et, après avoir menacé un couple de personnes âgées avec son arme pendant plusieurs heures, il était descendu au sous-sol et s'était tiré une balle dans la tête.

Horenberger avait été libéré de prison en décembre 1990, après avoir purgé une peine de dix ans pour le vol avec coups et blessures qu'il avait perpétré contre Judy Zess.

Lorsqu'il apprit la mort d'Horenberger, Robins déclara qu'obtenir les informations nécessaires pour établir un lien entre cet homme et le meurtre de Christine Schultz ne serait plus désormais qu'une question de temps.

– Horenberger savait qu'on s'intéressait à lui dans le cadre de l'information contre X et qu'il risquait d'aller moisir en prison très, très longtemps. De nombreux individus rompront la loi du silence, à présent qu'il ne risque plus d'exercer des représailles contre eux.

Robins ajouta qu'il avait de nombreux contacts qui détenaient des informations permettant d'établir un lien entre Horenberger et cette affaire. Il y avait des années qu'il essayait en vain de les convaincre de faire une déposition, et on trouvait même parmi eux des gens qui affirmaient qu'Horenberger leur avait avoué le meurtre de Christine Schultz.

– La police l'a suspecté dès les premiers jours, mais les rapports où ce fait était mentionné ne nous ont jamais été communiqués, conclut Robins. Ils ont mystérieusement disparu.

Quand Laurie apprit la mort d'Horenberger, sa réaction fut similaire. Pour elle, s'il était impossible de l'interroger dans le cadre de l'enquête en cours, des témoins informés du rôle qu'il avait joué dans cette affaire ne manqueraient pas de se faire connaître.

La vie de Lawrencia Bembenek se résumait à une attente interminable. Tant que les joutes légales se poursuivraient au Canada et dans le Wisconsin elle ne pourrait quitter le centre de détention de Toronto-Ouest et passerait ses jours et ses nuits à penser à l'instant où il lui serait enfin possible de franchir les grilles de cette prison en femme libre.

Après dix années d'incarcération, elle en avait l'habitude.

Crimes & Enquêtes

La première collection de littérature criminelle

Stephen Sawicki
L'affaire Pamela Smart
Leçons particulières de meurtre (7039/**4**)

Harry N. MacLean
L'affaire McElroy
En plein jour (7040/**6**)

Kris Radish
Fuis, Bambi, fuis (7042/**6**, mai 93)

Timothy Benford & James Johnson
Reality show (7047/**4**, mai 93)

Joyce Milton & Ann Louise Bardach
Tous les amants de Vicki (7043/**7**, juin 93)

Ellen Harris
Mariage mortel (7044/**4**, juin 93)

Lowell Cauffield
Pacte diabolique (7045/**6**, juillet 93)

Michael Kaplan
Battue à mort (7046/**5**, juillet 93)

Vincent Bugliosi & Curt Gentry
L'affaire Charles Manson
La tuerie d'Hollywood (7031/**8**)

Jacques Vergès
Sept affaires célèbres
Les sanguinaires (7032/**3**)

Don Davis
L'affaire Jeffrey Dahmer
Le monstre de Milwaukee (7033/**3**)

Suzanne Finstad
L'affaire Richard Minns
La maîtresse du diable (7034/**5**)

Joe McGinniss
L'affaire Von Stein
Cruelle incertitude (7035/**5**)

Ann Rule
L'affaire Ted Bundy
Un tueur si proche (7036/**6**)

Robert Graysmith
L'affaire du tueur de San Francisco
Les crimes du Zodiaque (7037/**4**)

Vincent Bugliosi & Bruce B. Henderson
L'affaire Jennifer Jenkins
Meurtre sur une île déserte (7038/**7**)

Crimes & Enquêtes

L'affaire Vicki Morgan

TOUS LES AMANTS DE VICKI

▪

Personnalité extraordinaire que cette très belle femme, Vicki. Elle fut la maîtresse d'acteurs très connus, du fondateur des magasins Bloomingdale, créateur de la carte du Dinner's Club, de souverains étrangers et, également, de la fille d'un prince, dont l'appartement était situé au-dessus du sien. Elle possédait un esclave soumis dans la personne d'un jeune homosexuel.

▪

C'est la vie extraordinaire de cette femme qui est racontée ici, vie qui s'acheva sous les coups de batte de base-ball de son esclave révolté.

J'ai lu 7043 Catégorie 6

Crimes & Enquêtes

L'affaire Julie Miller

MARIAGE MORTEL

■

Julie Miller est une jeune femme très solitaire et dépressive. Elle rêve de se marier. Elle y parvient en passant une petite annonce dans le journal local. Le jeune homme est beau garçon et a une jolie situation. Julie accepte immédiatement de l'épouser. Dix semaines plus tard, on retrouve le corps de la pauvre fille ligoté à un fauteuil par des mètres de ruban adhésif au milieu du garage en flammes de la maison.

■

Le mari arrêté plaide l'accident affirmant que sa femme était masochiste et qu'il s'agissait d'une séance de *bondage* qui avait mal tourné. Affolé il aurait mis le feu au garage.

■

Le plus étonnant est que le jury accepta de croire à cette version des faits. Aujourd'hui, de nombreuses voix, dont celle de l'auteur de ce livre, s'élèvent pour que le coupable reçoive enfin le châtiment mérité.

J'ai lu 7044 Catégorie 5

Crimes & Enquêtes

L'affaire Gwen Graham

PACTE DIABOLIQUE

■

En novembre 1988, cinq femmes hospitalisées à Alpine Manor sont retrouvées assassinées. C'est la stupeur lorsque la police arrête deux infirmières, Catherine et Gwendolyn (28 et 26 ans).

■

Les deux jeunes femmes étaient amantes et pour sceller un pacte d'amour éternel, avaient voulu tuer un certain nombre de malades. Catherine finit par tout avouer à son mari. Gwendolyn Graham, qui fut le véritable cerveau diabolique de cette affaire, a été condamnée plusieurs fois à la prison à vie.

J'ai lu 7045 Catégorie 6

Crimes & Enquêtes

L'affaire John Short

BATTUE À MORT

▪

Cette affaire réelle n'est pas sans rappeler les enquêtes du lieutenant Columbo. En juin 1981, la jeune Candy Short est battue à mort par son mari et son corps est retrouvé dans la malle arrière de sa voiture. L'enquête de la police, mal conduite, amène à l'acquittement du criminel.

▪

Sept ans plus tard, le détective Brejak entreprend d'enquêter à nouveau sur cette affaire à la façon de Columbo, en étant certain dès le départ de la culpabilité du mari. C'est ce jeu de chat et de souris, terminé par la nouvelle arrestation du coupable qui constitue la deuxième partie de cet étonnant ouvrage.

J'ai lu 7046 Catégorie 5

Crimes & Enquêtes

L'affaire List

REALITY SHOW

▪

John Emil List est un homme auquel on donnerait le Bon Dieu sans confession. Ses voisins, ses collègues, ses relations en témoignent tous : John est aimable, discret, toujours prêt à rendre service. Il ne ferait pas de mal à une mouche.

▪

Pourtant ce 9 novembre 1971, il va tuer méthodiquement, les uns après les autres, sa femme, sa mère, sa fille et ses deux fils, avant de disparaître.

▪

Il faudra un *reality show* sur les crimes impunis, dix-huit ans plus tard, pour qu'une téléspectatrice reconnaisse en son voisin, un comptable courtois, l'auteur des cinq meurtres monstrueux.

▪

Comment cet ancien professeur de catéchisme, élevé dans le respect de la parole de Dieu, a-t-il pu en arriver là ? Portrait fascinant d'un assassin qui avait bonne conscience...

J'ai lu 7047 Catégorie 4

7042

Composé par PCA à Bouguenais (Loire-Atlantique)
Achevé d'imprimer en Europe par Elsner à Berlin
le 15 avril 1993.
Dépôt légal avril 1993. ISBN 2-277-07042-6

Éditions J'ai lu
27, rue Cassette, 75006 Paris
Diffusion France et étranger : Flammarion